Une monnaie écologique

pour sauver la planète

Alain Grandjean Nicolas Dufrêne

Une monnaie écologique pour sauver la planète

Préface de Nicolas Hulot

Odile Jacob

15, rue Soufflot, 75005 Paris

www.odilejacob.fr

ISBN : 978-2-7381-5222-0

Préface

Désormais, tout est une question de temps. Nous sommes au bord de l'abîme. La destruction de la biodiversité est alarmante et la dérive climatique s'accélère, de sorte que la planète pourrait devenir inhabitable à des milliards d'êtres humains. Les mesures envisagées, même en Europe, laquelle se prétend à la pointe de ce combat, sont loin d'être à la hauteur du défi à relever. Personne ne sortira indemne de cette situation. Pas plus au plan écologique, qu'aux plans social et politique.

Ce qu'il faut, c'est une mobilisation massive, un effort de guerre sans précédent.

Or je ne cesse d'entendre, et c'était un leitmotiv quand j'étais au gouvernement, qu'il n'y a pas d'argent dans les caisses, et qu'il faut se comporter en gens raisonnables, sachant compter. Que nous serions redevables devant les générations futures de la dette publique que nous leur laisserions. Bref, je me suis fait opposer une « raison comptable » à ce qui est perçu comme un « sentiment écologique ».

Je n'avais pas la capacité de m'opposer à ce diktat, alors qu'une voix intuitive ne cesse de me dire que cette raison apparente ne peut être au fond que folie. Les jeunes qui défilent dans la rue savent qu'une planète en pleine santé et un climat stable sont un patrimoine inouï, irremplaçable. Ils ne comprennent vraiment pas que leurs parents et grands-parents n'en aient pas pris soin. Si cette négligence est justifiée par des raisons comptables, ne faut-il pas oser les remettre en cause ? Et se demander comment il est possible qu'il puisse manquer d'argent pour éviter une situation dans laquelle nous manquerons tous de tout.

C'est ce que ce livre nous invite à faire, avec tout le sérieux nécessaire. Il fait œuvre de pédagogie dans un domaine considéré comme l'apanage d'experts, et rend ainsi un grand service à notre démocratie en permettant à chacun de comprendre les termes du débat. Ses auteurs, Alain Grandjean (président de ma fondation et expert des questions économiques et climatiques) et Nicolas Dufrêne (haut fonctionnaire spécialiste des questions monétaires et directeur de l'Institut Rousseau) décortiquent les mécanismes en jeu, identifient les difficultés qui se posent et font des propositions concrètes, dont certaines sont applicables dans l'état actuel du droit et des traités européens. D'autres nécessitent plus de courage, mais n'est-il pas évident qu'il va en falloir ?

Ils démontrent une fois de plus qu'on peut « agir sans attendre », selon le titre du livre précédent d'Alain Grandjean, Kevin Puisieux et Marion Cohen. Mais le sujet abordé ici est sans aucun doute plus tabou.

Que la monnaie puisse être créée par des banques privées choquera plus d'un lecteur, pour qui le gagner jour après jour est si difficile.

Que cette création monétaire soit une cause du surendettement actuel de nos économies et de la situation de déflation actuelle en étonnera plus d'un.

Que le gouverneur de la Bundesbank fasse référence à Méphistophélès et au *Faust* de Goethe dans un discours où il s'oppose à Mario Draghi montrera au lecteur que le débat n'est pas seulement technique et qu'il a des racines culturelles, voire spirituelles, profondes. Jens Weismann rappelle en effet cette scène où l'empereur, à court d'argent, se lasse des propositions mesurées qui lui sont faites et proclame : « J'en ai assez de ces éternels "Mais" et "Si" ; je manque d'argent, alors, qu'on en crée ! » Et le diable, Méphisto, d'abonder dans le sens du souverain : « Je crée ce que vous voulez, et j'en fais même bien plus. » La suite est tragique : le chaos s'installe et la guerre arrive. Dès lors, planche à billets, création monétaire (privée ou publique) et chaos économique sont confondus indistinctement.

Qu'en allemand un seul mot, *Schuld*, signifie à la fois « faute » et « dette » nous conforte dans la tension affective qui peut s'installer autour des notions de dette et de déficit, contrairement à l'image de rationalité qui nous est sans cesse opposée.

Ne voit-on donc pas qu'il est souhaitable de quitter ce registre et d'utiliser le moyen monétaire pour sauver la planète ? Je suis reconnaissant à Mario Draghi d'avoir su transgresser des limites idéologiques pour sauver en 2012 la zone euro qui était victime d'une violente attaque spéculative. Il va appartenir à Christine Lagarde, la nouvelle présidente de la BCE (Banque centrale européenne), et aux dirigeants européens, de faire preuve d'une lucidité et d'un courage encore supérieurs pour que l'Europe montre l'exemple d'une politique économique, budgétaire et monétaire qui nous mette enfin sur les rails du respect de l'accord de Paris, et plus généralement de la résolution à marche forcée de la crise écologique, sociale et politique actuelle.

C'est ce à quoi ce livre nous invite. C'est ce à quoi je souhaite que nous réfléchissions sans attendre. La présidente de la Commission européenne, Ursula Van der Leyen, a souhaité faire du Green Deal une priorité ; en s'appuyant notamment sur le verdissement de la BEI (Banque européenne d'investissement). Pour que ce plan soit à la hauteur des attentes des citoyens et des défis qui nous attendent, l'arme monétaire sera incontournable. Il lui appartiendra donc, avec les bonnes volontés qui se mobilisent, de passer à l'action de manière puissante et rapide, en bousculant quelques dogmes établis.

Nicolas HULOT.

INTRODUCTION

Une nouvelle approche monétaire pour aider la transition écologique

Le jeudi 5 avril 2018, le président de la République Emmanuel Macron, engagé dans une discussion animée avec une aide-soignante du CHU de Rouen qui lui réclamait des moyens budgétaires supplémentaires, lui répondit : « Il n'y a pas d'argent magique. » Il faisait ainsi directement référence à la formule employée par Theresa May en 2017 : « *There is no magic money tree* » (« il n'y a pas d'arbre à monnaie magique »). Cette réponse, revenant comme une antienne dans la bouche de nombreux responsables, permet d'ancrer l'idée d'un État impuissant car ruiné.

La réalité est tout autre. D'une part, la monnaie est « magique » par essence : son pouvoir réside dans la confiance qu'une société lui accorde. C'est nous tous, collectivité des citoyens, qui, tels des alchimistes, donnons à des bouts de papier ou de métaux inertes, ou à des écritures comptables informatiques abstraites, le pouvoir magique de payer nos dettes, d'évaluer la valeur des choses et de préparer nos investissements futurs. La monnaie est donc une institution sociale, qui tire sa force et son utilité de la confiance de la collectivité qui l'emploie.

D'autre part, même sur le plan technique, depuis que le lent et progressif mouvement de dématérialisation de la monnaie a atteint son apogée, la création monétaire résulte aussi d'une opération magique, puisque la monnaie est créée chaque fois qu'une banque commerciale accorde un crédit ou achète des actifs, par une simple opération comptable. En effet, les banques ont le pouvoir de créer de la monnaie[1] qu'elles ne possèdent pas préalablement, lorsqu'elles accordent un crédit ou qu'elles achètent un actif à une entreprise. Ce pouvoir n'est pas sans limites mais il existe. On dit alors que la monnaie est créée *ex nihilo* (à partir de rien) ou, comme disent les Anglo-Saxons, *out of thin air*. « La monnaie se crée par la plume du comptable », dira également l'économiste Milton Friedman.

Par conséquent, si la monnaie est une institution sociale qui dépend de notre volonté collective et qui peut être créée à partir de rien, pourquoi manque-t-on toujours d'argent pour financer les hôpitaux, les services publics et – c'est l'objet de ce livre – la transition écologique et solidaire, qui est la grande aventure humaine du XXIe siècle ? Ne pourrait-on changer notre optique et passer d'une vision sacrificielle à une vision émancipatrice de la monnaie ?

Notre conviction est qu'il existe bel et bien une « magie monétaire » qui peut devenir un véritable « arbre de vie », par opposition à l'« arbre magique » du discours conservateur, permettant le financement et la réalisation de la transition écologique et sociale. Encore faut-il vouloir et savoir s'en servir. Pour cela, il faut un regard nouveau sur les mécanismes économiques et monétaires, comme sur les outils et la conduite de la politique monétaire. Et commencer par reconnaître que nos conceptions de la monnaie, de la dette et du taux d'intérêt sont la plupart du temps erronées ou délibérément trompeuses. Les raisons en sont multiples. Elles tiennent d'abord aux structures financières et monétaires que nous avons bâties au cours des siècles. Mais aussi à des intérêts idéologiques ou financiers qui tendent à brider toute utilisation volontariste de la monnaie, pour restreindre délibérément l'action économique de l'État, considérée comme inutile ou nocive par principe. Séparer au maximum les banques centrales des États et leur imposer un principe intangible de neutralité monétaire les conduit, précisément, à ne pas faire de « politique » monétaire. La politique monétaire devrait ainsi être protégée du supposé clientélisme des gouvernements, du commun des mortels et de ses envies, comme le dragon Fáfnir protégeait le trésor des Nibelungen. Bref, elle ne doit pas être un objet de délibération démocratique. Mais neutralité carbone[2] et neutralité monétaire ne sont pas compatibles. Nous devons choisir.

En effet, cette idéologie et les pratiques concrètes qui en résultent touchent aujourd'hui, encore plus qu'hier, leurs limites. Les cinquante dernières années ont été marquées par une progression ininterrompue des dettes publiques et privées, alors même que l'inflation des prix courants tend à disparaître. Le total des dettes dans le monde[3] est supérieur à 225 % du PIB mondial selon le Fonds monétaire international (FMI). Or cette montagne de dettes accumulées prive aujourd'hui les États, et une partie du secteur privé, des moyens concrets d'agir. La raison de cet endettement massif n'est pourtant pas à rechercher du côté de la « gabegie » des dépenses publiques, ou du seul côté des cadeaux fiscaux faits aux plus fortunés. La raison profonde est à rechercher du côté des mécanismes monétaires qui lient étroitement masse monétaire et endettement, ainsi que nous venons de l'expliquer. Comment comprendre, sinon, que des États-Unis au Japon, en passant par la France et l'Italie, ou même par la Chine, tous les grands pays connaissent en tendance une progression constante de leur endettement public et privé[4] ?

Il nous faut donc penser autrement la dette, c'est-à-dire la monnaie et la finance. Et malheureusement, le temps presse. Nous le savons désormais, il nous reste peu de temps pour agir en faveur de la transition écologique et transformer notre économie de manière respectueuse des hommes et de l'environnement. Si nous ne le faisons pas, le réchauffement climatique va entraîner des modifications irréversibles de notre environnement : chaque palier franchi apportera son lot de conséquences inattendues et généralement tragiques. Mais une chose est sûre : le coût pour les sociétés humaines, y compris le coût financier auquel sont déjà exposées banques et compagnies d'assurances, sera immense. La dette et l'idéologie, complètement dépassée à nos yeux, d'un marché de concurrence pure et parfaite autoguidé vers le bien commun ne doivent pas nous paralyser. Il existe un triptyque de réformes à conduire : une réforme budgétaire[5], une réforme monétaire (c'est l'objet du présent ouvrage) et une réforme de notre manière de commercer à l'échelle internationale. Ces questions sont étroitement liées, et la monnaie y joue un rôle central.

Le débat qui monte actuellement aux États-Unis autour de la théorie monétaire moderne (MMT ou « néochartalisme » pour certains) vient secouer un certain nombre d'idées reçues dans ce domaine, obligeant des prix Nobel à se positionner et, parfois, à révéler leur ignorance des mécanismes monétaires et comptables[6]. Il s'accompagne d'un débat sur l'opportunité et les modalités d'un Green New Deal, plan ambitieux porté notamment par la représentante démocrate Alexandria Ocasio-Cortez et par le sénateur Bernie Sanders, qui a pour but de rendre les États-Unis neutres en carbone et de passer à 100 % d'énergies propres et renouvelables d'ici à 2035. Ce débat est salutaire et des questionnements similaires doivent émerger en France et en Europe, où nous sommes confrontés à une politique monétaire conduite de manière encore plus dogmatique qu'aux États-Unis.

Lors de la crise de 2008, tous les regards se sont ainsi tournés non seulement vers les États, mais aussi et surtout vers les banques centrales, qui ont pris leurs responsabilités dans les limites qui leur sont imposées par le droit. En Europe, la BCE a fourni massivement des liquidités aux banques (plus de 2 600 milliards d'euros pendant la seule période du *quantitative easing*[7] conduit entre 2014 et 2019), sauvant la plupart d'entre elles de la faillite, en jouant parfaitement son rôle de prêteur en dernier ressort. Elle a sauvé l'euro, en 2012, en mettant un terme à un épisode spéculatif violent.

En revanche, elle n'a pu financer monétairement les États, sauf de manière indirecte en abaissant les taux d'intérêt et donc le coût du refinancement pour ceux-ci (poussant même les taux à devenir négatifs), ni agir pour financer un grand plan de relance économique en s'appuyant sur la transition écologique. Or le financement de la transition écologique dans le monde nécessite des milliers de milliards d'euros chaque année (le chiffre avancé par la Cour des comptes européenne est de 1 115 milliards d'euros par an, dont au moins 75 milliards d'euros pour la France).

Pour affronter le grand défi du XXIe siècle, maintenir une planète vivable pour nous, une nouvelle approche est nécessaire. Faut-il dès lors changer le mandat des banques centrales et ajouter l'écologie dans leurs obligations, au même rang que la stabilité des prix ? Agir sur ce mandat est nécessaire mais non suffisant. La politique monétaire peut bien davantage. Elle peut permettre de renchérir le coût des actifs « bruns », c'est-à-dire des titres financiers représentatifs d'activités polluantes ou sources d'émissions de gaz à effet de serre et de baisser celui des actifs « verts », c'est-à-dire des titres financiers issus de sociétés dont l'activité génère des bénéfices environnementaux[8]. Elle peut surtout être un moyen de mobiliser des financements considérables par des prêts très longs à taux très bas ou nuls, de contribuer à une restructuration économiquement et socialement efficace des dettes publiques et de restaurer ainsi immédiatement des marges de manœuvre pour les États.

Elle peut même aller, c'est ce que nous serons amenés à proposer, jusqu'à une création monétaire libre et ciblée, sans dette associée, pour financer la transition écologique. Notre conviction est que jeter la suspicion sur toute politique de financement monétaire active et volontaire nous fait passer à côté de l'occasion de créer les conditions de notre prospérité durable et de répondre efficacement au défi du changement climatique.

Pour convaincre nos lecteurs de la nécessité de cette nouvelle approche, nous proposons d'abord de revenir sur la manière dont la monnaie est créée, avec quelles limites et selon quels mécanismes. Une nécessité pour comprendre son caractère « magique », mais aussi pour saisir que les contraintes et la suspicion que nous faisons peser sur la politique monétaire sont en grande partie irrationnelles et contre-productives. On montrera d'ailleurs que certaines expériences historiques d'utilisation volontaire de l'arme monétaire ont été couronnées de succès sur le plan économique et politique. Nous verrons aussi pourquoi le financement de la transition écologique se heurte aujourd'hui à des difficultés qui ne permettent pas d'agir de manière suffisamment rapide et importante pour enclencher le puissant changement de modèle dont nous avons besoin.

Puis nous consacrerons la seconde partie de l'ouvrage à formuler des propositions pour que la politique monétaire puisse être concrètement utilisée pour financer la transition écologique, en la renouvelant dans ses principes et dans ses instruments. Cela passe en priorité par une réforme des modes d'action de la Banque centrale européenne, mais aussi des banques publiques d'investissement, au premier rang desquelles la Banque européenne d'investissement (BEI) ou Bpifrance à l'échelle nationale. Nous verrons alors à quelles conditions la proposition de banque du climat peut devenir un outil vraiment efficace et utile, ce qu'elle n'est pas à l'heure actuelle[9]. De manière encore plus ambitieuse, l'idée d'une création monétaire libre, sans contrepartie sous forme de dettes, nous paraît devoir être creusée. La création monétaire libre, c'est non seulement une arme de désendettement massive[10], mais également un don que la société peut se faire à elle-même, dans une perspective réactualisée par rapport à celle décrite par Marcel Mauss dans son *Essai sur le don*[11]. Nous avons aujourd'hui besoin de nous autoriser ce don à nous-mêmes.

Un certain nombre des propositions que nous formulons dans ce livre sont d'ailleurs compatibles avec les traités européens mais, pour les mesures les plus ambitieuses, une révision ciblée des traités, dont nous décrivons précisément les formes juridiques, pourrait s'avérer nécessaire.

Par opposition au retour des monnaies privées portées par des groupes comme Facebook, la monnaie comme bien commun que nous appelons de nos vœux ne doit plus être coupée du peuple dont elle tire sa légitimité et sa force. Nous devons apprendre à nous en servir de façon raisonnée pour produire ce qui, dans un second temps, apparaîtra, littéralement, « comme de la magie ». La monnaie recouvrera alors, dans ses résultats tangibles, son *prestige*, au sens que les magiciens donnent à ce mot : la restitution, à la fin du tour, de l'objet escamoté.

PREMIÈRE PARTIE

Le pouvoir bridé de la monnaie

CHAPITRE 1

La magie de la monnaie

> « La monnaie est le système de confiance mutuelle le plus universel et le plus efficace qui ait jamais été imaginé. »
>
> Yuval Noah HARARI, *Sapiens*.

Tous les vices de la monnaie cachent en même temps une vertu : elle asservit et libère l'action des hommes, elle noue et dénoue le lien social, elle anticipe le futur sans le fixer, elle franchit l'espace mais n'abolit pas les espaces. Pourtant, la monnaie n'est qu'un symbole abstrait, et son pouvoir réside uniquement dans la confiance qu'une société lui accorde. Elle n'a pas de valeur en elle-même, encore moins après le long processus d'abstraction allant de sa matérialisation dans des métaux précieux à sa dématérialisation dans l'écriture informatique, mais elle permet de donner de la valeur aux biens et aux services dans toute économie monétaire. Monnaie et valeur sont ainsi les deux faces d'une même pièce.

Et pourtant, de tous les grands débats économiques, celui de savoir comment une société crée de la monnaie, par quels mécanismes et avec quelles contraintes, demeure périphérique et réservé à des spécialistes alors qu'il devrait être central. Or ceux qui font l'impasse sur cette question se condamnent à l'impuissance ou au commentaire bien-pensant et stérile.

C'est pourquoi, avant d'expliquer comment une autre politique monétaire peut être la clé du financement de la transition écologique et sociale dont nos pays ont besoin, il nous faut d'abord comprendre ce qu'est la monnaie, ce qu'elle fait, comment on la crée et comment elle agit dans l'économie avant de disparaître. En effet, la monnaie vit et meurt, par l'action des flux de crédit et de remboursement.

La monnaie comme bien commun

Les réflexions autour de cet objet social particulier qu'est la monnaie ne sont pas nouvelles. On s'en préoccupe depuis l'Antiquité, et certains auteurs remarquables, notamment Aristote, ont écrit des choses très intéressantes sur la monnaie et sur la valeur, dont elle est la condition d'expression. Platon lui-même, dans son *Éthique à Nicomaque* écrivait que « La monnaie [*nomisma* en grec, de *nomos* “la norme”] est pour nous une sorte de gage donnant l'assurance que l'échange sera possible si jamais le besoin s'en fait sentir ». Il s'agit dès lors d'une garantie pour l'avenir autant que d'un moyen d'échange et de mesure de la valeur pour le présent.

On retrouve ainsi les trois dimensions traditionnellement attribuées à la monnaie : outil d'échange, réserve de valeur et étalon de mesure de celle-ci[1]. Mais la monnaie n'est utile que si de nombreuses personnes l'utilisent et ont confiance dans les avantages qu'elle procure : son utilité croît au fur et à mesure de sa diffusion. Ainsi, dès le départ, la monnaie possède une dimension sociale, abstraite et générale. Selon la belle définition des économistes Michel Aglietta et d'André Orléan, elle constitue ainsi le « désirable universel[2] », le bien liquide par excellence, celui dont l'utilité ne faiblit pas au fur et à mesure que l'on en accumule (au moins en théorie et en dehors de considérations morales). La monnaie n'est donc pas une marchandise comme les autres : elle peut être recherchée pour elle-même, et non nécessairement pour obtenir des marchandises ou des services[3].

C'est également une caractéristique soulignée par Georg Simmel : « Dans ses formes achevées, l'argent est le moyen absolu : car d'une part il reçoit une détermination téléologique et rejette toute détermination provenant de séries différentes, d'autre part il se limite à sa pure instrumentalité au regard des fins, aucune de celles-ci ne préjugeant de sa nature, si bien qu'il offre à la série téléologique comme un lieu de passage tout à fait indifférent[4]. » L'empire de l'argent s'étend ainsi concrètement à tout ce qui se monnaye.

Nous verrons d'ailleurs ultérieurement qu'il s'agit d'une difficulté posée à l'« ordre marchand » puisque certaines choses, comme la sauvegarde de la planète, ne peuvent, dans leur globalité, se monnayer, au sens traditionnel du terme. Or l'économie de marché repose tout entière sur l'idée que le marché, permis par l'institution sociale qu'est la monnaie[5], découvre la valeur des biens et des services, qu'ils soient matériels ou immatériels, naturels ou artificiels, par le mécanisme des prix. Cependant, il existe justement des choses, comme l'équilibre écologique de la planète, qui sont par nature « hors de prix », c'est-à-dire hors marché, et il faut donc une approche économique différente permettant de valoriser ces phénomènes, y compris grâce à la monnaie, mais en dehors du marché.

Pour le moment, c'est la nature fiduciaire (*fidus* signifie « confiance » en latin) et collective de la monnaie qui nous intéresse. Le rôle de la puissance publique est essentiel dans cette confiance. Si l'acceptation d'une monnaie ne se résume pas à la seule volonté d'un État et doit reposer sur la confiance du corps social dans son entier, l'État joue un rôle singulier dans cette acceptation de la monnaie puisque c'est la puissance publique qui garantit son cours légal et « force » son adoption par les citoyens et les entreprises, notamment pour s'acquitter de leurs impôts. La monnaie est donc aussi une créature de la loi[6]. Le caractère de plus en plus immatériel de la monnaie s'explique d'ailleurs non seulement par l'innovation technique – les billets sont ainsi une invention assez récente en Europe puisqu'ils ne se généralisent qu'à partir du début du XIXe siècle –, mais aussi parce que l'on dispose d'États et de sociétés organisées qui garantissent l'intégrité du système des paiements par des règles juridiques et des pratiques administratives mieux ancrées que par le passé. C'est pour cela que l'on peut se passer plus aisément de la dimension matérielle de la monnaie qui était davantage présente autrefois, lorsque la confiance était plus difficile à accorder aux États et aux règles. On préférait alors un actif physique incontestable, comme l'or, ce qui n'empêchait toutefois ni à des systèmes de crédit d'exister, ni au pouvoir de manipuler la valeur de la monnaie.

La monnaie est donc une institution sociale qui repose sur la confiance. Mais c'est également une institution économique essentielle. Sa dimension économique est d'ailleurs double : micro et macroéconomique. La monnaie peut être utilisée par chaque individu pour ses échanges, mais elle doit aussi être appréhendée comme une masse monétaire, c'est-à-dire comme l'addition de tous les signes monétaires dans une société, ainsi que comme un flux puisque cette masse monétaire évolue dans le temps.

Ce point est essentiel : c'est en regardant la répartition de la masse monétaire, ses évolutions dans le temps (notamment le différentiel entre le flux de nouveaux crédits et le flux de remboursement) et les actifs dans lesquels elle se cristallise (par exemple les biens immobiliers ou les actifs financiers) que l'on obtient des informations utiles sur ce qu'une société fait de son argent. Si l'étude minutieuse du patrimoine financier d'un individu en dit long sur sa vie, ce constat est encore plus vrai pour une société. Mais la comparaison s'arrête là, car une société peut faire un usage de sa monnaie qui n'a rien à voir avec celui des individus, lesquels ne créent pas directement de monnaie pour eux-mêmes. Les langues modernes renvoient souvent à cette double dimension micro et macroéconomique de la monnaie. Par exemple, le français « argent » ou l'allemand *Geld* s'emploient aussi bien pour définir un métal, l'argent, que pour définir une masse monétaire (l'argent est aussi une somme de monnaie). L'anglais *currency* ajoute une autre dimension à la définition de la monnaie en faisant référence à sa circulation au sein d'une société.

Se méfier de la monnaie : un vieux réflexe

Dans l'analyse économique, la distinction entre l'usage microéconomique de la monnaie et son rôle macroéconomique, c'est-à-dire entre la monnaie comme moyen d'échange et d'accumulation privé pour les agents économiques et la masse monétaire comme condition des échanges et de développement économique pour une société, n'est toutefois véritablement apparue qu'au cours du XVIe siècle. Et elle a souvent été associée à des conclusions négatives. À cette époque, Nicolas Copernic, Jean Bodin et d'autres auteurs que l'on a plus tard qualifiés de « quantitativistes » percevaient ainsi que la masse monétaire pouvait exercer une influence sur les prix et sur l'activité économique. Une influence négative dans le cas qui les préoccupait alors, à savoir l'afflux désordonné de métaux précieux en provenance du Nouveau

Monde dans un nombre restreint de mains, qui provoquaient une augmentation excessive des prix de certains biens.

Depuis cette époque, l'accroissement de la quantité de monnaie en circulation a toujours fait l'objet d'une suspicion. Encore davantage lorsque celle-ci résulte d'une action volontariste de l'État ou d'un gouvernement. L'adage populaire veut que la « planche à billets » soit toujours inflationniste. Nous verrons plus loin que cette affirmation est infondée et largement excessive. Aujourd'hui encore, de nombreux économistes libéraux ou monétaristes[7] craignent que toute politique monétaire active conduise à de l'inflation. Le lien à la confiance est à nouveau déterminant : si les monétaristes craignent que les États puissent créer de la monnaie, c'est parce qu'ils pensent qu'en faisant ainsi, la monnaie perdra sa valeur – notamment par un tropisme à en créer trop – et donc la confiance des citoyens. Cela perturbera également le libre jeu du marché.

À tel point que Jens Weidmann, le président de la Bundesbank, a cru bon, dans un célèbre discours prononcé en 2012 pour condamner la politique monétaire expansionniste de la Banque centrale européenne (BCE), de rappeler le deuxième acte du *Faust* de Goethe dans lequel le diable, Méphistophélès, pousse l'empereur à lui ordonner de créer de la monnaie de manière excessive, dans un contexte d'euphorie touchant de près à la folie, ce qui amènera évidemment celle-ci à perdre toute sa valeur à cause de l'inflation qui en résulte[8]. Ce même passage de *Faust* est écrit, comme en témoigne Gaël Giraud[9], sur les murs de la Bundesbank à Francfort. Il faut certes rappeler le traumatisme causé par l'épisode d'hyperinflation qui s'étendit en Allemagne de 1921 à 1924, pendant la république de Weimar, et qui conduisit à la création d'une nouvelle unité monétaire transitoire, le Rentenmark, afin de stabiliser l'émission monétaire. Toutefois, cet épisode de surémission monétaire fut largement alimenté par la prolifération de monnaies privées, émises directement par les banques et les entreprises, elle-même amplifiée par le fardeau que représentaient alors les réparations de guerre pour l'Allemagne. Surtout, le traumatisme de la crise économique des années 1930 et l'arrivée au pouvoir d'Adolf Hitler sont sans rapport direct avec la crise de Weimar. Bien au contraire, ce sont les mesures d'austérité mises en œuvre par le chancelier Brüning en 1930 qui ont aggravé une crise « venant d'outre-Atlantique » et accéléré l'arrivée des nazis au pouvoir.

Les économistes quantitativistes, comme plus tard monétaristes, ne se rendent pas compte, semble-t-il, que si la confiance dans la monnaie peut disparaître à cause de l'hyperinflation, elle peut aussi disparaître en période d'insuffisance de la masse monétaire et d'incapacité à sortir d'une récession ou d'une grave crise économique ou à servir un projet social. Nous nous emploierons aussi à relativiser ou à combattre cette idée d'une création monétaire forcément inflationniste, qui ne peut correspondre à une réalité que sous certaines conditions particulières. Comme le rappelle à juste titre l'économiste Gaël Giraud : « Si la planche à billets était toujours et partout inflationniste, il faudrait fermer toutes les banques privées du monde demain matin[10]. » Mais il est déjà important de souligner que la monnaie est une institution sociale et, par conséquent, que les formes de la politique monétaire relèvent *in fine* de la confiance de la population sans laquelle elles ne sont rien. Que ces formes passent aujourd'hui par l'indépendance des banques centrales et par une neutralité à préserver à tout prix de la politique monétaire est de moins en moins évident.

Après avoir compris ce lien intime de la monnaie avec la confiance sociale, il nous faut rentrer plus en détail dans le mécanisme de création monétaire, dans la « magie monétaire » en action et dans ses racines historiques pour comprendre la forme que revêt aujourd'hui notre système monétaire.

L'émancipation de la monnaie et ses conséquences

> « Le geste par lequel je pose un billet sur la table me paraît un geste rituel et magique, une cérémonie, je ne pense jamais à ce que ce billet *représente*. »
>
> Jean-Paul SARTRE[11].

Dévoilons immédiatement l'opération « magique » qui crée la monnaie de nos jours : celle-ci est créée chaque fois qu'une banque commerciale accorde un crédit ou achète un actif à un agent non bancaire (ménages ou entreprises) ou à un État (mais dans ce cas l'opération de création monétaire est indirecte[12]). Par conséquent, créer de la monnaie, c'est généralement « monétiser un actif ». Cette expression signifie que la monnaie est un passif bancaire créé au moment de l'acquisition par la banque d'un actif. Cet actif peut être un immeuble, un titre, des devises étrangères, ou, dans le cas le plus courant, une créance. La magie monétaire est ainsi avant tout une magie comptable, associée au pouvoir extraordinaire obtenu légalement par les banques commerciales d'accorder des crédits sans disposer au préalable des dépôts correspondants. Dans ce système, ce sont les crédits qui créent les dépôts, et non l'inverse, ce qui peut apparaître contre-intuitif.

Le crédit bancaire n'est donc pas un transfert de monnaie, c'est une création de monnaie (à la différence d'un prêt entre particuliers ou d'un prêt accordé à un agent économique effectué par une institution financière *non bancaire*). Et la monnaie ainsi créée disparaîtra lors du remboursement du prêt : la masse monétaire est donc toujours sur le fil de la création et de la destruction, qui correspond à la différence entre le flux de crédits nouveaux, auquel on ajoute les monétisations d'actifs d'agents non bancaires par des agents bancaires[13] et le flux de remboursement des crédits en cours.

Il faut donc d'abord bien comprendre que ce sont les banques commerciales qui disposent aujourd'hui de l'essentiel du pouvoir de création monétaire. C'est un pouvoir extraordinaire, qui fait l'objet d'une réglementation particulière. En réalité, les banques, seules institutions capables de créer temporairement de la monnaie par le biais du crédit ou en achetant des actifs, sont soumises à des mécanismes monétaires (en particulier d'approvisionnement en liquidités), à des exigences prudentielles (ratios de solvabilité et de liquidité) et à des exigences de rentabilité qui limitent toutes, d'une manière différente, leur capacité de création monétaire.

Le comité de Bâle

Les banques sont notamment tenues de respecter divers ratios connus généralement sous le terme générique de ratios de Bâle, siège de la Banque des règlements internationaux (BRI) et du « comité de Bâle », force de propositions en matière de réglementation. Ce sont cependant les États (et/ou l'Union européenne pour les pays concernés) qui en font force de loi. Le respect de ces contraintes réglementaires est assuré par des contrôles des autorités mandatées pour ce faire (pour la France, c'est l'Autorité de contrôle prudentiel et de résolution, l'ACPR). Nous ne détaillerons pas ici le contenu de ces réglementations.

Disons simplement que, au niveau européen, le paquet législatif CRD IV (*Capital Requirements Directive*) prévoit ainsi un relèvement des exigences minimales en fonds propres des banques qui devraient atteindre au minimum entre 7 et 10,5 % du bilan total des banques.

Ces contraintes prudentielles limitent donc le pouvoir de création monétaire des banques privées. Ces dernières sont cependant très actives pour limiter ou contourner la régulation, soit en devenant de plus en plus grosses et puissantes, et capables d'influencer le « régulateur », soit, plus ponctuellement, en développant des procédés comme la titrisation qui leur permettent, en sortant de leur bilan des crédits, de retrouver des marges de manœuvre. Les banques centrales disposent également d'un autre outil, les réserves obligatoires, pour limiter la création monétaire des banques privées. Les réserves obligatoires sont des réserves financières que les banques doivent déposer auprès de la banque centrale et qui représentent un certain pourcentage de leur encours de dépôt. Plus ce ratio est élevé et plus les banques sont contraintes dans leur pouvoir de création monétaire, car elles doivent « bloquer » une partie de leurs liquidités auprès de la banque centrale. La banque centrale chinoise utilise massivement cette technique avec des ratios compris entre 15 et 20 % suivant la conjoncture économique. En Europe, le taux de réserves obligatoires, de 2 % avant 2012, a été abaissé à 1 % par la suite dans le contexte de la crise financière. Certains pays, comme le Royaume-Uni, y ont définitivement renoncé.

La banque centrale, en tant que banque des banques, dispose aussi, en théorie, d'un pouvoir de création monétaire illimité : c'est notamment ce qui lui a permis d'injecter massivement des liquidités dans le système bancaire après la crise de 2008. Mais ce pouvoir monétaire des banques centrales est, en pratique, extrêmement limité. Pourquoi ? Parce que les banques centrales ne peuvent interagir qu'avec les banques commerciales et les États (et encore tout financement des États par la banque centrale est interdit en Europe), et en aucun cas avec les ménages ou les entreprises. La monnaie centrale créée par les banques centrales n'est pas utilisée par ces acteurs ; elle ne circule qu'entre banques. Quant aux billets de banque, ils ne peuvent être obtenus qu'en échange d'un retrait auprès d'un établissement bancaire. Ils ne constituent donc pas une création monétaire supplémentaire et autonome de la part de la banque centrale. Nous reviendrons ultérieurement sur cette étroitesse problématique de la sphère d'action des banques centrales qui contraint excessivement leur action et à laquelle la montée en puissance de monnaies numériques de banques centrales pourrait bien apporter une réponse révolutionnaire.

Il n'en reste pas moins que le pouvoir monétaire est donc aujourd'hui essentiellement « privatisé » puisqu'il repose sur les banques commerciales. Mais ne cherchons ici nul complot : cet état de fait repose sur une longue évolution historique qui a conduit la monnaie à devenir de moins en moins matérielle et de plus en plus autonome. En effet, bien avant l'ère de la monnaie-dette (ou monnaie-créance) que nous connaissons aujourd'hui, la monnaie était seulement une marchandise particulière, « élue » par la collectivité pour servir de base aux échanges. Cela n'empêchait pas, comme le rappelle l'anthropologue David Graeber[14] dans son livre sur la dette, de contracter des dettes, mais celles-ci n'avaient alors pas le statut de monnaie. Il n'y avait pas de création monétaire par la simple reconnaissance d'une dette. Il fallait une marchandise physique. Qu'il s'agisse de coquillages, de bétail, d'argent ou d'or ; l'important était qu'elle soit reconnue par une communauté comme moyen de paiement.

L'histoire offre ainsi un éventail considérable des formes de monnaie qui ont pu exister : bâtons de taille, lettre de changes, or ou argent, plaquettes d'argiles, monnaies complémentaires ou de nécessité, etc. Même l'imagination la plus débridée resterait certainement incapable de rendre compte de la diversité des monnaies ayant eu cours dans l'histoire humaine. On peut ainsi penser au sel, monnaie en vigueur dans une grande partie de l'Afrique de l'Ouest jusqu'au XVIIIe siècle, et avec lequel on rémunérait déjà en partie les légionnaires romains (ce qui est à l'origine de « salaire », issu du latin *salarium*). Il y a même eu des monnaies humaines, que ce soit sous la forme de l'esclavage par la dette qui a longtemps eu cours dans différentes sociétés humaines (et que la Rome antique avait dû par exemple interdire) ou, sous une forme romancée, à travers la livre de chair du *Marchand de Venise*.

Parmi toutes ces expériences monétaires, l'or et l'argent se sont imposés pendant une grande partie de l'histoire humaine en raison de leurs qualités propres : durabilité, rareté et difficulté à falsifier. Biens rares et précieux, l'or et l'argent ont d'abord été utilisés pour des usages religieux, pour des offrandes, ce qui leur donnait déjà un caractère de marchandises particulières. De nombreuses « quasi-monnaies » qui servaient aux rites religieux se sont ainsi transformées en monnaies réelles : les cauris dans l'océan Pacifique[15], l'or et l'argent dans de nombreuses sociétés.

Cependant, le choix de faire dépendre la monnaie d'un élément physique déconnecté de toute réalité économique, c'est-à-dire de fonder une institution sociale et politique aussi importante que la monnaie sur un élément matériel déconnecté des besoins et des attentes de la société, ne pouvait conduire qu'à une inadaptation de celle-ci aux réalités économiques. En effet, comment des flux et des échanges croissants de marchandise pourraient être réalisés avec des pièces métalliques en quantité limitée ? Ou, inversement, comment maintenir la valeur de la monnaie si la progression de la masse monétaire excède de loin la croissance du volume d'échanges et des capacités de production ?

On peut ainsi présenter le dilemme : si la quantité de monnaie est insuffisante par rapport aux capacités économiques, le revenu disponible risque aussi d'être insuffisant, et certains agents économiques vont avoir du mal à satisfaire leurs besoins, entraînant ainsi une faiblesse de la demande globale, de l'investissement et donc des revenus ou de la croissance. Au contraire, avec une quantité de monnaie trop importante par rapport aux capacités de production ou d'échange, ce sont les prix qui risquent d'augmenter et non les richesses créées, et la valeur de la monnaie se dépréciera (sauf si l'augmentation de la masse monétaire accompagne et permet une augmentation de la production).

Ce problème d'adaptation de la masse monétaire aux besoins réels de l'activité économique a parcouru l'histoire. Quand Jean Bodin et les quantitativistes écrivent au XVIe siècle, l'afflux de métaux précieux en provenance du Nouveau Monde vient bouleverser les prix mais sans entraîner de modifications des structures économiques et productives. On prend alors conscience que la monnaie, en tant que masse monétaire, peut avoir un rôle déstabilisateur sur l'économie. Mais, inversement, de nombreuses époques ont été marquées par une pénurie de monnaie : c'est alors que se développent des monnaies complémentaires, des monnaies parallèles ou des systèmes de crédits (par exemple les bâtons de taille ou les ardoises dans les tavernes du Moyen Âge). La pénurie de signes monétaires peut alors prendre deux formes : soit il s'agit d'une insuffisance généralisée dont tous les acteurs pâtissent, ce qui ralentit l'ensemble de l'activité économique ; soit il s'agit d'une insuffisance sectorielle, auquel cas certains secteurs bénéficient d'un afflux important de masse monétaire alors que la monnaie est insuffisante ailleurs (notre époque contemporaine combine ces deux aspects). Il s'agit alors d'un problème de redistribution et d'orientation de la masse monétaire. C'est ici que l'on prend aussi conscience que la monnaie est un lieu de conflit social.

Autorisons-nous un détour littéraire et historique pour illustrer cette dernière affirmation. Dans son célèbre livre *Le Magicien d'Oz*, Lyman Frank Baum avait, sous forme d'allégorie, mis en scène ce problème fondamental de l'insuffisance de l'offre monétaire et du conflit social que peut générer son appropriation. À cette époque, l'âge d'or économique des États-Unis qui suit la fin de la guerre de Sécession, qualifié de *gilded age* (« âge argenté »), prend fin et la croissance économique s'essouffle. Pour relancer la machine économique, un des candidats à l'élection présidentielle de 1896, William Jennings Bryan, s'en est pris à l'étalon-or, qui était la seule référence légale pour créer de la monnaie[16], et propose d'utiliser également l'argent, ce qui permettrait d'émettre davantage de monnaie et de réduire le poids des dettes dans l'économie (notamment celles des agriculteurs de l'Ouest très endettés à ce moment-là). Il déclare alors à ses adversaires : « Non, vous n'enfoncerez pas sur le front des travailleurs cette couronne d'épines, vous ne crucifierez pas l'humanité sur une croix d'or ! » Bryan perdit l'élection et son combat pour le bimétallisme, et le président élu, McKinley, se trouvait être un fervent partisan de l'étalon-or. Comme le rappelle David Graeber[17], les personnages de Frank Baum mettent en lumière cette histoire, sous une forme allégorique. Dorothée représente ainsi l'Américain moyen qui perd sa maison sous l'effet de la dépression (la tornade). Dans son errance, elle croise l'épouvantail (les paysans) et le bûcheron en fer-blanc (les ouvriers) qui subissent également les effets de la dépression mais n'arrivent pas à s'unir ni à proposer des idées pour en sortir. Le lion peureux représente Bryan, et plus largement la classe politique, qui tente de s'opposer sans succès à la sorcière de l'Ouest (les banques et le parti de l'étalon-or représenté par McKinley). La seule voie pour Dorothée et ses compagnons est donc de trouver les « souliers d'argent », c'est-à-dire l'argent qui permettra, en touchant le chemin doré (l'or), de la ramener chez elle, c'est-à-dire de revenir au bimétallisme et d'augmenter la quantité de monnaie en circulation pour le plus grand bien du peuple.

Dans l'histoire réelle, après la défaite de Bryan, l'explosion de la production d'or, notamment en Alaska et en Afrique du Sud, enterre définitivement le bimétallisme : la quantité de monnaie en circulation redevient satisfaisante, à défaut d'être réellement suffisante. Des épisodes comme celui décrit allégoriquement par Frank Baum ont émaillé l'histoire monétaire du monde, car la monnaie a toujours été prise au cœur des luttes d'influence politiques et sociales, comme l'ont démontré, entre autres, les nombreux travaux de Michel Aglietta et d'André Orléan sur l'« ambivalence » de la monnaie.

Mais les formes actuelles de la monnaie reposent également sur un élément technique, en même temps que réglementaire. En effet, sous le double effet de la progression de l'État de droit et des techniques bancaires, le lien entre étalon physique sous forme de métaux précieux et masse monétaire s'est progressivement distendu pour laisser plus de place à des mécanismes d'avances monétaires, de créances et de crédits. Ce phénomène a enclenché un long processus de dématérialisation de la monnaie qui se terminera par une rupture totale entre les métaux précieux et la monnaie, en 1971, date à laquelle les États-Unis suspendent la convertibilité du dollar en or. Mais ce processus commence bien avant.

On pense ainsi à la lettre de change qui constituait un instrument de crédit formalisé et structuré à travers un réseau de comptoirs établis notamment par les banquiers lombards, et qui permettait de se servir de papier comme « pont » entre deux encaisses métalliques. Entre ces deux encaisses, la lettre de change pouvait être vendue ou échangée, constituant de fait un accélérateur de circulation monétaire : « La lettre de change est donc le véhicule de la première époque de la finance capitaliste globale, reliant les espaces monétaires séparés par les flux internationaux de capitaux[18]. » Le grand historien Fernand Braudel rend ainsi compte de cette réalité : « Il faut donc que le négociant ait la capacité de vendre et d'acheter à crédit, en émettant un effet qui pourra tourner jusqu'à ce qu'il soit en mesure de rembourser en comptant, en marchandises ou dans un autre papier. C'est déjà la solution que les marchands italiens avaient esquissée au XVe siècle, avec l'endossement et le rechange, qu'ils avaient élargis au XVIIe dans le cadre du pacte de Ricorsa, si discuté par les théologiens. Mais il n'y a aucune commune mesure entre ces premières accélérations et l'inondation du papier au XVIIIe siècle : 4, 5, 10, 15 fois la circulation monétaire du « réel ». Une inondation de papier qui représente tantôt les solides avoirs et les pratiques routinières des marchands, tantôt ce que nous appellerions de la cavalerie[19]. »

La nouvelle création monétaire

Puis, pendant toute la période moderne, l'idée et la pratique se sont imposées selon lesquelles il n'était pas nécessaire que toute monnaie contienne directement une part de métal précieux. Le métal précieux pouvait en effet n'être qu'une référence, une base monétaire sur laquelle pouvait se développer une masse monétaire plus importante mais toujours de manière proportionnelle au stock de métal précieux. En 1656, la Banque de Stockholm devint ainsi la première banque capable de distribuer des liquidités sans avoir dû collecter des dépôts au préalable. À partir de ce moment-là, et malgré plusieurs reculs, toute l'histoire monétaire peut se résumer dans la déconnexion toujours plus poussée entre la masse monétaire réelle et la *base monétaire* censée limiter son évolution (c'est-à-dire le stock de métaux précieux et, après 1971, la monnaie centrale). Cela signifie que la confiance dans la masse monétaire continue de reposer sur un étalon mais d'une manière toujours plus souple[20].

Cette évolution plonge également ses racines dans un procédé ingénieux développé en Italie dès le XIIIe siècle : la comptabilité en partie double. Un médiologue aurait sûrement beaucoup à dire sur la manière dont la technique bancaire a façonné une pratique sociale de l'argent[21]. Marchands d'abord, puis banques, vont utiliser cette technique pour savoir précisément ce qu'ils doivent et ce qu'ils possèdent, dans le présent et dans le futur, et ainsi disposer d'une vision patrimoniale complète sous la forme d'un bilan comptable tel que nous le pratiquons toujours aujourd'hui[22]. L'assouplissement du lien entre métaux précieux et monnaie, qui favorisa le développement progressif de la monnaie de crédit moderne, doit beaucoup à cette invention, qui permit notamment d'*escompter*, c'est-à-dire de fournir une garantie sous forme d'une reconnaissance de dette en échange d'une avance de trésorerie ou de *liquidités* comme cela se pratique encore aujourd'hui.

Autonomisation de la monnaie par rapport aux métaux précieux, invention de la comptabilité en partie double et transposition de ce mécanisme dans le fonctionnement bancaire, confiance accrue dans les États et dans la loi par la constitution d'États de droit, besoin de mieux adapter la masse monétaire à l'activité économique, tous les rouages se sont mis en place pour que la création monétaire devienne aujourd'hui véritablement une opération « magique ».

Tel est le sens de l'évolution que devinait Georg Simmel : « Que la valeur substance de l'argent, devenant de plus en plus insignifiante, puisse être remplacée de plus en plus par sa valeur fonction[23]. » C'est pourquoi le lien au crédit est désormais déterminant. Le crédit, c'est ainsi une anticipation de la richesse future, mais cette anticipation crée la monnaie selon les principes de la comptabilité en partie double. En matière de monnaie, il y a donc eu une unification du fond (l'unité de compte) et de la forme (la technique bancaire et la comptabilité en partie double).

En ce sens, la monnaie est devenue plus « endogène », c'est-à-dire qu'elle dépend essentiellement de la demande de crédits des acteurs économiques (et un peu de la capacité des banques à y répondre), qu'« exogène », c'est-à-dire extérieure à l'activité humaine, comme l'est par exemple un volume d'or ou d'argent. Il y a donc eu autonomisation et endogénéisation de la monnaie. Cela s'accentue particulièrement à partir des années 1960, époque où la bancarisation devient massive pour tous les ménages (auparavant seuls 15 à 20 % des ménages possédaient un compte bancaire). C'est pour cela qu'on crée désormais de la monnaie par le biais de simples techniques comptables.

Cette réalité n'a plus besoin d'être discutée, malgré l'ignorance d'un certain nombre d'économistes, y compris parmi les plus reconnus[24]. La banque centrale d'Angleterre elle-même, la Bank of England (BoE), l'a expliqué dans un article intitulé « La création monétaire dans l'économie moderne » publié en 2014 et dans lequel les économistes de la BoE expliquent : « Dans l'économie moderne, la majeure partie de la monnaie prend la forme de dépôts bancaires. Mais la manière dont ces dépôts bancaires sont créés est souvent mal comprise : le plus souvent, ils le sont *via* les prêts accordés par les banques commerciales. Lorsqu'une banque établit un prêt, elle crée simultanément un dépôt correspondant sur le compte bancaire de l'emprunteur, et crée ainsi de la nouvelle monnaie [...]. Ce n'est pas lorsque les ménages épargnent que les banques obtiennent des dépôts qui leur permettent de prêter, ce sont au contraire les prêts consentis par les banques qui créent des dépôts[25]. »

On est ici au cœur de la magie monétaire. Mais ce processus ne s'est pas fait sans heurts : dès le départ, le mécanisme de création monétaire par le crédit a été contesté par ceux qui pensaient que la quantité de monnaie devait être limitée drastiquement par la quantité de métaux précieux, puis aujourd'hui par des règles juridiques. Or, sans développement du crédit, et donc d'une monnaie autonome, la révolution industrielle n'aurait jamais eu lieu. C'est pour cela que Marion King Hubbert, inventeur du concept de pic pétrolier[26] mondial, stigmatise ce processus de création monétaire, apparemment sans limites, qui se heurte aux limites planétaires : « Cette disparité entre un système monétaire qui continue à croître exponentiellement et un système physique qui ne peut en faire autant conduit à un accroissement dans le temps du rapport entre masse monétaire et production du système physique. Ceci se manifeste par l'inflation. Une alternative monétaire correspondant à une croissance physique nulle serait un taux d'intérêt nul. Le résultat dans les deux cas serait une instabilité financière à grande échelle[27]. »

Mais cette libération physique de la monnaie ne marque pas, selon nous, la fin du processus. La « monnaie magique » n'est pas pour autant sans règles et sans contraintes. En particulier, la monnaie-créance fait aujourd'hui reposer la masse monétaire, et donc l'activité économique, sur une montagne de dettes qui peuvent tendre *in fine* à comprimer, voire à déstabiliser l'activité économique. Pour bien utiliser l'arme monétaire, il faut donc en comprendre les rouages. Il faut aussi comprendre la limite des capacités d'action des banques centrales, qui n'interagissent pas avec les agents économiques que sont les ménages, les entreprises et même les États (dans la zone euro), mais seulement avec les banques commerciales.

CHAPITRE 2

La monnaie, les banques et l'activité économique

> « Plus que tout autre domaine de la pensée économique, la monnaie est celui où la complexité est utilisée pour cacher la réalité plutôt que pour l'expliquer. »
>
> John Kenneth GALBRAITH, *Money : Whence It Came, Where It Went*, 1975.

La monnaie se crée donc *ex nihilo* grâce à l'action des banques commerciales selon les règles de la comptabilité en partie double[1], ce qui signifie que la création monétaire se fait toujours avec une contrepartie.

En effet, toutes les entreprises, y compris les banques, possèdent un bilan comptable et financier qui distingue leurs actifs (ce qu'elles possèdent) et leurs passifs (ce qu'elles doivent). Dans le cas d'une banque qui accorde un crédit ou qui achète un titre financier à une entreprise (par exemple une obligation), celle-ci va enregistrer la créance sur le particulier ou l'entreprise à qui elle accorde un crédit dans ses actifs, en même temps qu'elle créditera le compte du particulier de la somme correspondante dans sa colonne « passif ». Cela signifie que la banque détient une créance qu'elle peut opposer au particulier ou à l'entreprise concerné, mais qu'elle doit à ce même acteur une somme d'argent. Si elle achète un titre à une entreprise, par exemple une action, l'opération est similaire : elle enregistre le titre

Figure 1. Bilan simplifié d'une banque.

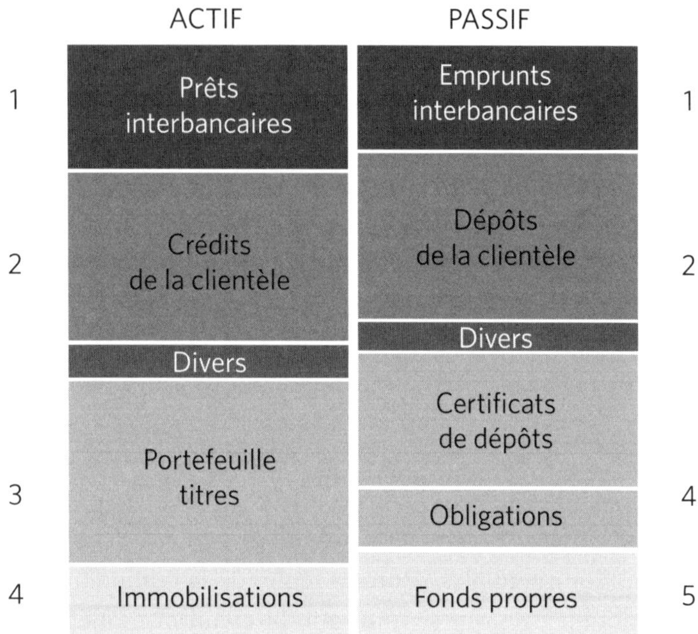

Données : Institut de la finance pour tous

dans ses actifs, et crédite le compte de l'entreprise dans sa colonne « passif ».

Nous devons désormais comprendre les conséquences de ce système. Il y en a quatre qui méritent d'être précisées :

- l'augmentation de la masse monétaire est nécessaire pour accroître l'activité économique (la monnaie est ainsi une « source de vie économique[2] ») ;
- cette augmentation de la masse monétaire entraîne une augmentation parallèle des dettes, qui peut finir par paralyser l'activité économique ;
- le volume et l'orientation de la masse monétaire échappent complètement à la banque centrale, ce qui

favorise une mauvaise allocation de la masse monétaire et l'apparition de crises financières ;

• enfin, l'action de la politique monétaire est en grande partie paralysée par le filtre opéré par les banques entre la banque centrale et les acteurs économiques, ce qui constitue un obstacle majeur pour agir massivement en faveur de la transition écologique.

Ce sont ces quatre caractéristiques principales qui doivent nous permettre de comprendre la relative inefficacité de notre système monétaire et financier pour affronter les défis économiques et sociaux du moment. Cela doit aussi nous conduire à envisager, ce que nous verrons en détail dans la seconde partie, une réforme en profondeur de la politique monétaire pour nous donner les moyens d'utiliser efficacement la magie monétaire au service de la reconstruction écologique et sociale.

Le lien entre masse monétaire et PIB : la monnaie comme source de vitalité économique

Nous savons que le produit intérieur brut (PIB) est un indicateur économique très insuffisant, incapable de rendre compte de la satisfaction sociale d'une collectivité, ni des impacts de l'activité économique sur la planète[3]. Des opérations inutiles ou néfastes peuvent en effet contribuer à l'augmentation du PIB, comme payer une entreprise pour creuser un trou, puis la payer à nouveau pour le reboucher, ou encore exploiter à fond les hydrocarbures de la planète, sans penser aux conséquences à long terme de cette action sur la santé humaine et sur les équilibres naturels de notre écosystème. On se rappelle ainsi la célèbre formule de Robert

F. Kennedy : « Le PIB mesure tout, sauf ce qui fait que la vie vaut la peine d'être vécue. »

La construction même du PIB pose plusieurs problèmes :

- il n'intègre que très partiellement le travail non marchand, dont le volume est pourtant massif ;
- l'effet qualité (qui permet de séparer l'effet-prix de l'effet-volume[4]) est difficile à évaluer ;
- il est survalorisé puisqu'il ne tient pas compte de la dépréciation du capital.

Notons également que les intercomparaisons des PIB et leur addition posent des problèmes délicats du fait de la comparaison de la valeur des monnaies entre elles et de la variation des cours de change. Pour ne prendre qu'un exemple, de 2014 à 2015, selon le FMI, le PIB mondial exprimé en dollars courants a décru de 5,7 % (en passant de 78,04 à 73,7 trillions de dollars) alors qu'exprimé en parités de pouvoir d'achat (PPA)[5] il a crû de 4,2 % (en passant de 109,5 à 114,1 trillions de dollars).

D'autre part, la croissance du PIB[6] n'est pas (ou plus) systématiquement corrélée à la création d'emplois, à la réduction de la pauvreté et des inégalités, à l'amélioration de la santé et à la hausse de l'espérance de vie en bonne santé ou à l'état de la planète. Comme le dit Éloi Laurent : « Le PIB est trompeur quant au bien-être économique, aveugle au bien-être humain et muet sur la soutenabilité écologique. La croyance dans la croissance est soit une illusion, soit une mystification[7]. »

Il est donc évident que nous devons compléter notre mesure de l'activité économique par d'autres indicateurs, comme l'indice de développement humain (IDH) ou par des indicateurs spécifiques dans le domaine du développement durable (inégalités sociales, quantité de CO_2 émise ou évitée, capacité des puits carbone, maintien de la biodiversité, quantité et qualité de l'eau disponible, etc.).

Cependant, il ne faut pas attendre du PIB autre chose que ce qu'il dit. Le PIB ne fait que mesurer l'addition des valeurs ajoutées dans la société pour une année donnée. Mais il mesure aussi, à travers ses trois modes de calcul différents, les revenus, l'investissement et la consommation. L'approche par la production permet ainsi de mieux saisir la provenance de la richesse créée, en particulier les contributions par secteur d'activité (construction, industrie, énergie...) ou par type d'acteurs économiques (privés, publics, associatifs). L'approche par les revenus permet de mettre en évidence la répartition de la richesse créée entre les salariés, l'État et les entreprises. Le PIB correspond alors à la rémunération des salariés, aux impôts perçus par l'État sur la production et les importations (corrigés des subventions reversées), et aux excédents d'exploitation dégagés par les entreprises. Enfin, l'approche par la demande met en relief la manière dont la richesse produite a été utilisée dans la consommation, dans l'investissement, dans la constitution de stocks ou dans les échanges avec l'extérieur.

Le PIB est donc simplement une mesure du revenu global d'une société et de son utilisation, et il repose lui-même sur la masse monétaire employée dans l'économie à un moment donné. En soi, le PIB est donc simplement une mesure neutre de l'activité économique, totalement insuffisante pour mesurer l'effort des sociétés en faveur de la transition écologique. Par ailleurs, le PIB ne permet en aucun cas d'orienter les formes de l'activité économique : il ne fait que les constater *a posteriori*. C'est d'ailleurs pour cela que le débat sur la croissance ou la décroissance du PIB nous semble ne pas avoir de sens : il repose tout entier sur ce lien général avec le PIB, alors que l'on sait, d'une part, que certaines activités doivent croître (énergies renouvelables, agriculture biologique), tandis que d'autres doivent décroître (activités polluantes, surexploitation des ressources naturelles). On peut très bien avoir une décroissance massive du PIB qui entraînera un mode de production bien plus polluant qu'à l'heure actuelle et, inversement, il est permis d'espérer que l'on puisse maintenir ou développer le PIB avec une économie bien plus propre.

Aussi, ce n'est qu'à travers une batterie d'indicateurs diversifiés que l'on pourra réellement mesurer l'effet réel de l'activité économique sur la planète. L'Assemblée générale de l'ONU a d'ailleurs adopté 17 Objectifs de développement durable (ODD), déclinés en 169 cibles pour la période 2015-2030. La France s'est dotée d'un tableau de bord de 98 indicateurs qui constituent le cadre national pour le suivi des progrès de la France dans l'atteinte des 17 ODD[8]. Il s'agit dès lors d'un retour au réel, à la nature, aux hommes et à leur capacité à vivre en symbiose.

PIB et monnaie

Il n'en reste pas moins que le PIB entretient un lien étroit avec la monnaie et la masse monétaire, et il est nécessaire de bien saisir ce lien pour comprendre ultérieurement pourquoi l'injection de monnaie dans le développement durable peut aussi être un facteur de développement économique, et cela de manière écologiquement soutenable. Pour faciliter la visualisation de cette affirmation, on prendra comme référence commune l'agrégat monétaire le plus utilisé, à savoir M3[9]. Dans le cas de la France précédemment cité, la masse monétaire était, au sens de M3, de 2 190 milliards d'euros en 2018, alors que le PIB s'est élevé à 2 291 milliards d'euros. On observe donc des montants très proches. Autre exemple, dans la zone euro en 2009, on constatait que la masse monétaire M3 représentait près de 9 500 milliards d'euros au sens de M3[10] tandis que le PIB correspondait à 9 300 milliards d'euros. En 2017, le PIB de la zone euro a évolué pour atteindre 11 205 milliards d'euros et le montant de la masse monétaire, toujours mesurée par M3, avait atteint 11 900 milliards d'euros. Des chiffres à nouveau très proches, et qui ont évolué dans le même sens. Cette corrélation se vérifie partout : aux États-Unis, en 2016, la masse monétaire M3 est de 16 810 milliards de dollars et le PIB de 18 620 milliards de dollars.

Cette corrélation est logique : puisque le PIB représente l'ensemble des richesses produites sur une année (biens ou services), ou encore la manière dont la richesse produite a été utilisée (répartition des revenus entre consommation, investissement, constitution de stocks ou échanges avec l'extérieur), ces variables sont limitées par la monnaie disponible. L'ensemble des revenus des différents acteurs économiques ne peut en effet s'éloigner trop fortement de la quantité de monnaie disponible. Il est cependant inutile de rechercher une égalité parfaite en valeur, notamment à cause du fait qu'une même unité monétaire peut servir à plusieurs échanges ou, au contraire, être épargnée et ne servir à aucun achat. La vitesse de circulation de la monnaie peut ainsi jouer un rôle dans la déconnexion entre la masse monétaire et le PIB. Notons à ce titre qu'en période de ralentissement économique, la vitesse de circulation de la monnaie a tendance à s'effondrer, ce qui peut atténuer plus ou moins fortement l'efficacité de l'injection monétaire.

À ce titre, il est nécessaire de souligner que l'épargne peut jouer un rôle néfaste d'un point de vue macroéconomique, contrairement à ce que dit la théorie néoclassique et, dans son sillage, de nombreux économistes et commentateurs. En effet, dans la théorie néoclassique, l'épargne est nécessaire car elle accroît le stock de capitaux disponibles pour financer l'investissement et permet ainsi aux entreprises de produire davantage. Si l'offre de capitaux augmente, leur prix, c'est-à-dire le taux d'intérêt, aura tendance à diminuer, ce qui facilitera l'accès au crédit des entreprises désireuses de financer des projets d'investissement. La macroéconomie keynésienne a montré les limites d'un tel raisonnement en soulignant l'importance de la demande globale (trop d'épargne diminue la demande). En outre, nous venons de voir que l'épargne n'est pas nécessaire pour financer l'investissement : les banques ont le pouvoir de créer de la monnaie *ex nihilo*, c'est-à-dire de prêter sans avoir besoin au préalable de collecter des dépôts. Au contraire même, si l'épargne est trop importante, elle conduit à un ralentissement de la circulation monétaire et elle immobilise les ressources monétaires nécessaires au fonctionnement économique. Un excès d'épargne est ainsi nocif au plan macroéconomique[11].

Enfin, les échanges avec l'extérieur peuvent agir dans le sens d'une augmentation ou d'une diminution de la masse monétaire en fonction de la balance commerciale ou de la balance des paiements. La corrélation que nous observons entre masse monétaire et PIB se vérifie donc surtout en tendance : la masse monétaire et le PIB évoluent presque toujours dans la même direction. À chaque recul du PIB, la masse monétaire recule également et inversement. Le ralentissement du crédit est ainsi un signe précurseur de ralentissement économique. Son effondrement présage une crise prochaine. La quantité de monnaie disponible est donc un élément déterminant de l'activité économique et de sa croissance, car la monnaie est un catalyseur qui rend possible des transactions, comme le raconte l'histoire du chèque sans provision, dans laquelle un faux billet permet néanmoins de régler de vraies dettes et de stimuler l'activité[12].

L'histoire du chèque sans provision : comment l'injection monétaire permet de stimuler l'activité économique

Un escroc fait un chèque de 1 000 euros à un antiquaire. Celui-ci, ravi, court acheter une automobile et pour la payer endosse le chèque au nom du garagiste (c'est-à-dire qu'il lui en transfère le bénéfice). Celui-ci agit de même et, de fil en aiguille, le chèque va de commerçant en commerçant. Chacun fait une vente de 1 000 euros avec un bénéfice de 250 euros (obtenus en enlevant au prix du bien son coût de fabrication, estimé à 750 euros). Toutefois le dixième commerçant met le chèque en banque et apprend qu'il est sans provision. Il réunit alors les neuf autres victimes et leur propose, pour éviter une annulation en chaîne de toutes les ventes, que chacun paie 100 euros pour couvrir le chèque, et garde ainsi 150 euros de bénéfice.

Voici donc un moyen de paiement qui n'a aucune autre valeur que la confiance que lui a accordée un instant chacun de ceux qui l'ont utilisé, et qui a permis 10 000 euros de transactions et 1 500 euros de bénéfices, sans compter l'antiquité de 1 000 euros emportée par l'escroc. On pourra objecter que les chèques ne sont plus endossables en France. Mais l'anecdote pourrait être transposée à un moyen de paiement endossable, par exemple une traite, ou même à une liasse de faux billets qu'on imaginerait suivre à la trace.

Cette petite histoire n'a qu'un but purement pédagogique, celui de faire comprendre que la « valeur intrinsèque » de la monnaie n'a pas d'importance ; ce qui compte c'est qu'elle soit acceptée (à tort ou à raison) pour dénouer une transaction. En revanche, cette histoire n'est pas généralisable : le circuit évoqué ne se rencontre pas de manière aussi simple dans la réalité. Mais cette limite n'invalide pas la conclusion.

C'est d'ailleurs la principale raison de l'échec des politiques d'austérité qui conduisent à la déflation en réduisant la masse monétaire, phénomène qui s'autoentretient et peut potentiellement faire s'effondrer tout le système économique en le rendant insolvable. C'est ce qu'Irving Fisher a déjà brillamment expliqué dans les années 1930 : « Nous avons alors le grand paradoxe qui, c'est ce que je soumets, est le grand secret de la plupart des grandes dépressions, si ce n'est pas de toutes : plus les débiteurs remboursent, plus ils doivent. Plus le navire de l'économie s'incline, plus il tend à s'incliner[13]. » La réduction permanente et généralisée de la masse monétaire par remboursement des dettes n'offre donc pas une solution efficace.

Si bien qu'injecter davantage de monnaie peut non seulement être nécessaire pour éviter les crises, mais aussi être un facteur de croissance économique si cette injection monétaire accompagne le développement d'activités utiles à la société. Cependant, il apparaît ici une difficulté : si le volume de la masse monétaire est un déterminant fort de l'activité économique, il ne dit rien, à lui seul, sur les formes de l'activité économique. Si toute la monnaie supplémentaire injectée est épargnée ou bien vient nourrir l'activité des marchés financiers, alors cette injection de monnaie se révèle inutile et/ou inflationniste (au sens où elle contribue à l'augmentation du prix des actifs financiers ou immobiliers). De la même manière, si 90 % du flux de crédits bancaires aux secteurs énergétiques finance le charbon et 10 % le solaire et l'éolien, alors il est évident que cela pose un problème. L'allocation de la masse monétaire compte donc autant que son volume. Si bien qu'il est possible, et c'est tout le drame de notre époque, d'avoir à la fois trop et trop peu de monnaie disponible. Trop de monnaie concentrée à un endroit ou dans quelques mains, trop peu de monnaie là où celle-ci pourrait être mieux employée.

Cela n'empêche pas de reconnaître que la monnaie est un élément clé du dynamisme économique et un moteur de l'activité humaine dont elle détermine le niveau. Il ne faut donc pas jeter le bébé avec l'eau du bain : l'injection monétaire peut être une bonne chose pour stimuler l'activité humaine, mais il nous revient de savoir quel type de développement économique nous souhaitons.

En outre, le mode de création monétaire qui est le nôtre pose un autre problème qui lui est intimement lié, celui de la dette.

Une masse monétaire assise sur une montagne de dettes

Il existe un lien étroit entre monnaie, dette et croissance économique, qui est au cœur de la magie monétaire. Mais le résultat de cette alchimie est une forte progression de l'endettement dans le monde. En effet, les dettes publiques et privées ont explosé à la hausse, en même temps que les masses monétaires et le PIB s'envolaient. Selon le FMI, l'endettement public et privé a ainsi atteint 184 000 milliards de dollars en 2017, soit l'équivalent de 225 % du PIB mondial. L'endettement privé représenterait ainsi 115 000 milliards de dollars contre un peu moins de 70 000 milliards de dollars pour l'endettement public. En 1971, la dette américaine était de 370 milliards de dollars ; en 2008, elle était de 10 050 milliards de dollars ; aujourd'hui, en 2019, elle est de plus de 22 000 milliards de dollars. Comme l'écrit joliment Camille Riquier : « Affranchie de toute matière finie, la monnaie révèle la puissance infinie du quantitatif pur[14]. »

Pour qui prend la peine de réfléchir aux conséquences du phénomène de création monétaire par le crédit et par l'extension du bilan des banques lors de leurs achats d'actifs, la progression continue de l'endettement privé comme public n'a pourtant rien de surprenant. Elle résulte à la fois des mécanismes de création monétaire et des intérêts perçus sur la création monétaire.

Citons ici une analyse[15] faite sur la dette publique française des années 1980 à nos jours. La dette publique a crû de moins de 25 % du PIB en 1978 à 86 % en 2011. Les auteurs décomposent dans la formation de cette dette ce qui est dû aux poids des intérêts et ce qui est dû au solde primaire (déficit avant paiement des intérêts financiers). Ils concluent que « si l'État français s'était endetté à taux nul notre dette publique brute, aujourd'hui, eût été de 28,5 % du PIB en 2011 (au lieu de 86 %) toutes choses égales par ailleurs ». Dit autrement si les besoins de financement de l'État avaient été satisfaits par création monétaire et sans intérêt (nous verrons dans la deuxième partie de cet ouvrage comment faire), alors son taux d'endettement aurait été globalement stable.

Alors que de multiples explications de la dette publique sont évoquées : ralentissement de la croissance, taux d'intérêt souvent supérieurs aux taux de croissance, concurrence internationale entre États qui favorisent la baisse des prélèvements sur les bases fiscales les plus mobiles, inégalités qui poussent à l'endettement, mauvaise gestion publique, etc. ; aucune ne fait cependant le lien avec la manière dont la monnaie est créée, pourtant bien plus fondamentale, nous semble-t-il, dans l'explication des causes profondes de la dette. C'est le symptôme manifeste de la méconnaissance des mécanismes monétaires.

Figure 2. Poids du service de la dette dans la dette publique française (1978-2011).

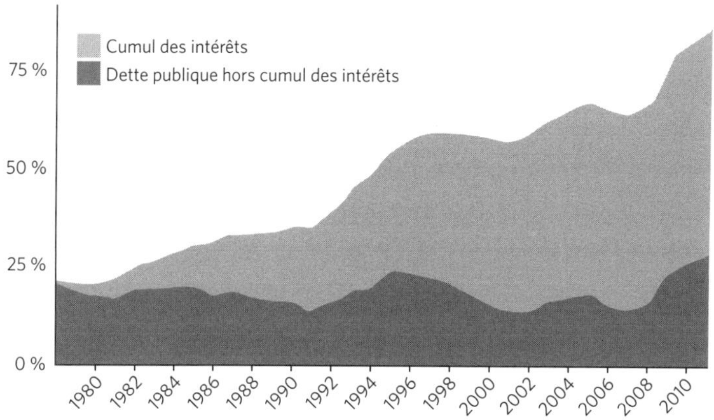

Données : Insee.

Une question se pose alors : l'endettement progresse-t-il plus vite ou à la même vitesse que le PIB mondial ? Il existe en effet des situations où le ratio dette/PIB demeure stable, ce qui signifie que la dette progresse en valeur dans la même proportion que le PIB. Il y a même des situations dans lesquelles ce ratio se réduit, ce qui signifie que les revenus augmentent plus vite que l'endettement (c'est un cas rare, mais qui existe notamment quand un pays connaît une balance commerciale très excédentaire). En revanche, dans la plupart des situations, la croissance en valeur de la dette progresse plus vite que le PIB, ce qui conduit le ratio dette/PIB à augmenter (qu'il s'agisse de dettes publiques ou privées). C'est ce à quoi nous assistons dans la majeure partie des pays du monde depuis les années 1970.

Dans tous les pays développés, la croissance s'est en effet accompagnée d'une hausse massive des dettes privées comme publiques. On a donc besoin de toujours plus de dettes pour le même niveau de croissance. Fatalement, ce processus connaîtra une fin, le jour où la majeure partie des acteurs économiques seront tellement endettés que plus rien ne pourra les pousser à emprunter et donc à maintenir le flux de création monétaire suffisamment dynamique pour qu'il permette de contrebalancer le flux de remboursement (qui est un flux de destruction monétaire).

C'est notamment ce qui s'est passé au Japon depuis le début des années 1990. La spéculation immobilière et financière des années 1980 a en effet entraîné de fortes bulles d'actifs financées à crédit, c'est-à-dire que les ménages et les entreprises se sont surendettés pour accéder à ces actifs mobiliers et immobiliers. À partir de décembre 1989, le krach des valeurs mobilières et immobilières produisit un effondrement sans fin de celles-ci jusqu'en 2006. Le Japon fut alors confronté à un phénomène de dette-déflation dont il peine encore aujourd'hui à sortir. En effet, les agents économiques (ménages, entreprises et institutions financières) ont vu la valeur de leurs actifs chuter, ce qui a entraîné l'insolvabilité d'une large partie du secteur privé japonais. Afin de se désendetter et de faire face à cette situation d'insolvabilité, les agents économiques privés ont contracté leurs dépenses, ce qui a amplifié la tendance à la baisse des actifs et accru l'endettement. Or plus les agents essayent de rembourser, plus ils s'endettent.

L'Europe est en train de glisser vers un scénario à la japonaise. D'ores et déjà, il y a des signes avant-coureurs : les taux négatifs et les taux d'intérêt nuls, qui sont devenus la nouvelle norme, montrent que l'on cherche par tous les moyens à pousser les acteurs économiques à continuer de s'endetter. Des placements à taux négatifs continuent d'apparaître « rentables » sur des périodes extrêmement longues : l'Allemagne et les Pays-Bas peuvent désormais être rémunérés pour emprunter à trente ans, et la Suisse jusqu'à cinquante ans. Les banques centrales poussent à cela car, si la musique s'arrête et que le crédit s'effondre, l'économie mondiale la suivra dans le gouffre, précisément en raison du lien entre masse monétaire et PIB que nous avons décrit précédemment. D'ailleurs, une remontée des taux d'intérêt provoquerait un effondrement du prix des actifs, d'où l'expression de « piège des taux zéro ».

Quand la dette progresse plus vite que le PIB

Pourtant, cette progression toujours plus rapide de l'endettement par rapport aux revenus réside principalement dans une mauvaise allocation de la masse monétaire. Cette mauvaise allocation résulte elle-même de différents facteurs. Des inégalités trop fortes conduisent la masse monétaire à se concentrer dans trop peu de mains. L'explosion du crédit immobilier fait croître les prix de l'immobilier qui progressent toujours plus selon une logique de *momentum*[16] (interaction de l'endettement et du mouvement des prix des actifs). Les marchés financiers se comportent comme des « trous noirs » qui attirent à eux une part toujours croissante de la masse monétaire. Au final, il ne reste que peu de monnaie disponible pour l'investissement productif. Moins de 15 % du flux de crédit si l'on en croit certaines études de l'Insee[17] (et beaucoup moins, évidemment, pour l'investissement dans la transition écologique). Les revenus des acteurs économiques ne progressent donc plus en ligne avec leur endettement, à l'exception des revenus factices amassés sur les marchés financiers, dont la valeur peut cependant s'effondrer subitement. Cela constitue d'ailleurs un fait empirique : dans la décennie qui a précédé la crise de 2008, le crédit aux agents privés (entreprises et ménages) a progressé de 10 à 15 % chaque année en moyenne dans les principaux pays développés, entraînant dans son sillage une augmentation de la masse monétaire de tous les pays développés. Mais la croissance économique a tourné entre 2 et 6 % en moyenne selon les pays. Or, comme l'a notamment montré Hyman Minsky[18], plus la croissance repose sur un fort niveau d'endettement, plus les pics de surendettement, générateurs de crises, sont atteints rapidement et fréquemment. Ce système pose donc par nature des problèmes de stabilité financière récurrents.

Alors, pouvait-on faire autrement ? Les autorités monétaires ont-elles la capacité d'agir pour mieux orienter le flux de création monétaire vers des activités productives et utiles à la société, plutôt que de nourrir la hausse des prix immobiliers ou des actifs financiers ? La réponse à ces questions est malheureusement négative dans le contexte actuel. En effet, d'une part, le corollaire du fait que la demande de monnaie comme l'offre de monnaie soient décentralisées et dans les mains des acteurs économiques (pour la demande) et des banques (pour l'offre) est que nous sommes incapables d'orienter réellement la masse monétaire. L'État peut y contribuer, *via* des outils fiscaux ou des subventions, mais la banque centrale ne joue aucun rôle ou presque dans ce domaine. D'autre part, la banque centrale ne cherche pas à développer des outils adéquats pour orienter efficacement l'allocation de la masse monétaire en raison d'un principe contestable de neutralité de la politique monétaire.

Nous proposerons dans la deuxième partie des solutions concrètes pour résoudre ce problème majeur.

Le volume et l'allocation de la masse monétaire échappent aux banques centrales

Les banques centrales ont un rôle important pour la stabilité du système monétaire mais, en revanche, le contrôle de la masse monétaire leur échappe en grande partie.

En effet, nos systèmes monétaires sont des systèmes hiérarchiques comprenant deux niveaux : un marché interbancaire réservé à la banque centrale et aux banques commerciales, et le marché traditionnel du crédit et de la monnaie entre les banques commerciales et les acteurs économiques. Les banques centrales jouent un rôle fondamental sur le marché interbancaire unifié, qui ne pourrait exister sans elles. C'est sur ce marché que les banques peuvent s'emprunter ou se prêter de la monnaie centrale entre elles ou auprès de la banque centrale pour régler leurs positions en monnaie centrale. La monnaie centrale est ainsi différente de la monnaie de crédit : elle ne circule qu'entre les banques, la banque centrale et le Trésor public. Il s'agit de la forme ultime de la liquidité qui permet de garantir l'unité du système monétaire et financier. Sans cette « fiction » de la monnaie centrale, chaque banque serait libre d'émettre sa propre monnaie sans limites et sans coordination[19]. Par conséquent, si les banques commerciales ont un pouvoir réel de création monétaire, ce pouvoir est limité par leurs capacités à honorer leurs engagements en monnaie centrale. C'est ce qui garantit l'unité du système des paiements.

Une banque peut donc être amenée, suite à des difficultés de gestion de son bilan, par exemple dues à un excès de crédit ou à des pertes importantes sur les marchés financiers[20], à manquer de monnaie centrale. Elle peut ainsi faire faillite en une journée, comme le montrent les cas célèbres de la faillite de la Kreditanstalt Bank (qui était alors la plus grande banque d'Autriche) le 11 mai 1931 ou, plus récemment, la faillite de la Washington Mutual, le 25 septembre 2008, dans le sillage de la faillite de la banque d'affaires Lehman Brothers. À travers le monde, on dénombre ainsi 102 crises bancaires et 189 crises monétaires entre 1990 et 2018.

Pour compenser l'instabilité intrinsèque de ce régime, la banque centrale joue le rôle de prêteur en dernier ressort de la monnaie centrale, liquidité ultime, et conduit une politique monétaire visant à influencer l'offre et la demande de monnaie. C'est notamment ce qu'expliquent des économistes de la Banque de France : « L'État a fait accepter aux marchés une liquidité supérieure à toutes les autres : la monnaie émise par la banque centrale. Dès la mise en place de la Banque du Rialto à Venise au XVIe siècle, des banques "centrales" vis-à-vis de leur système financier ont été créées pour remplir une fonction de prêteur en dernier ressort. Au XIXe siècle, ce rôle, théorisé par Henry Thornton puis Walter Bagehot[21], se généralise. Les banques centrales font face à l'instabilité du crédit, et convertissent, notamment en temps de crise de liquidité, les créances douteuses en monnaie, l'actif "sûr". Ainsi, la monnaie trouve son essence politique au cœur des crises de confiance[22]. » Comme le montre également Maxime Izoulet, « les banques centrales ont été inventées pour assurer la gestion publique d'une nouvelle monnaie inventée par des banquiers privés[23] ». Le rôle de la banque centrale est donc essentiel pour la stabilité du système monétaire.

La banque centrale fixe également le « prix » de la monnaie centrale *via* un taux d'intérêt directeur, qui lui-même, comme son nom l'indique, influence l'ensemble des taux d'intérêt de l'économie. C'est son principal outil pour lutter contre l'inflation. Une baisse du taux d'intérêt favorise l'emprunt, donc la création monétaire, si les agents économiques réagissent à cette baisse de taux en augmentant leur demande de monnaie, tandis qu'une hausse du taux d'intérêt renchérit le coût du crédit et décourage la création monétaire.

Mais le maniement du taux d'intérêt directeur semble rencontrer de plus en plus de limites.

D'une part, ce taux tend vers le zéro car l'économie a besoin de toujours plus de crédits pour maintenir une croissance acceptable de l'activité économique, ainsi que nous l'avons vu précédemment.

D'autre part, le taux d'intérêt est un outil très grossier dont la hausse ou la baisse impacte l'ensemble de l'économie dans les mêmes proportions, ce qui ne permet pas d'agir très finement sur les différents secteurs de l'économie. Ainsi, si la banque centrale veut ralentir le crédit dans le domaine immobilier par une hausse de son taux directeur, elle renchérit également le coût du capital pour tous les acteurs économiques, y compris ceux qui voudront investir dans les énergies renouvelables, par exemple. De la même manière, lorsqu'elle baisse son taux directeur, elle abaisse le coût de l'argent aussi bien pour les investissements productifs que pour la spéculation. Un taux d'intérêt directeur unique ne permet donc pas une gestion efficace et adéquate de la masse monétaire. Il influe globalement sur son volume, mais en aucun cas sur l'allocation de celle-ci.

Enfin, la décision de prêter ou non aux acteurs économiques revient aux banques commerciales qui se basent sur la demande de monnaie et sur la solvabilité de leur emprunteur potentiel, toute autre considération mise à part. La demande de monnaie répond donc à une logique presque totalement endogène : ce sont les agents économiques qui en sont à l'origine, sous forme de demande de crédits, et les banques le leur accordent si l'opération est rentable et que le client est solvable[24]. Le taux d'intérêt ne peut que rendre plus ou moins rentable cette opération. Par conséquent, les banques centrales n'influent qu'indirectement et marginalement sur le volume de la masse monétaire[25]. Quant à l'allocation de la monnaie dans les différents secteurs économiques, les banques centrales ne jouent strictement aucun rôle. Les banques commerciales constituent donc un filtre permanent et incontournable entre les actions de la banque centrale et les acteurs économiques, et ce filtre explique une part importante de l'impuissance de la politique monétaire à faire face aux défis du moment.

On l'a constaté de manière particulièrement douloureuse lors de la réponse monétaire à la crise financière de 2008. Très rapidement, la baisse du taux d'intérêt s'est révélée largement insuffisante pour relancer l'activité et sauver les grandes institutions financières et bancaires qui ont pris de plein fouet la chute du prix des actifs et se sont retrouvées avec des bilans déséquilibrés. Les banques centrales ont alors dû mettre en œuvre des politiques monétaires dites non conventionnelles, principalement fondées sur l'achat d'actifs aux institutions financières et sur des prêts longs sans garanties.

Cette action s'est en partie fondée sur la théorie du multiplicateur monétaire. Cette théorie prévoit que, dès lors que le système bancaire dans son ensemble a suffisamment de liquidités pour faire face aux exigences en réserves obligatoires fixées par la banque centrale, celui-ci va chercher à « utiliser » ses liquidités excédentaires en finançant les agents non bancaires, en leur faisant des crédits ou en leur achetant des titres de dette. Le système bancaire créera donc de la monnaie *via* de nouveaux dépôts, et ces nouveaux dépôts serviront à leur tour à augmenter la capacité à accorder des crédits.

La théorie du multiplicateur monétaire : une idée incomplète et contestable

La théorie du multiplicateur monétaire repose sur une vision erronée de la création monétaire que l'on désigne parfois comme « théorie de la réserve fractionnaire ». L'idée centrale de cette théorie est que c'est le système bancaire, pris dans son ensemble, qui crée de la monnaie, et non pas les banques prises individuellement. Ainsi, un dépôt dans une banque sera recyclé en prêt, moins un pourcentage gardé en réserve à la banque centrale pour satisfaire aux exigences de réserves obligatoires, la banque jugeant improbable que tous les déposants viennent chercher leur argent en même temps ; l'argent ainsi prêté sera ensuite redéposé en partie dans une autre banque qui en reprêtera elle-même une partie, etc.

À tout moment, le système aura ainsi créé plus de dépôts que ceux placés initialement dans les livres de chacune. Cela constitue une première erreur factuelle : une banque n'a pas besoin de dépôts pour prêter, en tout cas pas directement.

Le corollaire de cette théorie est le multiplicateur monétaire : la banque centrale piloterait, par son contrôle de la base monétaire (dont les réserves des banques), la masse monétaire (les crédits). Mais, en réalité, la banque centrale fournit toujours aux banques la monnaie centrale dont elles ont besoin, à un taux plus ou moins élevé.

En outre, s'il est vrai que la mise à disposition des banques de liquidités plus importantes peut les inciter à investir dans l'économie réelle (*via* leur pouvoir d'achat d'actifs) ou leur permettre, indirectement, d'accorder davantage de crédits (une banque ne prête pas directement ses réserves, mais le fait d'avoir plus de liquidités peut l'inciter à prêter davantage), ce résultat n'est aucunement obligatoire : il dépend en grande partie de la demande de monnaie des agents économiques.

Mais cette théorie n'a pas fonctionné dans la réalité ou, plus précisément, elle n'a pas fonctionné au profit de l'économie réelle (en revanche, elle a permis d'alimenter les marchés financiers). En effet, elle repose sur l'idée que les acteurs économiques demanderaient du crédit dès lors que les banques voudraient leur en offrir. Ce n'est pas le cas : la demande de monnaie dépend de nombreux facteurs, à commencer par le revenu des agents, leur niveau d'endettement et leur confiance dans l'avenir. Pendant la crise financière, une quantité importante de liquidités a été injectée dans le système bancaire par les banques centrales, mais le crédit n'a pas pour autant augmenté dans des volumes comparables. Les banques elles-mêmes n'ont que peu cherché à acquérir des titres productifs, tant étaient plus rentables les investissements sur les marchés financiers.

Et l'on constate la même chose du côté des entreprises : celles-ci peuvent trouver des financements à bas coûts et des investisseurs, mais elles n'ont pas assez de projets à financer. Le coût moyen du capital a diminué, mais ce sont les trésoreries des grandes entreprises et des fonds d'investissement qui ont augmenté et non leurs investissements productifs. Pire encore, elles ont souvent utilisé ces liquidités pour racheter leurs propres actions afin de faire monter leurs cours et servir ainsi les actionnaires, dont les dividendes ont d'ailleurs battu des records en 2019 (on s'attend ainsi à plus de 1 400 milliards de dividendes versés sur l'année 2019 dans le monde, soit plus des deux tiers du PIB de la France)[26].

Ainsi, une grande partie de la monnaie centrale injectée par les banques centrales s'est retrouvée piégée sur le marché interbancaire et sur les marchés financiers. Elles auraient pu financer les États pour que ceux-ci investissent utilement, mais les avances et découverts des banques centrales aux

Trésors publics sont prohibés dans la plupart des systèmes monétaires. Par conséquent, même si le volume de M0 a explosé (M0 mesure la base monétaire, c'est-à-dire la quantité de monnaie centrale dans les livres de la Banque centrale), la masse monétaire réelle (mesurée par M2 ou M3, c'est-à-dire la monnaie disponible pour les agents économiques non bancaires) n'a que peu évolué à la hausse.

L'échec du multiplicateur confirmé par la Bundesbank

C'est ce que confirme notamment la Bundesbank dans son rapport d'avril 2017 : « Depuis la mise en œuvre des mesures non conventionnelles par l'Eurosystème dans le cadre d'une politique monétaire expansionniste, les avoirs détenus par les banques commerciales auprès des banques centrales de la zone euro ont considérablement augmenté : en à peine dix ans, ces avoirs ont été multipliés par plus de sept. En même temps, l'agrégat M3, donc la masse monétaire au sens plus large, qui comprend les dettes des banques commerciales et des banques centrales nationales auprès des agents non bancaires nationaux, tels les ménages et les entreprises, n'a crû que modérément. [...] Les achats de titres n'ont un effet positif direct sur la monnaie que si les vendeurs finaux sont des agents non bancaires nationaux. Dans ce cas, la transaction entraîne une augmentation du stock de titres d'emprunt d'État détenus par la banque centrale ainsi qu'une hausse des dépôts à vue détenus par le vendeur. Toutefois, les vendeurs finaux des titres peuvent également être des banques commerciales ou être domiciliés à l'étranger. Il existe en outre aussi des effets indirects sur la masse monétaire, surtout par la répercussion du programme d'achats sur le prix ou le rendement d'actifs ou l'octroi de crédits, raison pour laquelle il n'existe pas de rapport mécanique entre la hausse des avoirs détenus auprès de la banque centrale et la monnaie dans le sens plus large[27]. »

Figures 3 a et b. Base monétaire États-Unis et zone euro.

États-Unis : base monétaire, masse monétaire M2 et inflation (100 en 1990:1)

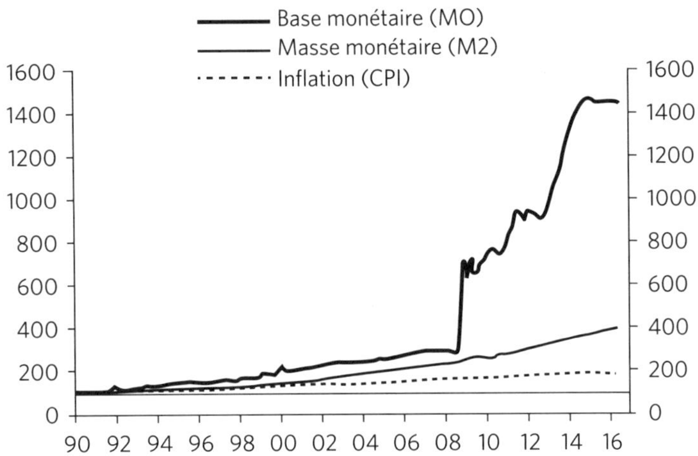

Zone euro : base monétaire, masse monétaire M2 et inflation (100 en 1990:1)

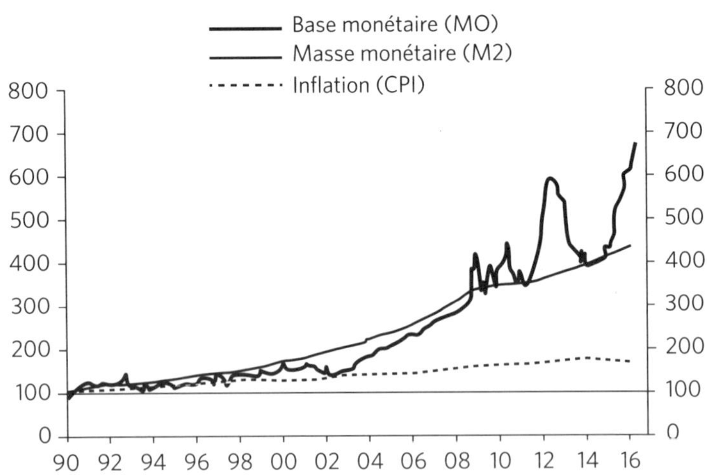

Données : Datastream, BCE et Natixis.

En clair, qu'il s'agisse de politique monétaire conventionnelle ou non, l'action des banques centrales passe toujours par le filtre des banques commerciales. Dès lors, les injections massives de liquidité n'ont eu un effet que très limité et indirect sur la croissance et sur l'activité. En revanche, elles ont eu un rôle direct sur l'augmentation du prix des actifs financiers et sur la capacité des banques et des acteurs financiers reliés à elles de spéculer davantage.

Un risque de crise financière dû à l'absence d'orientation de la masse monétaire

Il s'agit un peu de l'arroseur arrosé ou du pompier pyromane[28] : à force d'inonder les marchés de liquidités pour conjurer le risque de crise, les banques centrales sont accusées de préparer la prochaine en alimentant une hausse dangereuse du prix des actifs financiers. Hyman Minsky a montré pourquoi un *big government* est nécessaire à la stabilisation de l'économie en assurant une redistribution équitable des revenus et en orientant une partie de la masse monétaire vers des activités utiles, que ce soit à travers les politiques monétaires ou budgétaires.

Mais ce n'est pas la direction prise ces dernières années. La déréglementation financière et la neutralité de la politique monétaire, c'est-à-dire sa volonté de ne pas interférer avec la structure du marché (nous verrons d'ailleurs pourquoi cette neutralité n'est qu'une illusion) ont permis à deux secteurs, les marchés financiers et le marché immobilier, d'absorber la majeure partie du flux de création monétaire. Le risque de crises financières a ainsi été multiplié. L'ensemble des actifs financiers mondiaux représentaient, à la fin 2016, le gigantesque montant de 340 000 milliards de dollars, l'équivalent de plus de quatre années de PIB mondial. Sur cet ensemble, un peu moins de la moitié (47 %) correspond à des activités financières réalisées par d'autres acteurs que les banques (sociétés de gestion, fonds d'investissement, etc.)[29]. C'est dire si le poids des banques commerciales sur les marchés financiers est important. Les banques étant dépositaires du pouvoir de création monétaire et exerçant simultanément des activités de marché toujours plus importantes, les marchés financiers ont donc développé un rapport étroit et dangereux avec le phénomène de création et de destruction monétaire avec la complicité passive des banques centrales.

En effet, nous avons montré que les banques créent de la monnaie en accordant des crédits. Mais elles peuvent aussi le faire en achetant des titres financiers. Ce point est mal connu et pourtant très important, car il exerce une influence majeure sur le processus de création monétaire. Il n'y a pas que le crédit qui permette de créer de la monnaie. En réalité, toute opération qui conduit une banque à augmenter son actif peut donner lieu à une augmentation de la quantité globale de dépôts bancaires. Cela comprend les prêts accordés aux agents résidents non bancaires, comme les ménages, les entreprises, les collectivités locales ou l'État, mais pas seulement. Le terme recouvre aussi les titres de dette (obligations, billets de trésorerie), voire de fonds propres (actions), émis par les entreprises, l'État ou des fonds non monétaires (c'est-à-dire essentiellement des organismes de placement collectifs en valeurs mobilières) et achetés par des banques. Quelle que soit la nature juridique de ces instruments, leur inscription à l'actif du système bancaire peut donner lieu à une augmentation des dépôts de la clientèle et donc de la masse monétaire. Les banques créent donc bel et bien de la monnaie lorsqu'elles achètent des actifs, et pas seulement lorsqu'elles accordent des crédits, même si ce pouvoir est limité, comme on l'a vu précédemment.

Ce pouvoir de création monétaire propre aux banques alimente la spéculation, par l'intermédiaire de toute une série d'acteurs financiers plus ou moins liés aux banques. Entre décembre 2002 et décembre 2008, l'endettement du secteur financier américain avait ainsi progressé de 28 %, celui de la zone euro de 40 % et celui du Royaume-Uni de 74 %. On constate également que le bilan des banques s'est profondément transformé au cours des dernières décennies. Dans le cas des grandes banques françaises, par exemple : « Le poids relatif des crédits et des dépôts dans le bilan consolidé des banques a fortement baissé : de 1980 à 2014, la part des crédits à la clientèle est passée de 84 à 34,6 %, tandis que la part des dépôts a chuté de 73 à 34,5 %. Mais, dans le même temps, les banques ont élargi la gamme de leurs opérations sur les marchés de titres. [...] Ainsi, à l'actif des banques, la part des titres a été multipliée par plus de 7, passant de 5 à 37,3 % de 1980 à 2014[30]. » En effet, une des spécificités des marchés financiers, qui attire les banques, est que la loi de l'offre et de la demande y fonctionne à l'envers : plus les prix sont élevés, plus la demande est forte (logique de *momentum*). La hausse du prix des actifs financiers conduit alors à améliorer la solvabilité apparente des détenteurs de ces actifs. Ils s'endettent encore davantage, dans une spirale autoalimentée qui ressemble ainsi à un « trou noir monétaire » : la dette vient financer l'achat d'actifs préexistants qui n'apportent aucun financement nouveau à l'économie mais promettent de hauts rendements financiers.

Même un économiste de tendance néoclassique comme Jacques de Larosière, ancien directeur du FMI, s'est alarmé de ce lien entre prix des actifs et crédit qui peut s'autoalimenter, comme dans la période qui a précédé la crise de

2008 : « L'expansion du crédit qui alimenta la demande intérieure fut un puissant contributeur de l'augmentation du prix des actifs. De surcroît, des prix d'actifs élevés engendrent des effets de richesse qui, à leur tour, alimentent la bulle du crédit (plus vous croyez être riche, plus vous êtes tenté d'emprunter lorsque le secteur bancaire – c'était particulièrement vrai aux États-Unis et en Grande-Bretagne – est capable d'"extraire de la valeur" de la montée des prix du logement). Un fort appétit pour le risque dans un environnement de taux d'intérêt bas provoqua une détérioration de la qualité du risque, un affaiblissement de la *diligence raisonnable*, et des écarts de taux très minces. De plus, l'adoption de la méthode d'évaluation "à la valeur du marché" aggrava la hausse du prix des actifs et ses effets de richesse, puisque les profits "de papier" et les valorisations augmentaient quand « ça allait bien » et donnaient l'impression que les garanties étaient légion et de bonne qualité[31]. »

Si l'on ajoute l'immobilier à l'évolution haussière des marchés financiers, puisque 50 à 60 % du flux total de crédit (et donc du flux de création monétaire) viennent financer l'immobilier dans les pays développés, alors on comprend aisément qu'une part toujours plus importante de la masse monétaire est « captée » par ces secteurs. Cela ne veut pas forcément dire que l'économie réelle est moins bien financée que dans la période antérieure (sauf si la captation devient substitution), mais cela implique qu'une part croissante du flux de création monétaire, et donc de la dette, finance des activités non productives et déconnectées de l'économie réelle. Au Royaume-Uni, l'immobilier représentait ainsi 120 % du revenu national en 1970 et 300 % en 2010. En France, ce pourcentage est passé, au cours de la même période, de 120 % du PIB à 371 %, sans que cela n'ait de raisons fondamentales liées au nombre de logements existants ou à une dynamique démographique exceptionnelle.

Même constat sur le marché des dérivés, comme sur le marché des changes par exemple, où les montants échangés quotidiennement atteignent plusieurs centaines de fois le montant des opérations correspondant à des échanges réels de biens et de services. On estime en moyenne qu'à l'heure actuelle, moins de 2 % des échanges sur le marché des changes correspondent à une transaction réelle. Selon Adair Turner : « La valeur des transactions à terme sur le pétrole est passée de moins de 10 % de la production et de la consommation physique de pétrole de 1984 à plus de 10 fois celle de la production et de la consommation aujourd'hui. Les transactions sur le marché mondial des changes correspondent à présent à environ 73 fois le commerce mondial des biens et des services. Les échanges de produits dérivés jouaient un rôle minimal dans le système financier de 1980, mais ils rendent aujourd'hui dérisoire le volume de l'économie réelle ; partie de zéro en 1980, la valeur notionnelle totale des contrats en cours portant sur les instruments dérivés de taux d'intérêt avait atteint en 2007 plus de 400 trillions de dollars, environ 9 fois la valeur du PIB mondial[32]. »

Or, si ce régime de spéculation a tenu pendant un moment, les arbres ne montent pas jusqu'au ciel et ce système contient de nombreux risques. La capacité de revenu ou de remboursement des agents acquéreurs n'est pas infinie. Tôt ou tard, les intermédiaires financiers seront confrontés à la raréfaction de la classe des actifs susceptibles de générer de la plus-value.

Tous les indicateurs confirment déjà cette tendance à la déconnexion entre activité économique réelle et dynamique des marchés financiers. Dans la période récente, le « prix Nobel[33] » d'économie 2013, Robert Shiller, a développé un indice, le CAPE (Cyclically Adjusted Price To Earnings) qui correspond à la capitalisation boursière[34] totale rapportée aux bénéfices des entreprises. Cela permet de mesurer si la capitalisation boursière est complètement déconnectée des profits réels des entreprises. Or, aujourd'hui, ce ratio se situe à 32,34 contre 31 en 1929 (et près de 45 en 2008). Robert Shiller explique ainsi que la valeur moyenne de l'indicateur se situe en moyenne longue autour d'une valeur de 17, soit très en deçà des niveaux actuels.

D'autres chiffres sont aussi explicites, comme par exemple ceux avancés par la Banque des règlements internationaux (BRI) selon laquelle « 7 % seulement des transactions de produits dérivés sont conclues entre une entreprise financière et une entreprise non financière ». Le rapport Liikanen[35] indique quant à lui que : « Le total cumulé des bilans des institutions bancaires européennes a connu entre 2001 et 2011 une croissance de 80 % » pour atteindre « 47 000 milliards d'euros », soit près de 4 fois le PIB cumulé des pays de l'Union européenne dont la croissance a connu quant à elle une évolution positive de 32 %.

Face à cette captation du flux de création monétaire comme du stock de masse monétaire par les marchés financiers, deux conséquences sont envisageables. Dans le « meilleur » des cas, l'économie réelle stagne car la masse monétaire y demeure stable. Dans le pire des cas, elle régresse si un effet de substitution conduit à retirer des sommes de l'économie réelle pour nourrir l'inflation (c'est-à-dire la hausse des cours) sur les marchés financiers « d'occasion » (les marchés dits « secondaires »). En effet, il convient de rappeler que la spéculation sur les titres financiers qui circulent sur le marché secondaire[36] (et non à leur émission) ne finance plus l'investissement des entreprises mais vient simplement alimenter le revenu des détenteurs de ces titres, qui peuvent ensuite changer de main à de multiples reprises.

Nous sommes actuellement plutôt dans la première situation : hausse du prix des actifs et stagnation ou faible croissance de la masse monétaire destinée à l'économie réelle. En zone euro par exemple, la valeur de marché du total des actions cotées émises par les résidents de la zone euro était de 7 959,5 milliards d'euros à fin décembre 2017 contre 7 089,5 milliards d'euros à fin décembre 2016, soit une augmentation annuelle de 12,3 % alors que l'inflation des prix à la consommation (mesurée par l'indice des prix à la consommation [IPC]) est demeurée proche de 1 %. Si ce mécanisme s'amplifie, des activités productives seront délaissées au profit d'activités spéculatives. Se conjugueront alors une hausse du prix des actifs et de la masse monétaire et une diminution du PIB. Ainsi, comme le dit Gaël Giraud, dans la préface à l'édition française d'un livre de l'économiste Steve Keen : « De même que chaque degré supplémentaire dans les océans donne davantage d'énergie aux cyclones, chaque degré de liberté supplémentaire accordée aux marchés financiers multiplie les occasions d'accumuler une dette privée malsaine, qui se révélera tôt ou tard insolvable, et pourra provoquer un nouvel effondrement[37]. »

Comprendre et réguler ce phénomène a donc une vertu majeure : rendre la croissance moins gourmande en crédits et limiter la vitesse d'expansion de la dette par rapport au PIB. Au final, il convient de retenir le phénomène de trou noir monétaire joué par les marchés financiers et évoqué tout au long de ce chapitre, qui s'accompagne de la croissance d'une masse monétaire « improductive » ne faisant qu'alimenter le prix des actifs et non l'économie réelle. Cela vaut aussi bien pour les marchés financiers que pour l'immobilier. Lorsque l'endettement sert à racheter et à vendre le même actif déjà émis des centaines ou des milliers de fois, alors le bénéfice pour l'économie réelle est nul. En revanche, l'incitation à investir financièrement des activités plus utiles est d'autant plus faible que l'économie « casino » propose des rendements élevés. Il s'agit d'un problème majeur pour le financement de la transition écologique (*cf.* chapitre 5).

Face à cela, il convient de réhabiliter l'idée que la politique monétaire peut jouer un rôle direct pour mieux orienter l'allocation de la masse monétaire vers des activités socialement utiles. Évidemment, cette idée entre en contradiction avec le principe dominant de la politique monétaire actuelle, qui repose sur la neutralité de marché. Il nous faut donc désormais entrer brièvement dans la discussion théorique relative à la politique monétaire.

CHAPITRE 3

Controverses autour de la politique monétaire

> « L'abdication d'une démocratie peut prendre deux formes, soit le recours à une dictature interne par la remise de tous les pouvoirs à un homme providentiel, soit la délégation de ces pouvoirs à une autorité extérieure, laquelle, au nom de la technique, exercera en réalité la puissance politique, car au nom d'une saine économie, on en vient aisément à dicter une politique monétaire, budgétaire, sociale, finalement "une politique", au sens le plus large du mot, nationale et internationale. »
>
> Pierre MENDÈS FRANCE,
> 18 janvier 1957.

Nous avons vu que la monnaie est une institution sociale et économique de première importance, dont les flux conditionnent l'activité économique. Nous pourrions dès lors nous attendre à ce que la politique monétaire repose sur l'utilisation d'outils sophistiqués et toujours plus complexes permettant une régulation fine de la masse monétaire. Or c'est l'inverse que nous constatons. Au cours des cinquante dernières années, la politique monétaire s'est grandement appauvrie, à tel point qu'il devient difficile de parler de « politique » monétaire, et que le terme de « gestion » monétaire paraît plus adapté.

Si l'on met de côté la dernière décennie postcrise qui a connu le développement de nouveaux, mais très insuffisants, outils de gestion monétaire, la victoire de l'idéologie monétariste, à partir des années 1970, s'est en effet traduite par l'instauration d'un cadre de politique monétaire simpliste. Il est exclusivement tourné vers la lutte contre l'inflation, en particulier dans la zone euro dans le cas qui nous concerne (mais ce constat est valable aussi aux États-Unis ou en Angleterre).

Aujourd'hui, ce cadre de politique monétaire nous semble particulièrement inadapté, non seulement pour affronter le changement climatique avec des outils de financement adéquats mais également pour relancer l'activité économique et surmonter la problématique de l'accumulation des dettes privées et publiques. Il faut donc en comprendre le sens et les limites, afin de mieux percevoir de quelle manière il peut être réformé.

Quand l'indépendance des banques centrales se transforme en impuissance

Ainsi que nous l'avons vu précédemment, la « politique » monétaire consiste aujourd'hui essentiellement à gérer la quantité et le prix des liquidités que les banques échangent entre elles et avec la banque centrale. Pour cela, la banque centrale augmente ou diminue les liquidités disponibles en gérant son propre bilan et en fixant le taux d'intérêt directeur[1]. Ces deux facteurs influencent ensuite la capacité à prêter des banques et le taux auquel elles vont prêter aux agents économiques.

Ce cadre de fonctionnement institutionnel pose déjà une première limite que nous avons évoquée dans le chapitre précédent : la banque centrale n'entretient aucune relation directe avec les agents économiques non bancaires, en particulier les entreprises et les ménages. Elle pourrait en entretenir avec l'État, qui dispose lui aussi d'un compte à la banque centrale, mais les traités européens lui interdisent tout financement direct des institutions publiques.

Une fois cette limite institutionnelle posée, quels sont les principes d'action de la banque centrale ? On peut distinguer quatre principes fondamentaux (dont le fondement juridique repose sur les articles 119 à 133 du Traité sur le fonctionnement de l'Union européenne ainsi que sur le protocole n° 4 relatif aux statuts du système européen de banques centrales et de la Banque centrale européenne)[2] :

> PRINCIPE N° 1 : une politique monétaire centrée sur l'objectif principal de stabilité des prix (que la BCE définit comme proche de 2 %, bien que cela suscite de nombreux débats).
> PRINCIPE N° 2 : une banque centrale indépendante des États tant en termes de fonctionnement que de choix de ses moyens d'action.
> PRINCIPE N° 3 : une interdiction de financement des États ou des institutions publiques par la Banque centrale européenne (mais aussi le refus de tout financement préférentiel des institutions publiques par les banques privées, c'est-à-dire de mécanismes type « circuit du Trésor[3] », selon l'article 124 du TFUE).
> PRINCIPE N° 4 : Une action qui doit respecter le principe d'une « économie de marché ouverte où la concurrence est libre », ce qui signifie un principe intangible, quoique jamais affirmé de manière explicite, de neutralité de la politique monétaire.

Notons que tous ces principes ne relèvent pas d'une quelconque loi naturelle ou immuable. Ils reposent entièrement sur des croyances et des compromis politiques. Ainsi, la seule définition d'un objectif d'inflation par une banque centrale est déjà en soi un acte politique, qui est parfaitement discutable.

De même, l'indépendance des banques centrales est un sujet de débat. D'abord parce qu'elle est relativement récente. La Fed n'est devenue réellement indépendante qu'à partir du *Federal Reserve Act* de 1978. Il faudra attendre 1993 pour la Banque de France et 1997 pour la Banque d'Angleterre. La Banque centrale européenne est la seule à être « née » complètement indépendante, en juin 1998. Toutefois, il faut distinguer indépendance d'objectifs et indépendance fonctionnelle. Si les objectifs et les paramètres de la politique monétaire sont fixés par le pouvoir politique, il n'y a pas d'indépendance d'objectifs. En revanche, il peut exister une indépendance fonctionnelle pour les atteindre, c'est-à-dire que la banque centrale décide seule des outils et des moyens à mettre en œuvre pour y arriver. La plupart des banques centrales disposent de longue date d'une indépendance fonctionnelle, laquelle ne pose pas vraiment de difficultés. C'est en revanche l'indépendance d'objectifs qui pose question. Doit-on en effet considérer que des banquiers centraux non élus sont légitimes pour définir seuls la politique monétaire d'un pays quand on connaît l'importance de la monnaie pour le développement économique et social ?

Les banquiers centraux répondent à juste titre que leur mandat initial a été fixé par le législateur, qui est élu. Dans le cas de la zone euro, ce mandat est très clair. L'article 127 du TFUE stipule ainsi que « l'objectif principal du système européen de banques centrales (SEBC) est de maintenir la stabilité des prix. Sans préjudice à l'objectif de stabilité des prix, le SEBC apporte son soutien aux politiques économiques générales dans l'Union, en vue de contribuer à la réalisation des objectifs de l'Union, tels que définis à l'article 3 du traité sur l'Union européenne ». Parmi ces objectifs « secondaires » définis à l'article 3 du traité figurent ainsi une croissance économique équilibrée, la stabilité des prix, une économie sociale de marché hautement compétitive, qui tend au plein-emploi et au progrès social, et un niveau élevé de protection et d'amélioration de la qualité de l'environnement[4].

Dès lors, ce sont à la fois la méthode et le fond qui apparaissent discutables. Concernant la méthode, si les règles de la politique monétaire ont bien été fixées par le législateur, celles-ci sont devenues immuables dans le temps, ce qui contraste fortement avec la dynamique étroite et mouvante qui se crée entre les flux monétaires et les formes de l'activité économique. Cette structure institutionnelle figée repose ainsi sur une vision monétariste selon laquelle la monnaie est quelque chose de dangereux quand elle est aux mains du politique. Par leur indépendance, les banques centrales seraient ainsi en mesure de s'opposer au court-termisme des mandats politiques qui seraient naturellement tentés de faire tourner la planche à billets à l'excès pour financer des politiques dispendieuses et électoralistes. Dans cette optique, peu importe que les banques utilisent chaque jour leur pouvoir de création monétaire pour acquérir des titres sur les marchés financiers, suscitant bulles financières et crises. Peu importe aussi que l'indépendance des banques centrales vis-à-vis des États se soit accompagnée d'une dépendance de leur part vis-à-vis des marchés financiers et plus simplement des banques systémiques dont les intérêts doivent de fait être pris en compte par la banque centrale pour des raisons de garantie du système des paiements.

Sur le fond ensuite, le mandat des banques centrales doit être simple dans l'optique monétariste : poser le fait que la stabilité des prix est l'objectif principal de la politique monétaire leur évite des réflexions complexes, voire contradictoires, sur la poursuite d'objectifs de croissance, d'équilibre budgétaire, de taux de change et d'emploi. La « gestion » monétaire doit donc être réduite à son plus simple appareil : fixer le taux d'intérêt de manière à éviter l'inflation. Il s'agit ainsi d'un mandat « paresseux » qui ne cherche en aucune manière à élaborer une gestion fine de la masse monétaire. Par ailleurs, le TFUE organise la rupture de toute possibilité d'influence du politique sur les banques centrales pour compenser cette frilosité du mandat. L'article 130 du TFUE dispose ainsi que, « dans l'exercice des pouvoirs et dans l'accomplissement des missions et des devoirs qui leur ont été conférés par les traités et les statuts du SEBC et de la BCE, ni la Banque centrale européenne, ni une banque centrale nationale, ni un membre quelconque de leurs organes de décision ne peuvent solliciter, ni accepter des instructions des institutions, organes ou organismes de l'Union, des gouvernements des États membres ou de tout autre organisme ». Cette rupture institutionnelle se traduit aussi par une impuissance à mettre la politique monétaire au service des États ou des institutions publiques. Elle est inscrite à l'article 123 du TFUE qui dispose, dans son premier alinéa, qu'« il est interdit à la Banque centrale européenne et aux banques centrales des États membres [...] d'accorder des découverts ou tout autre type de crédit aux institutions, organes ou organismes de l'Union, aux administrations centrales, aux autorités régionales ou locales, aux autres autorités publiques, aux autres organismes ou entreprises publics des États membres ; l'acquisition directe, auprès d'eux, par la Banque centrale européenne ou les banques centrales nationales, des instruments de leur dette est également interdite ».

Ces dispositions, inscrites dès le traité de Maastricht en 1992, entraînent l'impossibilité de tout mécanisme préférentiel de financement des États par la banque centrale. On songe aux mécanismes d'avances remboursables qui permettaient par exemple à l'État français, jusqu'à la fin des années 1980, de bénéficier d'avances à des taux nuls ou très faibles, directement de la part de la banque centrale. On aurait cependant pu imaginer que, sans recourir à des financements préférentiels de ce type, la banque centrale puisse acquérir directement auprès des États leurs titres de dette publique. C'est notamment ce qui se pratique aux États-Unis. Mais la seconde spécificité de cet article 123 tient au fait que les acquisitions directes de titres de dette publique par le Système européen des banques centrales (SEBC) sont explicitement interdites. Par conséquent, seuls les acteurs privés, en particulier les acteurs bancaires, peuvent se porter acquéreurs des titres de dette publique sur le marché primaire.

Sur tous ces points, le traité atteint ses objectifs à tel point que l'on peut se demander si, derrière l'objectif d'indépendance de la banque centrale, ce n'est pas en réalité son impuissance qui est recherchée. Impuissance à faire des choix, impuissance à utiliser l'arme monétaire pour modifier les formes de l'activité économique, impuissance à venir en aide aux États ou aux institutions publiques européennes, et même impuissance à définir la voie qui lui permettrait de sortir de son impuissance. Si tel est bien l'objectif recherché, il convient de saluer l'œuvre : c'est parfaitement réussi. La politique monétaire est bel et bien confiée à des banques centrales indépendantes, dont les objectifs sont figés dans le temps, qui n'entretiennent pas de liens avec les acteurs économiques non bancaires, qui sont structurellement coupées des États, et qui ne disposent donc pas de la légitimité pour inventer elles-mêmes une autre politique monétaire adaptée aux défis du moment, au premier rang desquels figure la transition écologique[5]. Et tout ceci est motivé par une seule chose : la lutte contre l'inflation[6], alors que le lien entre une politique monétaire expansionniste et l'inflation est loin d'être aussi évident qu'il y paraît de prime abord et que l'inflation peut non seulement être contrôlée, mais également, si elle est cantonnée, avoir des vertus, comme nous allons désormais l'expliquer plus en détail.

Une peur irrationnelle de l'inflation

Les travers de l'objectif de stabilité des prix sont relativement bien connus. Tout d'abord, il pousse à choisir une politique de chômage au lieu d'une politique de croissance et d'emploi (si l'on se réfère à la très contestable courbe de Phillips[7] qui suppose que le plein-emploi entraînerait nécessairement de l'inflation, sans même tenir compte, entre autres, du niveau d'utilisation des capacités productives).

En outre, le postulat monétariste selon lequel l'inflation est nécessairement néfaste pour l'activité économique ne tient pas compte de son effet sur les dettes publiques comme privées, dont elle tend à alléger le poids si elle s'accompagne d'une augmentation des revenus des agents (ce qui est mécaniquement le cas pour l'État). Une inflation trop faible ne permet pas de réduire l'endettement des acteurs économiques[8]. Dans le cas des dettes publiques, c'est l'inflation qui a permis de résorber les immenses dettes publiques à la fin de la Seconde Guerre mondiale qui, dans le cas de la France ou de la Grande-Bretagne par exemple, dépassait 200 % du PIB (contre un peu moins de 100 % à l'heure actuelle). Dit autrement, l'endettement immense qui a permis à la Grande-Bretagne et à ses alliés de gagner la guerre contre Hitler a été remboursé dans une monnaie fortement dévaluée. L'inflation, en conduisant les taux d'intérêt réels à devenir négatifs (le taux d'intérêt nominal étant inférieur au taux d'inflation), permet ainsi de s'endetter pour rien, et réduit la valeur relative des dettes si les revenus augmentent en parallèle. Thomas Piketty, auteur du *Capital au XXIe siècle*, écrivait ainsi dans le *Libération* du 29 décembre 2014 : « La palme de l'amnésie revient quant à elle à l'Allemagne, avec la France en fidèle second. En 1945, ces deux pays avaient une dette publique dépassant 200 % du PIB. En 1950, elle était tombée à moins de 30 %. Que s'est-il passé, aurait-on soudainement dégagé les excédents budgétaires permettant de rembourser une telle dette ? Évidemment non : c'est par l'inflation et la répudiation pure et simple que l'Allemagne et la France se sont débarrassés de leur dette au siècle dernier. S'ils avaient tenté de dégager patiemment des excédents de 1 ou 2 % du PIB par an, alors on y serait encore, et il aurait été beaucoup plus difficile pour les gouvernements de l'après-guerre d'investir dans la croissance. »

On néglige aussi le fait que l'inflation peut faire des miracles économiques pour l'investissement et le développement économique : si l'hyperinflation allemande des années 1920 a été désastreuse pour la population, elle a aussi permis de bâtir une puissance industrielle colossale, car les grandes entreprises allemandes pouvaient s'endetter pour rien en raison de la dépréciation constante de la valeur de la monnaie dans laquelle elles remboursaient leurs dettes.

Pour les mêmes raisons, mais de manière inversée, il faut rappeler que l'inflation est préférable à la déflation par rapport au niveau des dettes. En effet, si le flux de destruction monétaire l'emporte sur le flux de création monétaire, la masse monétaire en circulation se réduit, les prix baissent ainsi que les revenus, et le poids relatif des dettes augmente.

La déflation pire que l'inflation

La déflation est une baisse durable du niveau général des prix. Ce phénomène ne doit pas être confondu avec la désinflation qui est un ralentissement de l'inflation, soit une diminution du taux d'inflation. La déflation est perçue comme un risque majeur par les banques centrales car elle conduit les acteurs économiques à reporter leurs achats dans le temps, ce qui contribue à faire encore plus baisser les prix et donc les revenus. En période de déflation, la chute des prix entraîne en effet celle des revenus ; les dettes nominales apparaissent alors encore plus difficiles à rembourser puisqu'elles progressent par rapport au revenu. Entre les années 1990 et les années 2010, le Japon a connu plusieurs épisodes de déflation dont l'origine se situe dans le krach financier de 1990, qui résultait lui-même d'une accumulation de dettes et de créances douteuses, notamment sur les marchés financiers et immobiliers.

L'inflation peut donc être tout à fait positive pour l'activité économique, si elle demeure à un niveau raisonnable. La plus grande période de prospérité que nous avons connue, la période des Trente Glorieuses, reposait d'ailleurs sur une inflation moyenne de 5 % (bien au-dessus des 2 % actuels), laquelle s'accompagnait d'une hausse des revenus et du flux de création monétaire.

Par ailleurs, le fait qu'une augmentation de la masse monétaire conduit nécessairement à une hausse des prix n'est en rien automatique. La fameuse phrase de Milton Friedman selon laquelle « l'inflation est partout et toujours un phénomène monétaire » est soit une lapalissade, soit une contre-vérité. Lapalissade si elle veut dire que l'inflation (au sens de hausse des prix) et la croissance de la masse monétaire sont corrélées. Contre-vérité si elle veut dire que la hausse de la masse monétaire serait la cause unique de celle des prix. L'histoire le montre : la hausse des prix qu'ont connue les pays occidentaux à la suite des chocs pétroliers des années 1970 est évidemment due d'abord à la hausse du prix du pétrole. Mais cette démonstration ne convaincra pas un tenant de l'école monétariste qui adhère au point de vue de Milton Friedman. Nous proposons au lecteur une critique plus technique de ce point de vue.

La hausse des prix n'est pas nécessairement due à la hausse de la masse monétaire

La démonstration de la supposée causalité entre masse monétaire et prix s'appuie sur la loi de l'offre et de la demande : si les demandeurs ont plus d'argent, les prix montent, toutes choses égales par ailleurs. Mais les prix ne sont pas fixés, la plupart du temps, par la loi de l'offre et de la demande, contrairement à ce que suggère l'économie néoclassique. Ce point a été parfaitement démontré par Steve Keen dans son ouvrage *L'Imposture économique*[9]. Il s'inscrit dans la lignée d'auteurs comme Michal Kalecki, Joan Robinson, Nicholas Kaldor, et Piero Sraffa, qui considèrent que l'ajustement de l'offre et de la demande ne se fait pas prioritairement par les prix mais par les quantités (avec des règles de rationnement). Pour la précision de notre argumentation, rappelons simplement les faits suivants :

• Le prix repose avant tout sur les coûts de production : ceux-ci fixent un prix plancher, en dessous duquel, même avec une insuffisance de demande, une entreprise ne peut descendre durablement sans faire faillite. Ces coûts peuvent intégrer la variation du prix des importations (en matière d'énergie par exemple).

- Les capacités de production sont en général supérieures à la demande : dans de nombreux cas, l'effet-volume (l'accroissement des ventes) l'emporte sur l'effet-prix (augmentation des prix) face à un accroissement de la demande. À tel point que, souvent, un accroissement de la demande entraîne en même temps la baisse du coût marginal de production (c'est-à-dire le coût de fabrication d'une unité supplémentaire) et des prix (que l'on pense simplement à l'informatique)[10]. En effet, les rendements sont en général croissants et non décroissants.
- La loi de l'offre et de la demande agit sur la formation des prix en cas de saturation des capacités de production (et d'impossibilité de les augmenter à court terme) ou en cas de demande manifestement très excessive par rapport à l'offre.
- Enfin, la loi de l'offre et de la demande ne s'applique pas en cas de spéculation : pour un produit financier par exemple, plus le prix s'accroît, plus la demande va être forte (logique de *momentum*). Ce qui explique en partie le phénomène d'aspiration de la masse monétaire vers les marchés financiers lorsque ceux-ci sont dérégulés.

Il est donc faux d'affirmer que l'augmentation de la masse monétaire conduit nécessairement et automatiquement à de l'inflation. En outre, en matière d'inflation, tout est tributaire de la destination de la masse monétaire supplémentaire. Si l'augmentation de la masse monétaire issue du crédit profite essentiellement à un secteur dont les capacités de production étaient largement sous-utilisées, il n'y a aucune raison pour que les prix augmentent : c'est une augmentation du taux d'utilisation des capacités de production ou une réduction du chômage qui se produira. Nous avons d'ailleurs de grandes marges à ce niveau : dans la quasi-totalité des pays développés, le taux d'utilisation des capacités de production oscille entre 70 et 90 %. En France, selon l'Insee, il évolue autour de 82 % en 2016, après avoir chuté à 72 % en 2009.

Aux États-Unis, il oscille également entre 75 et 80 % depuis le début des années 2010.

Par ailleurs, une augmentation ciblée de la masse monétaire (par exemple par un endettement public accru visant à financer une mesure en particulier) peut aussi contribuer à une baisse des prix dans le secteur ciblé si l'on attribue des subventions pour cela. C'est un point important pour la transition énergétique : l'action des pouvoirs publics, qui se manifeste déjà par la fiscalité (à travers l'octroi de crédits d'impôts visant à augmenter la demande en matière, par exemple, de rénovation énergétique des bâtiments) pourrait aussi se manifester par des subventions directes visant explicitement à faire baisser les prix (mais le régime des aides d'État en Europe interdit de telles pratiques[11]).

Enfin, même en cas de saturation des capacités de production d'un secteur, l'injection supplémentaire de monnaie peut conduire à une baisse des prix si elle a pour destination les investissements nécessaires pour élargir les capacités productives (dans la mesure où le secteur qui fournit les équipements nécessaires n'est pas lui-même à la limite de ses capacités de production).

Inversement, l'inflation dépend également de la structure monétaire et financière. L'augmentation du bilan des banques centrales après la crise de 2008 a montré qu'une injection massive de liquidités peut nourrir les marchés financiers, mais pas l'activité économique. Pour prendre l'exemple américain, le bilan de la Fed représentait entre 4 et 5 % du PIB américain depuis la Seconde Guerre mondiale. Actuellement, il représente 22 % du PIB. En zone euro, le bilan de la BCE représente plus de 40 % du PIB, au Japon plus de 90 %, en Suisse plus de 100 %, mais l'inflation demeure faible, entre 1 et 1,5 %.

Ainsi, la croissance de la masse monétaire, qui se traduit *potentiellement* par de l'inflation, doit être appréciée secteur par secteur, en fonction des capacités de production, de l'utilité sociale d'offrir des rémunérations plus élevées dans tel ou tel secteur, et de ses effets attendus sur la croissance économique à court ou à moyen terme. Il n'existe donc pas de relation univoque entre volume de la masse monétaire et prix. La priorité donnée à l'inflation dans les objectifs de la politique monétaire apparaît donc contestable. Des économistes reconnus, comme Olivier Blanchard, ont ainsi plaidé pour passer de 2 à 4 % l'objectif d'inflation, afin de susciter plus d'activité économique et de réduire le poids des dettes. Mais l'inflation ne se décrète pas, et c'est bien le spectre de la déflation qui nous menace aujourd'hui (l'indice des prix à la consommation [IPC] en 2019 excède à peine 1,3 %, bien loin de l'objectif de 2 %). C'est pourquoi il est nécessaire de redonner des marges de manœuvre pour investir en utilisant l'arme monétaire. À cet égard, le débat théorique qui monte actuellement aux États-Unis autour de la *modern monetary theory* (MMT) apparaît particulièrement intéressant.

Un débat porteur autour de la modern monetary theory

Les économistes ne s'accordent pas sur le rôle de la monnaie dans l'économie : une grande partie de la pensée orthodoxe lui dénie même toute existence propre, la ravalant au rang de simple outil d'échange, d'« illusion » ou de « voile » jeté sur les échanges (Jean-Baptiste Say)[12]. L'histoire monétaire que nous avons brièvement dépeinte jusqu'à maintenant montre une réalité bien différente : la façon de produire de la monnaie, la quantité de monnaie produite et la façon dont celle-ci circule dans l'économie influencent la capacité des sociétés à produire de la richesse, des biens et des services. Même des économistes très libéraux admettent ce rôle. Friedrich Hayek[13] lui-même réfutait l'idée de neutralité de la monnaie : « Nous devons admettre l'idée que la monnaie exerce toujours une influence déterminante sur le développement de l'économie, et que les principes dérivant d'une économie non monétaire ne peuvent être appliqués à une économie monétaire qu'avec des restrictions substantielles[14]. » En revanche, il plaide pour que les autorités monétaires adoptent une attitude conduisant à une monnaie neutre pour ne pas interférer avec les signaux transmis par l'évolution des prix relatifs sur les marchés. En cela, il sera rejoint par Milton Friedman et les auteurs monétaristes, ainsi qu'une grande partie de la pensée néoclassique.

Disons-le clairement : à peu près toutes les prédictions des économistes orthodoxes concernant la monnaie se sont révélées fausses et bien plus dangereuses que les dangers potentiels qu'elles pointaient. Prenons l'exemple de l'endettement public et du taux d'intérêt. En 2005, Michel Pébereau indiquait que la France, avec ses 65 % de dette publique rapportés à son PIB, frôlait la faillite. Le Premier ministre François Fillon, en 2007, explique alors à son tour qu'il est à la tête d'un État en quasi-faillite. Quant au contexte de décrue des taux d'intérêt à long terme, dont bénéficiaient les États, il s'expliquait alors, soi-disant, par l'abondance de l'épargne issue notamment des futurs retraités, mais cela n'allait pas durer. Quinze ans plus tard, après de nombreuses politiques d'austérité, la dette publique frôle les 100 % du PIB, mais l'État emprunte à taux négatifs à dix ans et plus. Le poids des intérêts de la dette publique, encore énorme, a diminué sensiblement, passant de plus de 50 milliards d'euros en 2009, à moins de 41 milliards d'euros aujourd'hui. L'État n'est pas non plus en faillite. Les prédictions de la théorie néoclassique se sont donc tout simplement révélées fausses.

Cet endettement massif, public comme privé, a-t-il au moins entraîné une augmentation des prix ? Irving Fisher, en 1911, établissait une équation selon laquelle l'augmentation de la masse monétaire (M), pour une vitesse de circulation de la monnaie constante (V) et un nombre de transactions donné (T), ne peut que conduire à augmenter les prix (P). Mais rien de tout cela ne s'est produit, et l'inflation demeure trop faible. Sur le marché du travail, même constat. La courbe de Phillips ne permet pas de comprendre pourquoi les taux de chômage refluent alors que les taux d'inflation et de croissance des salaires demeurent faibles. Quant au fait que les monétaristes rejoignent la théorie du *public choice*[15], qui tend à considérer que si les États peuvent créer de la monnaie, alors les gouvernements feront un usage populiste de la « planche à billets », ce constat oublie simplement que toutes les crises financières majeures des cinquante dernières années n'ont pas été provoquées par un excès de dette publique. Au contraire, elles l'ont été par une mauvaise allocation du crédit privé, qui alimente des bulles financières, et dont l'éclatement met régulièrement en danger l'ensemble du système monétaire et financier.

Ainsi, la pensée classique, néoclassique et monétariste peine à expliquer le rôle de la monnaie dans l'économie et à en comprendre les mécanismes, que ce soit par incompréhension ou par idéologie. Par conséquent, les économistes de cette obédience ne savent pas non plus comment lutter contre les dérives potentielles de la création monétaire : l'instabilité financière grandissante depuis trente ans en est la meilleure preuve. Comme le dit à l'automne 2012 Mervyn King, alors gouverneur de la Banque d'Angleterre, le modèle théorique dominant de l'économie monétaire moderne « n'accorde aucune place à l'intermédiation financière[16], de sorte que l'argent, le crédit et la banque n'y jouent aucun rôle significatif[17] ». Il n'est pas étonnant que cette pensée ait conduit à un appauvrissement radical des outils de politique monétaire jusqu'au seul taux d'intérêt, que Keynes dénonçait déjà en son temps : « Pour notre part, nous sommes aujourd'hui assez sceptiques sur les chances de succès d'une politique purement monétaire consistant à agir sur le taux de l'intérêt. L'État étant en mesure de calculer l'efficacité marginale des capitaux avec des vues lointaines et sur la base des intérêts sociaux de la communauté, nous nous attendons à le voir prendre une responsabilité sans cesse croissante dans l'organisation directe de l'investissement[18]. »

La théorie du circuit monétaire apparaît à cet égard bien plus prometteuse. Elle sera amplifiée et développée par les postkeynésiens et les néochartalistes, développant une « théorie moderne de la monnaie » ou *modern monetary theory* (MMT). En 2018 et 2019, la discussion des postulats de la MMT s'est invitée avec force dans le débat académique, mais aussi politique, aux États-Unis. On attend avec impatience que ce débat soit repris avec autant de vigueur en Europe. Comme les keynésiens, les défenseurs de cette théorie attachent en effet beaucoup d'importance à la demande agrégée et au risque de déflation par la dette théorisé par Minsky. Ils y ajoutent une connaissance fine des rouages de la création et de la destruction monétaire. En particulier, de nombreux partisans de la MMT affirment qu'un État maître de sa monnaie ne peut pas faire faillite et peut donc se financer indéfiniment. C'est ce qu'exprime notamment Randall Wray : « Un gouvernement souverain dépense en émettant sa propre devise et, étant l'unique émetteur de cette devise, il n'a aucune contrainte quant à sa capacité à dépenser. Il n'a pas besoin d'impôts ou d'émissions d'obligations ; il peut dépenser en créditant les comptes des banques ; c'est un simple jeu d'écritures. En revanche, les pays qui abandonnent leur souveraineté monétaire, soit en ancrant leur monnaie à l'or ou à une autre devise, soit en adoptant complètement une devise étrangère (par exemple *via* la dollarisation) sont contraints dans leur capacité à financer leurs dépenses en émettant de la monnaie[19]. » Sur le plan technique, cela est parfaitement exact si l'on entend bien sûr par État, le couple État-banque centrale. En effet, si un État a un accès illimité aux financements offerts par sa banque centrale, laquelle est dotée du pouvoir de créer de la monnaie centrale sans aucune limite et peut avoir des fonds propres négatifs[20], alors comment pourrait-il faire faillite ? Le seul risque serait qu'il crée trop de monnaie et qu'il ne contrôle pas ou mal son allocation, créant ainsi des pressions inflationnistes.

Mais, si l'on fait le pari de la sagesse collective dans un cadre démocratique, dans un tel système, le financement de l'État et le rôle de l'impôt changent du tout au tout. Le premier n'est plus limité par sa capacité à lever l'impôt, et l'impôt ne sert plus principalement à financer l'État, mais d'abord à orienter l'économie et à ralentir la progression de la masse monétaire. Bien évidemment, un tel système, appliqué à la lettre, implique de renoncer complètement à l'indépendance des banques centrales, puisque celles-ci deviendraient les seules sources de financement des États.

Cependant, il faut faire très attention à ne pas faire dire aux partisans de la MMT ce qu'ils ne disent pas. D'abord, ils reconnaissent pleinement que si l'endettement d'un État est libellé dans une monnaie étrangère, son excès peut évidemment poser de réels problèmes car il y a découplage entre l'institut d'émission de la monnaie et l'État qui s'est endetté dans cette monnaie.

Par ailleurs, les partisans de la MMT ne disent pas que c'est parce qu'un État est maître de sa monnaie, et qu'il peut donc s'endetter sans contraintes, qu'il le doit. Un État peut évidemment être tenté d'utiliser abusivement son pouvoir de création monétaire, générant ainsi de l'inflation ou conduisant ce dernier à occuper une place trop importante dans l'économie (ce risque étant plus important encore dans un régime autoritaire). Mais ces deux grands risques, à savoir l'étatisation progressive de l'économie et la poussée inflationniste, qui expliquent pourquoi les monétaristes ont tenu à couper absolument le lien entre Banques centrales et États en garantissant l'indépendance des premières par rapport aux seconds, n'ont rien d'une fatalité. Une création monétaire ciblée et discutée démocratiquement, à la manière d'un bien commun (nous reviendrons en détail sur ce point dans le chapitre 9), peut éviter les écueils de l'hyperinflation et de l'étatisation de l'économie, tout en permettant de sortir des pièges de la monnaie-dette, du surendettement public et privé et de l'impuissance économique. C'est donc une optique que nous partageons avec plusieurs auteurs de la MMT, tout en laissant de côté la question de l'État employeur en dernier ressort qui soulève d'autres questions que nous n'évoquerons pas ici pour nous concentrer sur la question monétaire.

En outre, la MMT dénonce la focalisation des économistes néoclassiques et monétaristes sur la dette publique, laquelle aboutit nécessairement à un rétrécissement de la masse monétaire dans une économie déprimée où les agents privés hésitent à s'endetter. La MMT nous invite ainsi à réfléchir à des moyens d'affranchir la progression de la masse monétaire de l'accroissement infini de la dette et de la menace permanente de destruction qui pèse sur elle. Cela implique qu'une partie de la masse monétaire puisse s'accroître sans accroissement proportionnel de l'endettement : c'est le seul moyen de nous désendetter. En pratique, ce résultat est parfois obtenu de manière indirecte à travers les mécanismes suivants :

- Les faillites. Une partie de la monnaie émise au moment d'un crédit n'est pas détruite si l'emprunteur fait défaut[21].
- Les annulations de dettes. Si ces annulations proviennent d'un crédit *ex nihilo* et non d'une épargne préexistante ou bien si elles visent un crédit issu d'un système monétaire étranger ; l'excédent commercial : cela procure une rentrée d'argent supplémentaire sans dette associée (sauf dans le pays qui connaît un déficit commercial). En effet, lorsqu'un pays dispose d'un excédent commercial, les agents économiques étrangers vont chercher à convertir leurs devises dans la monnaie du pays excédentaire, ce qui conduit ce dernier pays à disposer d'une masse monétaire supplémentaire qui ne repose pas sur un accroissement de l'endettement interne (en revanche, il peut provenir d'un accroissement de l'endettement des pays déficitaires).

Mais aucune de ces « solutions » n'est pleinement satisfaisante et toutes ont bien sûr de nombreux effets collatéraux négatifs. À titre d'exemple, l'excédent commercial de l'Allemagne, qui augmente sa masse monétaire interne, ne peut être obtenu qu'en contrepartie d'une fuite monétaire d'autres pays et de leur endettement. Or les déséquilibres monétaires internationaux peuvent avoir de graves répercussions sur la politique monétaire interne, surtout en l'absence de liquidité internationale reconnue et de prêteur en dernier ressort capable de stabiliser les taux de change des monnaies. Ce point sera abordé plus en détail dans le dernier chapitre.

C'est pourquoi nous détaillerons plus tard des mécanismes différents d'injection monétaires ciblés de « monnaie libre », c'est-à-dire de monnaie sans dette associée ou, ce qui revient quasiment au même, d'injections de monnaies issues d'achats monétaires par la banque centrale d'obligations à durée très longue et à taux très faibles.

Avant cela, il faut prendre conscience d'une autre limite de la politique monétaire actuelle, particulièrement importante dans la problématique de la transition écologique. Cette limite, c'est la neutralité de marché à laquelle s'astreint la banque centrale.

Quand la neutralité monétaire devient un instrument de reproduction économique et sociale

L'ordre économique de l'Union européenne est bâti sur la recherche d'une économie de marché ouverte, où la concurrence est « libre et non faussée ». C'est aussi le cas pour d'autres économies avancées. Ce principe de liberté de la concurrence est au fondement, par exemple, de l'interdiction des aides d'État (article 107 du TFUE) en Europe car elles risquent de « fausser la concurrence en favorisant certaines entreprises ou certaines productions ».

Ce même principe se transpose en matière monétaire d'une manière insidieuse. Il suppose en effet que la politique monétaire doit être conduite de manière à ne jamais entraîner de distorsions sur le marché. Imaginons en effet que, au lieu d'un taux d'intérêt unique, la banque centrale fixe des taux d'intérêt différents en fonction de la nature des actifs qu'on lui apporte en contrepartie (par exemple des « actifs verts[22] ») ou bien qu'elle contrôle l'emploi des liquidités qu'elle accorde aux banques privées. Elle pourrait alors favoriser l'achat et stimuler le prix des actifs qu'elle souhaite (actifs verts) et, au contraire, renchérir le coût et décourager l'achat d'autres actifs (par exemple des actifs issus d'entreprises polluantes). Même chose concernant sa politique d'achat direct d'actifs : les actifs seraient ainsi affectés d'une surcote ou d'une décote en fonction de leur nature, et non plus seulement en fonction de leur notation financière. Mais ce faisant, elle exercerait une influence directe sur la structure économique et sur les formes de l'activité économique. En d'autres termes, elle exercerait une « politique » monétaire, au sens d'une activité décisionnelle fondée sur l'atteinte d'objectifs préalablement discutés et définis.

Une telle politique entrerait en contradiction directe avec l'idée d'une concurrence libre et non faussée, au fondement de l'ordre économique de l'UE. Les traités assument ainsi que la liberté de toute politique conduite par un État ou par une banque centrale s'arrête au seuil de la préservation des mécanismes de la concurrence libre et non faussée. Par conséquent, la politique monétaire doit éviter de chercher à influer sur les formes de l'activité économique ; elle ne peut agir que sur son niveau (toujours avec le souci d'éviter un emballement des prix), avec toutes les limites que nous avons détaillées précédemment. Les États sont limités de la même manière par les règles relatives à l'interdiction des aides d'État, lesquelles comprennent néanmoins quelques exceptions peu utilisées.

Dans le domaine monétaire, cela peut conduire la banque centrale à devenir un puissant instrument de reproduction de la structure économique et sociale. En s'efforçant de rester neutre dans ses interventions, la BCE peut ainsi être amenée à reproduire les structures et les défauts du marché, voire à les entretenir. Auquel cas, il devient difficile de parler de « neutralité » de marché puisque la politique monétaire conduit à privilégier une forme économique (la structure économique existante) par rapport à une autre. Récemment, une étude de l'association Positive Money et de l'Institut Veblen a par exemple montré que le programme CSPP (Corporate Sector

Purchase Program) de la BCE a consacré 63 % des 110 milliards d'euros débloqués par la BCE au profit d'entreprises privées à des activités polluantes, lesquelles dominent naturellement le marché obligataire à l'heure actuelle[23]. Seuls 7 % des financements sont allés vers des activités vertes ou vers le transport ferroviaire, par exemple. La BCE a ainsi directement contribué à financer plus massivement les activités polluantes que les activités vertes.

La neutralité de marché est donc un concept pour le moins discutable. Nous pouvons d'ailleurs faire exactement le même constat en matière de reproduction, voire d'aggravation, des inégalités sociales. En favorisant les achats d'actifs financiers et en « gavant » les banques de liquidités, la politique monétaire augmente les richesses de ceux qui en possédaient déjà. En effet, en dépit de nombreuses études qui ont montré que les politiques monétaires non conventionnelles, instaurées depuis la crise, ont exacerbé les inégalités, les banques centrales se dédouanent en expliquant que cela ne fait pas partie de leur mandat. Or les inégalités ont un impact négatif sur les objectifs assignés à la politique monétaire, qu'il s'agisse de la stabilité du système monétaire, ou tout simplement parce que les inégalités pénalisent une allocation efficace du capital, et donc rendent la croissance plus gourmande en crédits. Par conséquent, l'inégalité pourrait très bien être intégrée au mandat des banques centrales.

On peut tourner le problème dans le sens que l'on veut : il reste que la politique monétaire ne peut pas être neutre, même si elle affirme l'être. Toutefois, en introduisant le climat ou les inégalités comme objectifs de la politique monétaire au même niveau que la stabilité des prix, la BCE ne risquerait-elle pas de compromettre cette stabilité ? Et puis, surtout, quelle serait la légitimité de la banque centrale à conduire une autre politique, voire à conduire une « politique » tout court, puisqu'il ne s'agit pas d'une institution élue ?

Pour la première question, nous avons vu que la stabilité des prix était un concept discutable à l'heure actuelle en raison de ses insuffisances manifestes. Surtout, nous avons montré que ce qui importe est la destination de la masse monétaire en matière de prix : si l'on se donne les moyens d'orienter plus efficacement l'allocation de la masse monétaire, il n'y a aucune raison pour que cela conduise à une inflation excessive. En revanche, entretenir cette illusion du risque inflationniste conduit à se priver des moyens d'utiliser la « magie monétaire » pour la transition écologique et pour la relance de l'activité.

Quant à la seconde question, le marché libre est aveugle et indéterminé, ce qui peut parfois avoir du bon en laissant la créativité et la concurrence s'exprimer. Les banques centrales ne veulent pas « perturber » les « équilibres » auxquels parvient le marché, même si ces équilibres nous semblent mauvais socialement ou écologiquement. Or l'action dont nous avons besoin maintenant pour agir efficacement contre le changement climatique est une action d'envergure, déterminée, imposante, efficace et planifiée. Cela suppose de remettre en cause le principe de neutralité de la politique monétaire, lui-même appuyé sur le principe de libre concurrence. Neutralité monétaire, neutralité carbone et liberté complète du marché ne peuvent pas aller de pair. À cet égard, une banque centrale indépendante et non contrôlée démocratiquement pose un problème supplémentaire.

La BCE doit d'ailleurs agir dans deux directions différentes : il lui faut à la fois augmenter les financements souhaitables vers des activités durables et vertes, et réduire les flux financiers vers des activités polluantes. Cela implique une recomposition importante du bilan actuel de la BCE. Lors de son audition en vue de sa nomination à la tête de la BCE, le 5 septembre 2019[24], Christine Lagarde a ainsi admis que la BCE devait progressivement « verdir » son bilan et se débarrasser des actifs polluants. Mais elle a en revanche confirmé l'objectif de stabilité des prix et n'a pas explicitement remis en cause le principe de neutralité monétaire. Or une des grandes difficultés viendra du choix, à l'avenir, des actifs qui seront dignes d'être éligibles ou non : au-delà de la taxonomie actuellement en cours d'élaboration au niveau de l'UE[25], il faudra trancher des questions difficiles comme le fait de savoir si le nucléaire doit faire partie des actifs éligibles du fait qu'il permet de limiter les émissions de gaz à effet de serre. Il faudra choisir, et choisir c'est faire de la politique, ce que la BCE ne peut pas faire seule, sans légitimité populaire. C'est pourquoi nous avons besoin d'une nouvelle politique monétaire et d'un nouveau *policy-mix* qui associe différemment politique budgétaire et politique monétaire, ainsi que d'une nouvelle gouvernance qui redonne au peuple et à ses représentants leur souveraineté en matière monétaire, puisque celle-ci constitue une dimension essentielle de la vie sociale et économique.

Avant d'en décrire les formes, il est nécessaire de revisiter quelques exemples historiques qui montrent que la création monétaire bien utilisée peut conduire à des résultats très positifs sur le plan économique.

CHAPITRE 4

L'arme monétaire dans l'histoire : une efficacité démontrée

« Comme celui qui a l'argent est toujours le maître de l'autre, le traitant se rend despotique sur le prince même ; il n'est pas législateur ; mais il le force à donner des lois. »

MONTESQUIEU, *De l'esprit des lois*, 1748, chapitre 19, livre 13.

L'histoire offre de nombreux exemples dans lesquels une politique monétaire active et coordonnée avec l'État a pu être à l'origine de grandes vagues de prospérité économique et de relance de l'activité, parfois pour des objectifs malheureux comme ce fut le cas dans l'Allemagne nazie, parfois pour des objectifs bien plus nobles comme le New Deal américain ou la reconstruction de l'économie française après 1945. Ce qui est à retenir ici, c'est la manière dont une politique monétaire expansive peut avoir un impact positif sur l'activité.

Les bons MEFO et la reconstruction économique de l'Allemagne

Hjalmar Schacht (1877-1970) est un personnage singulier et complexe. Franc-maçon, financier, créateur du *Rentenmark*, président de la Reichsbank et ministre de l'Économie du IIIe Reich, sa figure a dominé l'économie allemande entre 1920 et 1939. Ses Mémoires, traduits en français sous le titre *Mémoires d'un magicien*[1], sont une précieuse source d'information sur l'économie allemande de l'entre-deux-guerres. Ses faits d'armes marquants sont d'avoir permis de juguler l'hyperinflation en 1923-1924, d'avoir permis un allégement des dettes extérieures de l'Allemagne, et d'avoir mis en place un système monétaire ingénieux pour relancer l'activité économique dans les années 1930 et en faire une grande puissance industrielle. C'est ce système qui nous intéresse.

Mais soyons clairs : l'aveuglement et la complicité dont a fait preuve Hjalmar Schacht vis-à-vis de Hitler et des nazis (bien qu'il n'ait pas été membre du parti nazi), son antisémitisme et son nationalisme exacerbé ne sont aucunement excusables. À sa décharge, on peut toutefois rappeler que, s'il conserve son poste à la tête de la Reichsbank jusqu'en 1939, il s'oppose dès 1937 au fait que l'ingénieuse politique d'expansion monétaire qu'il a mise en œuvre soit essentiellement tournée vers les industries d'armement et la préparation de la guerre. Son opposition à Hitler dans ce domaine fait qu'à partir de 1939 il n'occupa plus qu'un poste de ministre sans portefeuille à titre honorifique. En 1944, il fut accusé d'être impliqué dans la tentative d'assassinat de Hitler et envoyé en camp de concentration où il finira la guerre. Figurant parmi les accusés lors du procès de Nuremberg, il en sortit blanchi, ayant bien pris soin de se démarquer des autres accusés. Il reprit alors une activité de consultant (notamment auprès de pays émergents) et de financier (il créa une banque de développement).

L'essentiel pour notre sujet n'est donc en aucune manière de légitimer la personnalité de Schacht, mais bien de comprendre comment il s'y est pris pour augmenter la masse monétaire et faire ainsi de l'Allemagne nazie une puissance industrielle de premier plan, sans augmenter ni l'endettement ni l'inflation (au moins dans un premier temps).

En premier lieu, il convient de souligner que Schacht, praticien plus que théoricien, était absolument convaincu qu'une augmentation de la masse monétaire était nécessaire pour soutenir l'activité économique, bien qu'il ait aussi pu expérimenter de près les ravages que peut causer l'hyperinflation. Le titre et le contenu d'un de ses ouvrages, publié en 1949, ne laisse aucun doute : *Mehr Geld, mehr Kapital, mehr Arbeit* (« Plus d'argent, plus de capital, plus de travail »). Aussi, lorsqu'il devient président de la Reichsbank en 1933 et ministre de l'économie de Hitler en 1934, son souci est de trouver les financements nécessaires à la mise en œuvre des grands plans économiques du IIIe Reich.

Pour cela, il crée la Metallurgische Forschungsgesellschaft (MEFO), société au capital négligeable détenue par l'État, qui émet des bons à échéance de trois mois que les entreprises participant aux grands travaux et au réarmement reçoivent comme paiement. On les a appelés les « bons MEFO ». Ces bons étaient garantis par les signatures de l'État et de la Reichsbank. Une fois qu'ils sont arrivés à échéance, les entreprises qui les avaient encaissés les apportaient à leur banque, qui était autorisée, voire forcée, à les prendre en réserve.

Ils ont été renouvelés tous les trois mois jusqu'en 1938. En contrepartie, les banques étaient autorisées à faire jouer à ces bons MEFO le rôle de réserves en capital et même, par la suite, à les faire refinancer par la banque centrale. Des bons MEFO pour un montant de 4,8 milliards de marks étaient en circulation en 1934 et 1935, somme à comparer à une masse monétaire officielle de 6 milliards de marks[2].

C'est dire à quel point la création monétaire permise par cette technique a été intense et importante. Elle a permis une augmentation de la masse monétaire globale de 30 % par an entre février 1933 et février 1937, sans accroissement parallèle de la dette publique (il s'agit ici d'un artifice purement comptable qui fait augmenter la masse monétaire lors de la conversion des MEFO en réserves bancaires et de leur refinancement).

Cette création monétaire massive n'a pas non plus été source d'inflation. Or les dépenses de grands travaux ont représenté plus de 15 milliards de marks entre 1933 et 1936[3]. Une des raisons essentielles tient au fait que la monétisation des bons MEFO auprès de la banque centrale n'a pas été immédiate. Par conséquent, les architectes de cette politique monétaire ont réussi à conserver un équilibre entre la circulation des biens et la circulation monétaire malgré les énormes dépenses de l'État qui ont relancé l'économie allemande.

Cette expérience de création monétaire, basée sur une seconde source d'émission monétaire à côté de la monnaie officielle (on pourrait ainsi presque parler de « monnaie étatique complémentaire ») a permis de transformer un pays arriéré, handicapé par le paiement de la dette de la Première Guerre mondiale, en un État doté d'équipements extraordinaires – autoroutes, barrages, centrales thermiques, réseau téléphonique –, mais aussi de puissantes industries d'armement et d'une armée moderne et efficace. Près de

5 millions de chômeurs ont retrouvé un emploi durant cette période alors que l'Allemagne avait été un des pays les plus frappés par la grande crise de 1929, aggravée par la politique d'austérité du chancelier Brüning entre 1930 et 1932 (auquel s'opposa d'ailleurs violemment Schacht).

Sans Schacht, Hitler n'aurait probablement pas réussi à avoir la formidable puissance industrielle et militaire dont il a disposé avant la guerre. Et l'emploi funeste et dramatique de cet outil monétaire magique n'invalide pas sa pertinence comme outil de relance de l'activité et de réalisation d'un plan. Au moment où nous devons financer la transition écologique, nous pouvons avoir en tête ce genre d'expériences.

La monnaie au cœur du New Deal américain

De manière bien plus heureuse pour l'humanité, le financement du New Deal dans les années 1930 offre un autre exemple pertinent d'une utilisation volontariste de la politique monétaire pour financer un renouveau économique et social. Après le krach boursier d'octobre 1929, l'économie américaine est à genoux et le nombre de chômeurs dépasse 15 millions. La situation financière est également préoccupante : les faillites d'établissements bancaires sont nombreuses et les fonds des banques, investis dans la spéculation, diminuent dangereusement. Des millions de paysans sont au bord de la ruine sous l'effet de la déflation, et la surproduction pousse à brûler les stocks.

Pour rétablir l'ordre économique, l'administration Roosevelt réalise d'importants investissements et permet un accès massif à de nouvelles ressources financières, *via* différentes agences gouvernementales. Le premier paquet de lois proposé par son administration concerne les établissements bancaires. Il les oblige à passer des tests de solvabilité, sépare les banques d'affaires et de dépôt pour éviter les excès de spéculation, et organise un système fédéral d'assurance des dépôts (la Federal Deposit Insurance Corporation). Dans le même temps, la Securities and Exchange Commission, gendarme de Wall Street, est créée, et l'or perd temporairement son cours légal. Par conséquent, l'État américain se donne les moyens de lutter contre la spéculation et de mieux diriger la création monétaire, tout en se redonnant les marges de manœuvre pour investir en laissant flotter le dollar, sans craindre une fonte de son stock d'or. Cela lui permit d'investir des sommes gigantesques dans la relance économique et l'aide sociale. Pour faire face à la crise agricole, il subventionna notamment la réduction des surfaces cultivées pour remonter les prix, et rééchelonna la dette des fermiers. Le *Farm Credit Act* du 16 juin 1933 permit de redonner du pouvoir d'achat à près de 30 millions d'Américains en procédant à des annulations partielles ou totales de dette.

Ensuite, l'administration Roosevelt créa la Public Works Administration (PWA), qui était chargée de la mise en œuvre et du contrôle de la politique de grands travaux publics. Des sommes phénoménales y furent injectées : près de 3,3 milliards de dollars (soit 5,9 % du PIB américain de l'époque – l'équivalent de plus de 130 milliards d'euros si l'on prenait l'équivalent dans le PIB français actuel) servirent à doter le pays de nombreuses infrastructures : 285 aéroports, 1 million de kilomètres de routes, 77 000 ponts, 122 000 bâtiments publics furent construits en l'espace de sept ans, fournissant du travail à des millions de personnes[4]. La Tennessee Valley Authority (TVA) s'employa à la construction de barrages en vue d'aménager le territoire de la vallée du Tennessee, à limiter les inondations, et à augmenter la production hydroélectrique tout en fournissant des emplois aux chômeurs. Ces grands travaux furent appuyés par le Civilian Conservation Corps (corps civil de protection de l'environnement, CCC) qui permit, grâce à des travaux de reboisement, de lutte contre l'érosion et les inondations, la création de 250 000 emplois (en huit ans, le CCC employa près de 2 millions de personnes). Ce corps contribua ainsi à la restauration de plus de 3 900 constructions historiques, à la création de 800 parcs nationaux, de 28 000 milles de sentiers et de 38 500 ponts routiers. Comment ne pas y voir une source d'inspiration pour la période contemporaine où l'on a besoin de milliers de travailleurs pour des opérations de dépollution, de réhabilitation des espaces naturels et de verdissement des infrastructures, le tout sur fond d'un chômage encore très élevé en France et dans d'autres pays européens ?

Tout cela eut bien sûr un coût. En 1933, le budget afficha ainsi un déficit de 1,3 milliard de dollars et, en 1936, le déficit atteignit 3,5 milliards de dollars. La dette publique passa de moins de 10 % du PIB en 1929 à plus de 40 % du PIB en 1940. Mais le PIB lui-même avait largement dépassé, en 1940, son niveau de 1929. L'investissement massif des États-Unis dans le New Deal, puis dans la guerre, les a propulsés sur un nouveau sentier de croissance qui en a fait une superpuissance après la guerre. C'est une leçon à retenir pour la période actuelle.

On retrouve d'ailleurs cette préoccupation dans le Green New Deal proposé aux États-Unis par le sénateur Bernie Sanders, lequel envisage les objectifs suivants :

- atteindre 100 % d'énergies renouvelables pour l'électricité et les transports d'ici à 2030 ;
- investir 16,3 trillions de dollars dans la création de 20 millions d'emplois, le développement d'infrastructures

durables et le soutien aux collectivités vulnérables au changement climatique ;
- verser 200 milliards de dollars au Fonds vert pour le climat pour soutenir les efforts internationaux ;
- réhabiliter les réserves naturelles (Alaska), interdire la fracturation hydraulique, l'extraction du charbon dans les mines à ciel ouvert, l'importation et l'exportation de combustibles fossiles.

Ce plan serait ainsi de nature à renouer avec les ambitions du New Deal de Roosevelt, mais adapté aux enjeux de notre époque. De manière moins marquée, nous avons d'ailleurs connu, en France aussi, une période d'utilisation active de la politique monétaire en soutien à la politique budgétaire de l'État, au moment des Trente Glorieuses. Les enseignements de cette période sont également à prendre en considération.

Le succès de la reconstruction en France

L'après-guerre en France a été une période intéressante sur le plan monétaire. Il y eut d'abord la loi du 2 décembre 1945 relative à la nationalisation de la Banque de France et des grandes banques et à l'organisation du crédit, qui sépara les banques en plusieurs catégories : banques de dépôt, banques d'affaires et banques d'investissement. Les prises de participation des banques d'affaires dans les entreprises non financières étaient limitées de manière bien plus drastique qu'aujourd'hui, et les banques de dépôt ne pouvaient spéculer sur les marchés. En matière de gouvernance monétaire, l'innovation majeure de l'après-guerre a été le Conseil national du crédit (CNC), mis en place en 1946 avec l'ambition de créer un « Parlement du crédit et de la monnaie ». Le but était que la démocratie ne s'arrête pas aux portes de la finance, et que la politique monétaire soit confiée à un organe démocratique et délibératif, observateur du crédit et de la monnaie sous toutes ses formes, et susceptible d'identifier les points aveugles du financement, notamment à long terme, des projets collectifs.

Le financement direct de l'État par la banque centrale était possible quoique limité. Ainsi, avant l'entrée en vigueur du traité de Maastricht (et non avant la loi portant réforme de la Banque de France en 1973, comme on peut le lire parfois), l'État pouvait se financer en partie grâce aux avances de la Banque centrale. Celles-ci lui permettaient d'obtenir de la monnaie à taux zéro, pour une période déterminée et pour un montant plafonné à l'avance (aux alentours de 10 milliards de francs dans les années 1960). Grâce aux avances de la banque centrale, l'État pouvait ainsi disposer, dans des montants qui n'étaient bien évidemment pas sans limites, d'une masse d'argent sur laquelle il ne payait pas d'intérêt et qui ne transitait pas par les banques. En quelque sorte, il s'agissait ainsi d'un don temporaire que la société se faisait à elle-même et à son organe représentatif qu'est l'État. En revanche, l'argent avancé à l'État devait *in fine* être remboursé pour ne pas créer une source de financement hors de toute contrainte qui aurait pu, le conditionnel est de mise, conduire à une forme de laxisme budgétaire ruinant la confiance dans la monnaie. Ainsi, la « loi du reflux[5] » s'appliquait évidemment à ces avances (il existait toutefois quelques cas spécifiques d'avances non remboursables, qui correspondent de fait à de l'injection de monnaie permanente, c'est-à-dire non soumise à la loi du reflux).

Un second mécanisme entrait en jeu : le circuit du Trésor, qui faisait de l'État une véritable banque, au même titre que les banques commerciales. En effet, pendant les années de prospérité s'étalant entre la fin de la Seconde Guerre mondiale et le début des années 1980, le Trésor public pouvait collecter des dépôts, tenir des comptes pour des particuliers ou des entreprises, accorder des prêts, ; et tout cela avec encore plus de pouvoir qu'une banque privée puisque, non seulement il bénéficiait du système des avances décrit ci-dessus, mais il pouvait également imposer aux banques commerciales de lui acheter des titres de dette pour un certain montant et à un certain taux d'intérêt qu'il était en mesure de leur imposer partiellement ou totalement. L'État bénéficiait ainsi d'un pouvoir de banquier, donc de création monétaire, bien supérieur à celui des banques privées, dont il drainait les liquidités. Les opérations de transformation d'échéances, de financement, de refinancement, mais aussi d'investissements de l'État étaient ainsi clairement facilitées.

Comme l'écrit Benjamin Lemoine[6], « cette phase “hors marché” dans le financement de l'État est en partie une réponse *ad hoc* à des contraintes immédiates, la reconstruction d'après-guerre et la gestion de l'argent du plan Marshall. Mais, en installant un contrôle de la masse monétaire et de l'usage bancaire des crédits centralisé au Trésor, ces instruments de financement produisent une certaine définition du rôle de l'État et contribuent à rendre légitimes, aux yeux des autorités, un certain nombre d'interventions publiques dans l'économie. Les fonctions monétaires et financières sont au cours de cette période fortement intégrées au sein de l'État, le Trésor pouvant à la fois surveiller les banques et financer ses déficits budgétaires[7] ».

De notre point de vue, cela servait l'intérêt général en permettant à l'État d'accroître sa capacité à investir et à soutenir l'activité, mais aussi à moduler celle-ci en fonction d'une certaine conception de l'intérêt général. Politique monétaire et politique budgétaire se trouvaient alors intimement liées. Grâce à ces dispositions, l'État a longtemps réussi à maintenir son déficit sous contrôle, tout en menant de grands projets d'investissements en Europe, comme le TGV et le nucléaire, mais aussi les barrages hydroélectriques.

Mais ce système fut patiemment remis en cause par les tenants des écoles monétariste et néoclassique, et les prérogatives monétaires de l'État disparurent les unes après les autres, jusqu'à leur abolition complète par la signature du traité de Maastricht en 1992[8]. Le choc pétrolier et la stagflation[9] qui s'ensuivit ont été une aubaine pour les tenants de la pensée monétariste. Ils tenaient enfin le prétexte pour faire tomber définitivement les facilités monétaires dont bénéficiait l'État, en les associant indûment à une inflation dont l'origine était pourtant totalement étrangère à des mécanismes monétaires et simplement liée à la hausse du cours du baril. La hausse de l'endettement n'était alors plus associée à une augmentation de l'activité, car elle servait essentiellement à compenser la hausse des prix de l'énergie. Au final, les mécanismes d'avances de la banque centrale et de circuit du Trésor furent démantelés, avec la complicité de l'État et malgré la résistance de certains hauts fonctionnaires conscients du danger[10].

Au niveau idéologique, les raisons de cette remise en cause se fondaient sur trois motifs principaux :

- les avantages conférés en matière monétaire à l'État conduisent celui-ci à occuper une place trop grande dans l'économie ;
- ce pouvoir monétaire de l'État est source d'inflation ;
- seul le taux d'intérêt « libre » peut établir l'équilibre sur le marché monétaire, entre offre et demande de monnaie.

En pratique, c'était surtout l'utilisation collective de la monnaie et la place qu'elle donnait à l'État dans le système économique qui se trouvaient dans la ligne de mire des idéologues néolibéraux et monétaristes. Le coup porta et désormais, en l'absence de capacité de création monétaire, seule sa capacité de lever l'impôt distingue encore vraiment l'État des autres acteurs économiques en matière de financement.

Or, s'il ne possède pas la capacité de monétiser ses dépenses, ou au moins de mécanismes monétaires particuliers lui permettant de contenir son endettement (avances, circuit du Trésor, lien direct avec la banque centrale), l'État est forcé soit de pressurer fiscalement la société, soit de s'endetter sur les marchés, soit encore de déporter l'essentiel de l'endettement vers le secteur privé. Dans le cas de la France, l'endettement sur les marchés s'accompagne en outre du fait que la majeure partie de la dette publique (environ 60 %) est détenue par des non-résidents (banques, fonds de pensions ou banques centrales étrangères), ce qui peut poser un problème en cas de nécessité de restructurer la dette, contrairement à d'autres pays, comme le Japon, dont l'essentiel de la dette est détenu par des résidents. Toutes ces alternatives sont *in fine* contre-productives du point de vue de l'activité économique et de la gestion des finances publiques. Elles le sont encore plus en période de crise, et de besoins d'investissements massifs. L'endettement de l'État est en effet le seul moyen d'augmenter la masse monétaire et de provoquer une reprise du crédit et de l'activité, précisément parce que l'État est le seul acteur souverain qui peut décider de ses revenus. Ces constats sont évidents à la lumière de l'histoire des crises financières. Ces évolutions ont aussi conduit à un effondrement de la capacité d'investissement public : les taux d'investissement public sont aujourd'hui extrêmement faibles, et c'est aussi vrai en Europe.

Figure 4. Investissement fixe public net en % du PIB.

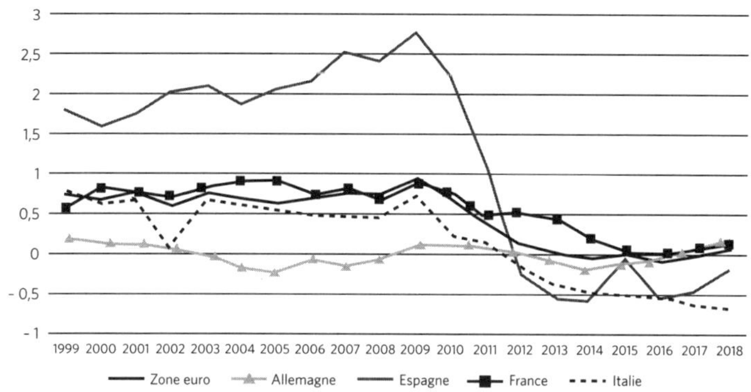

Données : Commission européenne/Ameco.

Cette situation contraste fortement avec ce que l'on peut observer dans certains grands pays en développement, à commencer par la Chine où l'utilisation volontariste de la politique monétaire a servi et continue de servir le développement économique exceptionnel de ce pays, malgré certains problèmes qui ne peuvent être ignorés.

La politique monétaire expansionniste chinoise

Le régime monétaire de la Chine contemporaine emprunte plusieurs traits caractéristiques à notre modèle monétaire contemporain occidental, mais également à l'ancien régime monétaire soviétique. Ce dualisme le rend extrêmement intéressant du point de vue de l'analyse. En effet, bien que le régime de création monétaire chinois repose sur différentes banques publiques (et quelques banques privées), organisées autour d'une banque centrale, la soumission du système monétaire au pouvoir politique est extrêmement forte, que ce soit au niveau de la banque centrale comme des banques de second rang implantées dans les territoires. Ce qui nous importe ici n'est pas la vision de la monnaie dans l'idéologie communiste, qui conduit à un contrôle de la monnaie largement étatisée, mais son impact concret sur le financement de l'économie chinoise, et ce que nous pouvons en tirer comme leçons. Nous voulons ainsi seulement comprendre comment, toutes choses égales par ailleurs, la Chine parvient à utiliser le pouvoir de la monnaie pour financer de larges projets conformes à son intérêt.

Pour cela, il faut d'abord bien comprendre les spécificités du régime monétaire chinois : non seulement la banque centrale n'est pas indépendante, non seulement les banques de second rang sont majoritairement à capitaux et à gouvernance publics mais la monnaie chinoise elle-même, le yuan, n'est pas pleinement convertible sur le marché des changes. Cela signifie que, contrairement à l'euro ou au dollar, la banque centrale chinoise contrôle étroitement le niveau du yuan par des interventions directes sur le marché des changes, et par un mécanisme de transformation des devises dont elle garde le contrôle. Ainsi, la stratégie économique chinoise, d'abord puissamment mercantiliste et tournée vers l'extérieur (puis davantage tournée vers son propre marché intérieur au cours des dernières années), a été soutenue par la faiblesse de sa monnaie, qui lui a permis d'acquérir de gigantesques réserves de change.

Un autre élément notable est que la politique monétaire et la politique budgétaire sont étroitement associées sous la houlette d'une direction unique, celle du Parti communiste chinois. Depuis plus de trois décennies désormais, Pékin soutient ainsi son économie à coups de gigantesques plans de relance monétaires et budgétaires. Le gouvernement chinois fixe une cible de croissance, et le budget de l'État comme la politique monétaire doivent dégager les moyens nécessaires à l'atteinte de cet objectif (en pratique souvent entre 6 et 7 % de croissance annuelle du PIB). Dans un modèle de ce type, la banque centrale et les banques de second rang sont ainsi sommées d'agir en distribuant massivement du crédit et en investissant dans divers actifs, de manière très orientée. Les banques ont pour consigne de favoriser le crédit dans tel ou tel secteur ou au profit de certaines activités stratégiques. Cela va donc de pair avec un fort degré d'étatisation de l'économie et des moyens de production. La monnaie est au service de l'État, qui peut décider de la quantité de crédits octroyés et de l'identité des emprunteurs privilégiés : la neutralité de la monnaie n'existe pas. C'est ce qui permet à l'État de soutenir, artificiellement s'il le faut, la croissance économique en faisant en sorte que les banques publiques accordent des crédits ou achètent des actifs à des entreprises publiques (ou privées) qui leur sont désignées. Que cette injection de monnaie soit rentable ou « neutre » pour le marché est le dernier souci du pouvoir politique, pour le pire comme pour le meilleur.

Pour le pire, cela conduit à des grands projets financés à crédit sans véritable analyse ni évaluation de leur utilité réelle ou de la capacité des citoyens à se les approprier. Le plus marquant à cet égard est la prolifération d'immenses complexes immobiliers, parfois des villes entières, qui ne sont habités par personne. Ainsi, la bulle immobilière qui s'est formée en Chine, et qui menace aujourd'hui de destruction une partie du patrimoine privé des ménages chinois[11], s'est développée sous les injonctions directes du pouvoir politique qui y voyait une solution facile pour alimenter la croissance économique et fournir un effet de richesse aux ménages[12]. En outre, ce système peut être inflationniste. Si nous sommes parfois confrontés à la pénurie de monnaie, ce système est en permanence confronté au risque inverse : celui d'une surabondance de monnaie, et donc d'une inflation galopante, qui peut ruiner la confiance dans la monnaie. Mais jusqu'à présent, ce risque apparaît bien maîtrisé en Chine, dont l'inflation, selon les chiffres officiels tout du moins, est contenue entre 1 et 6 % depuis le début des années 2000, pour un objectif-cible de 3 %. Entre 2015 et 2019, l'inflation a ainsi été en permanence comprise entre 1,5 et 2 %[13], ce qui dément l'hypothèse monétariste selon laquelle un contrôle public de la monnaie serait nécessairement inflationniste.

Malgré le financement de certains projets contestables, Pékin utilise aussi ce pouvoir monétaire pour des objectifs plus nobles. C'est cela qui lui permet d'avoir de grandes ambitions, de financer des projets pharaoniques, et surtout conformes à sa stratégie de puissance et d'indépendance, comme la route de la soie, parfois en assumant des dépenses non immédiatement rentables. Par exemple, la Chine a presque achevé la ligne à grande vitesse entre Chongqing et Almaty au Kazakhstan, ligne qui ne sera certainement jamais rentable commercialement, mais qui a le mérite de permettre à Pékin d'accroître son influence sur l'ensemble de l'Asie centrale. Les gains politiques et les retombées économiques ultérieures sont évidents : la nouvelle route de la soie va créer un immense bloc d'échanges et d'influence en yuans, ce qui déplacera le pouvoir stratégique de la mer vers des routes terrestres où l'influence occidentale est limitée, et incitera ces pays à commercer dans une autre monnaie que le dollar.

Par ailleurs, la Chine, qui n'en fait pas encore assez pour l'écologie, a mis en œuvre plusieurs projets de villes vertes de plusieurs dizaines de milliers de personnes, et investit massivement dans les énergies renouvelables. Dès le milieu des années 2000, la Chine a ainsi financé un plan d'installation d'éoliennes. Résultat, la Chine est, depuis 2010, au premier rang mondial pour sa puissance installée éolienne, qui a atteint 312 gigawatts fin 2018, soit 36 % du total mondial, dont 5 gigawatts d'éolien en mer. Et de tels efforts sont aussi importants pour d'autres énergies comme le solaire. En janvier 2017, le nouveau plan quinquennal de l'énergie prévoyait de consacrer 344 milliards d'euros (2 500 milliards de yuans) à l'électricité issue du renouvelable d'ici à 2020. Ces investissements devraient permettre de créer 13 millions d'emplois dans le secteur, et de couvrir les deux tiers de la croissance de la consommation d'électricité. Cet effort s'inscrit d'ailleurs dans la durée puisque la Chine utilise largement les tarifs de rachat, mécanismes qui permettent d'offrir des contrats à long terme aux producteurs d'énergie renouvelable, généralement fondés sur le coût de production de chaque technique. Les tarifs de rachat sont garantis sur une période contractuelle de quinze à vingt ans de façon à garantir l'amortissement de l'investissement initial, parfois avec une indexation prenant en compte l'évolution des coûts d'exploitation. L'État participe ainsi activement à la création et au développement de puissants groupes industriels, comme le groupe Goldwind, numéro un mondial de l'énergie éolienne.

Cette capacité de l'État à financer d'immenses projets et à faire émerger des champions nationaux repose sur cette capacité à maîtriser et à orienter la création monétaire. Par comparaison, nous sommes aveuglés par nos principes idéologiques de marché libre et de neutralité de la monnaie qui nous empêchent de faire des choix, et de les financer efficacement, comme le montre l'effondrement de l'investissement public en Europe. C'est en cela qu'il est utile de se poser des questions sur le modèle de *policy-mix* à la chinoise.

Bien entendu, la grande similitude avec l'Occident est que cette explosion du crédit et des financements s'est accompagnée d'une envolée conséquente de la dette. La dette chinoise totale (ménages, entreprises non financières, État et collectivités) dépasserait désormais les 303 % du PIB chinois (15 % de la dette mondiale totale), contre 151 % fin 2006, selon l'Institut international de la finance[14]. Toutefois, la Chine pourrait sans problème compenser son immense dette privée et publique par de la création monétaire puisqu'il suffit à l'État chinois de le demander à sa banque centrale. Le risque serait alors que cette monétisation des déficits conduise à une dépréciation excessive de la monnaie chinoise mais, en raison de ses immenses réserves de change et de son contrôle étroit des moyens de convertibilité du yuan, la Chine a largement les moyens de faire face à ce risque potentiel. Sa stratégie d'accumulation des réserves de change lui donne ainsi la possibilité de créer de la monnaie libre[15] et d'augmenter ainsi radicalement sa masse monétaire sans crainte d'un renchérissement important de ses importations ou d'un effondrement de la valeur de ses exportations (*cf.* chapitre 9). Quant à l'inflation interne qui pourrait en résulter, dont nous avons vu qu'elle apparaît globalement maîtrisée, tout dépend de l'allocation de la masse monétaire considérée. Sur ce point, le gouvernement chinois oriente déjà fortement le crédit, sans toutefois recourir directement à de la création monétaire libre.

Ainsi, à travers les exemples de l'Allemagne des années 1930, de la France des Trente Glorieuses, de l'Amérique du New Deal et du plan Marshall ou de la Chine contemporaine, on comprend qu'une utilisation active de l'arme monétaire est un puissant levier de développement économique et social. Elle permet de financer des grands projets collectifs et pourrait aujourd'hui être un allié précieux dans la lutte contre le changement climatique. La monnaie retrouverait ainsi son rôle macroéconomique au service de la société, et permettrait d'accomplir ce que le marché seul ne peut pas faire. Ce sont d'ailleurs les raisons de l'impuissance du système financier à opérer seul la transition écologique qu'il nous faut désormais analyser, en même temps que d'identifier les besoins financiers de cette transition.

CHAPITRE 5

L'impuissance du système financier face au changement climatique

« *Doing well by doing good.* »

Adage financier.

« N'estime l'argent ni plus ni moins qu'il ne vaut : c'est un bon serviteur et un mauvais maître. »

Alexandre DUMAS fils.

La monnaie est à la fois un instrument au service de l'émancipation individuelle et de la liberté de choix des acteurs économiques, et un moyen de socialisation et d'action collective. Toutefois, lorsque la première caractéristique prend trop le pas sur la seconde, on assiste à un recul du rôle social et politique de la monnaie, qui devient alors un instrument dénué de toute intentionnalité autre que la recherche du profit. C'est ce que nous vivons actuellement.

Dans un célèbre discours de novembre 2015 sur la « tragédie des horizons », Mark Carney, ancien gouverneur de la Banque d'Angleterre, allait dans ce sens : « Un problème classique en économie environnementale est la tragédie des biens communs. La solution repose dans les droits de propriété et dans la gestion de l'offre. Le changement climatique est la "tragédie des biens lointains". Nous n'avons pas besoin d'une armée d'actuaires pour nous dire qu'on constatera les impacts catastrophiques du changement climatique au-delà de l'horizon habituel de la plupart des acteurs – en imposant aux générations futures un coût que la génération actuelle n'est en rien directement incitée à assumer[1]. » C'est aussi ce qui constitue aujourd'hui la limite de fond de la capacité du système financier à agir de manière efficace et soutenue pour soutenir la transition écologique et sociale. Bien qu'il existe des initiatives privées pour un financement durable ou pour un investissement responsable, et qu'elles tendent d'ailleurs à monter en puissance, elles demeurent limitées par la recherche de la rentabilité et contraintes par le périmètre du marché, souvent étroit et à courte vue.

Or toutes les estimations convergent pour dire qu'aujourd'hui, le financement de la transition écologique requiert des sommes importantes, de l'ordre de plusieurs milliers de milliards d'euros par an dans le monde, dont une partie peut provenir de la réallocation de financements existants mais dont une autre partie, de l'ordre de grandeur pour l'Union européenne d'au moins 300 milliards par an[2], devra nécessairement être créée. En outre, nous avons non seulement besoin de financer et de rentabiliser des activités qui ne seront pas immédiatement rentables du point de vue financier, mais aussi de financer des activités hors marché, comme la préservation de la biodiversité et la restauration des écosystèmes, et cela dans un souci ultime de sauvegarde de l'habitabilité de notre planète. Pour que la magie monétaire puisse opérer utilement dans ce cadre, il faut déterminer l'étendue des besoins réels à financer, prévoir les moyens de mettre en relation les acteurs ayant besoin de financements et ceux capables de les financer, déterminer les outils adéquats pour cela et analyser à quelles conditions, et avec quelles limites, les acteurs financiers peuvent s'en servir.

Il reste cependant à alerter le lecteur sur un point essentiel. Le coût de l'action peut sembler élevé, même si nous pensons qu'il constitue en fait une opportunité pour élaborer un nouveau sentier de croissance respectueux de l'environnement et des hommes. Mais le coût de l'inaction pour nos sociétés le dépasse de loin. Un dérèglement massif du climat entraînera inévitablement, comme nous le verrons, des conséquences humaines, sociales et politiques dévastatrices et de ce fait une déstabilisation économique et financière généralisée.

Combien pour bâtir une nouvelle société verte ?

Au cours de la révolution industrielle et jusqu'à aujourd'hui, la progression du PIB a été largement nourrie par l'exploitation croissante de sources variées d'énergie. Ainsi, la progression du PIB et celle de l'énergie consommée sont allées de pair au cours des dernières décennies. Parce qu'on maîtrise mieux l'énergie, et que celle-ci nous permet de multiplier la force de l'activité humaine, on crée plus de « richesses ». D'autre part, et exactement pour les mêmes raisons, quand il y a une crise financière ou économique, la consommation d'énergie décroît, car on produit moins de richesses. Tout l'enjeu est donc aujourd'hui de découpler la production de richesse et la consommation énergétique. Concrètement, cela peut se décliner en trois objectifs :

- réduire l'intensité énergétique du PIB (le ratio énergie/PIB) ;
- diminuer l'intensité carbone de l'énergie (le ratio gaz à effet de serre/énergie) ;

– développer des activités assurant le respect de la nature, la réduction du volume de déchets et la sauvegarde de la biodiversité.

Il est donc nécessaire d'avoir une croissance qui demande moins d'énergie, et une énergie qui produit moins de carbone. Ce n'est pas encore le cas : le monde n'a jamais consommé autant de charbon que depuis l'an 2000. En revanche, l'intensité énergétique de la croissance pour la France, de même que celle de la plupart des pays développés, s'améliore de manière continue depuis les années 1980 : alors qu'il fallait utiliser 122 tep (tonne d'équivalent pétrole) d'énergie en 1981 pour produire 1 million d'euros de PIB, il n'en fallait plus que 85 en 2012, ce qui correspond à une amélioration de 30 % de l'intensité énergétique en trente ans, soit en moyenne une amélioration de 1,2 % par an. Cette amélioration est due à l'innovation technologique, au changement des structures productives de l'économie (tertiarisation) et à de nouveaux procédés de fabrication.

Toutefois, ce progrès demeure largement insuffisant. Comme le rappelait le rapport Canfin-Grandjean : « Si l'on vise une croissance de 3 %, l'intensité carbone doit être réduite d'un facteur 10 à l'horizon 2050[3]. » En pratique, cela signifie qu'il faut 4 % de réduction des émissions annuelles mondiales de gaz à effet de serre pour espérer maintenir le réchauffement climatique sous l'objectif de 2 °C d'augmentation.

Alors comment faire ? Faut-il moins de croissance, donc moins de PIB ? Pas nécessairement. On ne fera pas plus d'écologie avec moins de moyens[4]. Comme cela a été rappelé précédemment, le PIB est une mesure objective du niveau de l'activité, lequel dépend étroitement des influx monétaires, mais il ne dit rien sur le contenu souhaitable de l'activité économique, et donc sur les activités liées à la transition

Figure 5. Évolution de l'intensité énergétique finale de la France et répartition des émissions de GES entre les secteurs économiques dans le monde.

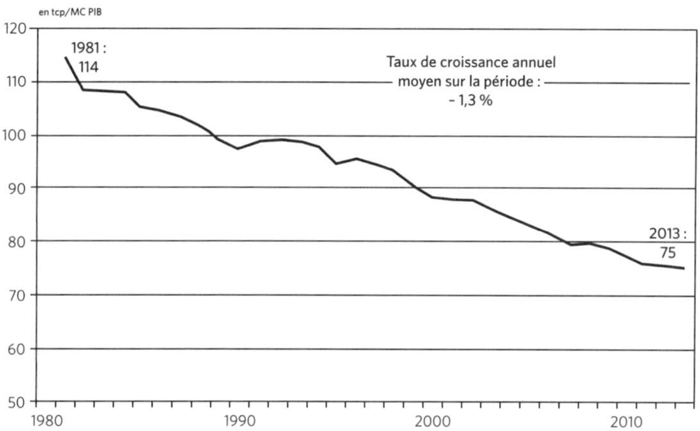

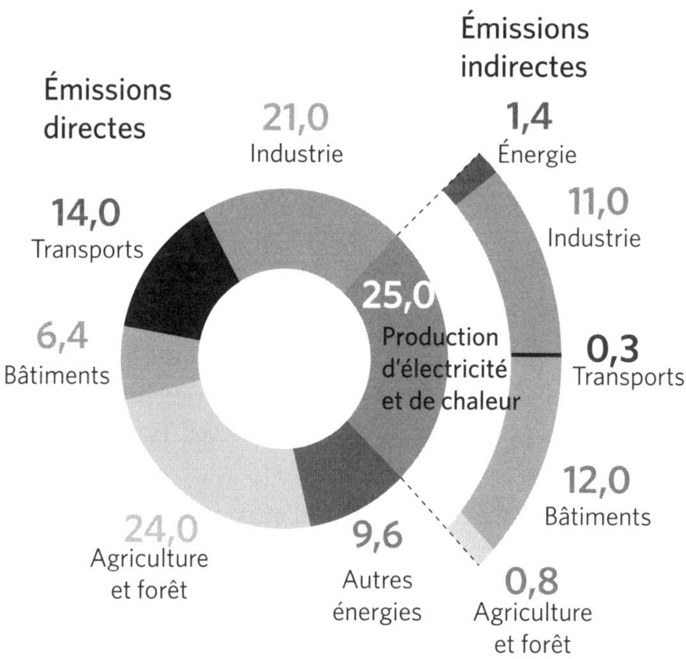

Données : INSEE et rapport 2014 du GIEC.

écologique. En revanche, il est souhaitable d'assécher (aussi vite que possible, compte tenu de contraintes sociales évidentes) les flux monétaires vers les activités nocives pour l'environnement et d'augmenter les flux monétaires vers les activités positives. Et l'impact sur le PIB peut s'avérer, *in fine*, tout à fait positif.

Prenons le cas de la France. Atteindre les objectifs de la nouvelle Programmation pluriannuelle de l'énergie (PPE) et de la nouvelle Stratégie nationale bas carbone (SNBC)[5], qui visent une France neutre en carbone en 2050, nécessitera de mobiliser des sommes importantes. Le *think tank* I4CE – Institut de l'économie pour le climat – montre ainsi que, pour la période 2019-2023, les montants nécessaires à l'atteinte des objectifs énergétiques et climatiques français dans les secteurs du bâtiment, des transports et de la production d'énergie sont estimés entre 55 et 85 milliards d'euros par an (2,5 à 4 % du PIB). Pour ces trois secteurs, les investissements publics et privés ne s'élevaient en 2017 qu'à 31 milliards d'euros : il manque donc au bas mot 25 à 55 milliards d'euros par an d'investissements (privés et publics) sur ces seuls secteurs.

Et ce n'est qu'une photographie à l'heure actuelle : en cas d'inaction, le coût accumulé du manque année après année le rendra d'autant plus difficile à combler. À cela, il faut ajouter les investissements dans l'agriculture, la forêt, l'industrie, l'eau, les déchets, le recyclage, la recherche et l'aménagement du territoire, et notamment les infrastructures. Le besoin d'investissement total est donc probablement compris entre 80 et 100 milliards d'euros par an, ce qui représente, au minimum, une dépense additionnelle de 50 milliards d'euros par an issue du secteur public et du secteur privé.

Figure 6. Comparaison des investissements climat documentés dans le panorama et des besoins d'investissement d'après la SNBC et la PPE.

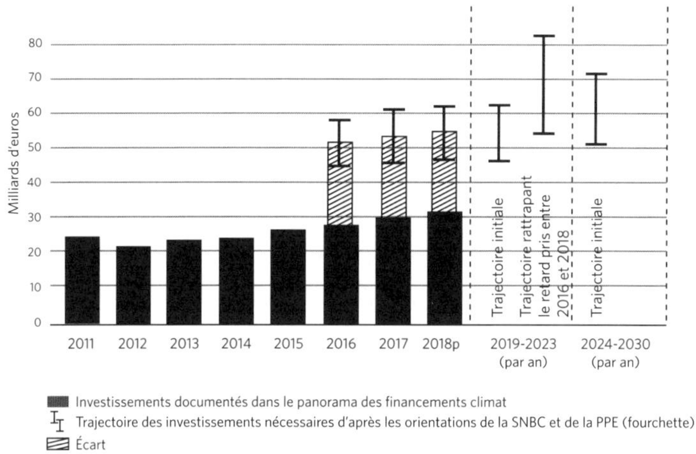

Source : I4CE, panorama des financements climat, édition 2018.

Les investissements en faveur du développement durable peuvent ainsi en partie compenser le recul des flux monétaires vers les activités ayant un bilan environnemental négatif, estimés à 73 milliards d'euros en 2017 par l'I4CE. En outre, comme souvent avec les grands plans de transformation économique, il faudra aussi des innovations sociétales et technologiques (*cf.* chapitre 4 sur les effets du New Deal, mais l'on peut aussi penser aux multiples innovations qui ont accompagné le passage à une économie de guerre pendant la Seconde Guerre mondiale et à leurs effets directs et indirects sur la croissance économique par la suite). Mais cela suppose d'importants investissements en recherche et développement pour réduire le coût des énergies renouvelables et développer des procédés plus sobres de fabrication. Il n'y a donc pas de fatalité quant à un déclin inexorable de l'activité économique, et il nous faut agir avec enthousiasme et résolution plutôt qu'en cédant au catastrophisme ambiant.

Si l'on tente désormais d'affiner notre estimation des besoins, on s'aperçoit toutefois qu'il reste encore du chemin à faire pour aboutir à une estimation suffisamment précise des tâches à accomplir et des financements correspondants. Il faut que les services de l'État s'investissent plus largement dans cette tâche. Mais des estimations circulent d'ores et déjà. À l'échelle de l'UE, la Cour des comptes européenne estime ainsi que la reconversion de l'économie nécessitera un investissement annuel total de 1 115 milliards d'euros entre 2021 et 2030, soit au minimum 300 milliards d'euros de plus par an comme indiqué au début de ce chapitre. Il s'agit en priorité d'isoler les bâtiments, de développer des modes de transport moins polluants et la production d'énergies renouvelables (736 milliards d'euros dans le secteur des transports, 282 milliards d'euros dans le secteur résidentiel et dans le secteur des services, 78 milliards d'euros dans les réseaux, dans la production et dans les chaudières industrielles, 19 milliards d'euros dans l'industrie[6]).

Pour la France, l'I4CE estime que les investissements supplémentaires qui seraient nécessaires en France, chaque année, pour assurer la transition écologique concernent essentiellement le logement (20 milliards d'euros minimum), les infrastructures de transport (8 milliards), les véhicules bas carbone (7 milliards) et la production d'électricité renouvelable (5 milliards). Si l'on ajoute à cela les investissements nécessaires à faire dans l'économie circulaire, notamment pour développer le recyclage et l'écoconception des produits, alors on peut raisonnablement estimer les besoins annuels d'investissements supplémentaires dans une fourchette comprise entre 50 et 70 milliards d'euros par an, soit environ

3 % du PIB, dont une majeure partie devra être financée par l'État, les collectivités et les institutions publiques.

Rénovation énergétique des bâtiments et décarbonation de l'énergie

Le cas de la rénovation énergétique des logements en France est le mieux documenté : sur les 32 millions de logements que compte notre pays, seuls 7 millions affichent un niveau élevé de performance énergétique. Cela signifie qu'il y a 25 millions de logements à rénover. Selon la performance visée, le type de logements, la performance des entreprises et leurs marges, le coût au mètre carré peut varier sensiblement, de 200 à 500 euros au moins[7]. Un plan ambitieux de rénovation de 1 million de logements par an, dont nous sommes très loin actuellement, coûterait donc entre 20 et 50 milliards d'euros par an jusqu'en 2040.

Le secteur de la production d'énergie est aussi bien connu. Il est également le plus grand responsable du dérèglement climatique puisqu'il représente, à l'échelle mondiale, environ deux tiers des émissions de gaz à effet de serre. La très grande majorité des trajectoires compatibles avec un réchauffement à 1,5 °C prévoit ainsi une décarbonation totale du secteur énergétique à l'horizon 2050, avec des réductions d'émissions rapides avant 2030. Il faut donc accélérer les investissements dans le domaine des énergies renouvelables. Or, à l'heure actuelle, ce financement est très insuffisant. Il représente moins de 216 milliards de dollars à l'échelle mondiale en 2017 (selon les chiffres de l'Agence internationale pour les énergies renouvelables [Irena][8]). Par comparaison, l'Irena a actualisé son scénario baptisé « Remap » en 2018.

Ce scénario, qui prévoit 85 % d'électricité renouvelable dans le monde en 2050, avec doublement de la part de l'électricité dans la consommation finale de 2015 (20 %) à 2050 (40 %), pour atteindre la cible +2 °C en 2100, tout en estimant qu'il y a un besoin massif d'énergies renouvelables mais aussi d'importants progrès à faire en efficacité énergétique[9], estime nécessaire de dégager 120 000 milliards de dollars d'investissements de 2015 à 2050, dont presque 44 % pour améliorer l'efficacité énergétique.

On demeure donc loin du compte. Par ailleurs, plus de la moitié des financements (122 milliards de dollars en 2017) sont réalisés directement par les entreprises énergétiques tandis que 45 % le sont par financements de projets, c'est-à-dire par un mix entre endettement et apport de fonds propres destinés au projet lui-même. La source de financement des projets provient dans les faits essentiellement d'un endettement auprès des banques commerciales, suivi par l'émission d'obligations (*green bonds*), et des banques nationales et multilatérales de développement dans une moindre mesure. Nous verrons que la magie monétaire peut agir sur ces deux composantes : en dégageant les ressources pour investir en fonds propres, mais aussi en permettant des conditions de financement à très bon marché, par exemple *via* des obligations de durées très longues et à taux très bas.

Ajoutons un défi spécifique dans le cas de la France : le maintien ou le démantèlement d'un parc nucléaire vieillissant, donc demandant de plus en plus de surveillance et d'adaptation alors que les risques s'accroissent. L'ensemble de ces opérations est financé par l'entreprise selon le principe du pollueur-payeur appliqué dans l'ensemble des pays européens. La loi prévoit que les opérateurs nucléaires doivent démanteler les sites en fin de vie et traiter les combustibles usés, et qu'ils sont responsables financièrement du stockage de ces déchets. Cette responsabilité entraîne donc des passifs nucléaires importants dans le bilan des entreprises. À l'heure actuelle, le groupe EDF a provisionné près de 25,9 milliards d'euros (au 31 décembre 2017)[10] pour assurer le maintien en l'état du parc nucléaire. Pour prolonger la durée de vie des centrales au-delà de cinquante ans, EDF a également lancé un programme dit « de grand carénage », destiné à rénover les centrales nucléaires existantes : il est estimé à au moins 45 milliards d'euros par l'exploitant et entre 50 et 75 milliards d'euros par la Cour des comptes[11]. Et si l'on choisit de fermer les centrales, les opérations de démantèlement coûteront au moins aussi cher. Au total, il est probable que l'État devra investir. Faudra-t-il le faire en prenant sur les budgets de l'éducation ou de la santé, ou en augmentant drastiquement le coût de l'énergie ? La création monétaire peut offrir une autre solution.

Décarbonation des transports

Le troisième grand secteur d'investissement est celui de la reconversion des transports. Le ferroviaire suppose encore beaucoup d'investissements tant dans les réseaux existants que dans le développement du fret et du ferroutage.

L'électrification des véhicules ou le développement, à plus long terme, des véhicules à hydrogène sont également des défis importants. L'Union européenne a ainsi fixé à 95 grammes par kilomètre en 2021 les émissions de CO_2 moyennes des voitures neuves. En avril 2019, elle a adopté l'objectif d'une baisse supplémentaire de 37,5 % à horizon 2030. Or ces émissions de carbone, loin de baisser, viennent de connaître deux années de hausse consécutives en 2017 et 2018. Pour lutter contre cela, les deux leviers les plus prometteurs sont aujourd'hui la réduction du poids des voitures et leur électrification. Concernant l'électrification, c'est déjà largement le cas en Norvège, où les émissions moyennes des voitures neuves ont atteint le seuil recommandé par l'UE dès 2016. La Norvège a en effet mis en place depuis plus de vingt-cinq ans un ensemble d'incitations directes et indirectes très favorables au développement de la mobilité électrique[12] en appliquant à la lettre le principe pollueur-payeur. Pour France stratégie, « C'est un des seuls pays au monde où une voiture électrique coûte moins cher à l'achat que son équivalent thermique[13] ». À noter que pour la France, la consommation des voitures particulières utilisées pour le transport individuel représente environ 23 millions de tonnes d'équivalent pétrole, soit 164 millions de barils de pétrole, ou 10 milliards de dollars de pétrole importés chaque année.

Mais l'électrification des véhicules pose plusieurs défis, notamment celui de développer un processus de fabrication propre des batteries, et d'installer un réseau de recharges électriques suffisamment étendu. Si l'on prend comme hypothèse un parc de 32 millions de voitures électriques équipées chacune d'une batterie de 50 kilowattheures[14] qui pourrait coûter entre 80 et 150 euros par kilowattheure à produire, la fabrication de ces batteries représente un coût total compris entre 130 et 220 milliards d'euros sur trente ans, soit 3 à 8 milliards par an. Si nous ne fabriquons pas ces batteries sur notre sol, les importations de batteries annuleront donc la grande majorité des économies réalisées sur nos importations de pétrole. C'est pour cela que l'Europe a décidé de se doter d'une filière de production de batteries avec plusieurs sites de production dédiés. Une première usine a vu le jour en 2019 en Suède ; plusieurs projets (en Allemagne et en France notamment) vont voir le jour dans les prochains mois ou années. Ces projets impliqueront des soutiens publics. En outre, il faut déployer près de 100 000 bornes de recharge électrique à horizon 2023 (objectif PPE) et ultérieurement un réseau de stations à hydrogène.

Le développement d'une économie propre, circulaire et sobre

Le quatrième chantier est celui de la reconversion des économies : agriculture biologique, économie circulaire, recyclage, etc. On rappellera que l'*Agricultural Adjustment Act* (AAA), fut l'un des premiers piliers du New Deal américain afin d'aider les paysans à réduire leur production en échange de prix plus élevés. Aujourd'hui, un grand plan d'investissement peut permettre d'aider au désendettement des agriculteurs, de les accompagner dans la période de reconversion, d'agir sur les prix du foncier agricole, de « renaturer » des sols artificialisés[15], ou encore d'aider les gens à acheter des produits de meilleure qualité, car les produits bio sont plus chers. Cela doit passer avant tout par un rééquilibrage des aides existantes et de la Politique agricole commune (PAC). Mais cela peut aussi passer par de nouvelles subventions visant à faire baisser les prix des produits bio, à défaut d'une augmentation suffisante du pouvoir d'achat et des salaires. Il s'agit d'une condition pour que l'agriculture biologique, qui ne couvre que 6,5 % de la surface agricole cultivée en France, puisse monter en puissance. Cela peut enfin passer par une juste rémunération des agriculteurs pour services rendus à la collectivité s'ils s'engagent à renoncer aux pesticides et à la déforestation. Des sols bien conservés sont en effet des puits de carbone importants. En matière d'énergie, un vaste plan visant à développer la méthanisation agricole pourrait aussi être financé pour atteindre l'objectif de 10 % de gaz renouvelable.

Cet investissement matériel et immatériel doit aussi s'accompagner d'investissements sociaux importants, dans l'éducation et dans la santé, pour enseigner l'écologie et la biodiversité par exemple, ou encore pour financer de vastes plans de dépollution. Par exemple, les micro- et nanoparticules de plastique ont envahi toute la planète dans les moindres recoins, des sommets les plus hauts aux fosses océaniques les plus profondes. On en mange quotidiennement dans nos aliments, on en boit dans l'eau du robinet ou l'eau en bouteille, et il pleut des microplastiques au Groenland. Il faut donc nettoyer les océans, enlever une partie des gros déchets qui flottent et ramasser le plus de plastique possible dans la nature. Il faut pour cela de la main-d'œuvre, et donc financer des sortes de contrats aidés, notamment dans le secteur associatif ou dans les collectivités.

Où que l'on pose les yeux, des efforts gigantesques de reconversion des modèles économiques sont nécessaires et n'attendent que d'être financés. À côté de cela, des millions de personnes attendent un emploi ou une formation. Le lien manquant entre ces deux éléments est bien davantage d'ordre financier que d'ordre technique. Des secteurs comme la rénovation énergétique du bâtiment, le déploiement des véhicules bas carbone, et certaines énergies renouvelables comme la méthanisation agricole sont aujourd'hui sous-investis.

Ce déficit de développement est expliqué, d'un côté, par les financeurs, qui pointent une insuffisance du flux de projets suffisamment rentables et, de l'autre, par les porteurs de projets qui identifient une insuffisance de financements abordables ou adaptés à leurs besoins opérationnels.

Cette situation d'investissement sous-optimal relève de dysfonctionnements, dans un cas au niveau du projet ou de l'activité en demande de financements, de l'autre au niveau de l'offre de financements.

C'est pourquoi il nous faut trouver au moins 100 milliards d'euros par an, en France, pour un programme complet de reconversion écologique, plus de 1 000 milliards d'euros par an pour l'Union européenne, et des dizaines de milliers de milliards d'euros chaque année à l'échelle mondiale. Comment trouver ces sommes ? Le marché peut-il les trouver lui-même ? Grâce à quels instruments financiers ? C'est difficile, voire impossible, sans changement de règles du jeu monétaire : le marché a du mal à évaluer le prix de l'environnement, et donc à en faire un placement rentable, et il ne dispose pas non plus des outils financiers adéquats pour cela, malgré la montée en puissance des *green bonds*.

Faut-il donner un prix à l'environnement pour en faire un investissement rentable ?

Dans une optique économique classique, l'économie de marché s'organise grâce à la monnaie, en fixant des prix qui doivent refléter la valeur que les consommateurs accordent aux biens et aux services. Le problème est que l'environnement n'a pas de prix en tant que tel, et que sa destruction n'a donc pas de coût non plus. Notre pensée économique est gravement incomplète sur ce point. En outre, la façon dont nous pensons les prix, autour de la loi de l'offre et de la demande, est souvent fausse. En effet, dans de nombreuses situations, les prix ne réagissent pas en fonction de l'offre et de la demande (*cf.* chapitre 3 à ce sujet), et ne reflètent que très imparfaitement les préférences des citoyens. Il convient dès lors de poser au préalable une question fondamentale : doit-on fixer arbitrairement la valeur des biens et des services (ou au moins de certains d'entre eux, par exemple en matière d'environnement) ou bien faut-il laisser la valeur s'exprimer librement par le mécanisme de la liberté des prix ?

Nos sociétés modernes ont choisi, le plus souvent, de laisser la valeur s'exprimer librement par le biais du marché (en dehors de l'existence de certains tarifs réglementés ou de règles spécifiques, comme celles touchant au travail et au salaire minimum). Cette liberté des prix, donc de la valeur monétaire accordée aux choses, contient, de manière générale, plus d'avantages que d'inconvénients. La preuve a été faite en Union soviétique de l'inefficacité d'une fixation centralisée des prix. Par ailleurs la décentralisation de la décision économique est favorable à l'initiative économique et offre des possibilités d'évolution des formes de l'activité économique, puisque le prix agit comme un signal.

Néanmoins, la liberté des prix permet aussi l'existence de phénomènes d'inflation ou de spéculation qui sont à l'origine de déséquilibres économiques importants, en particulier dans un système économique inégalitaire. En outre, la liberté des prix fonctionne mieux sur des marchés déjà matures et concurrentiels. Elle est beaucoup moins efficace s'agissant d'activités naissantes dont on souhaiterait qu'elles montent en puissance. Et elle peut même apparaître nocive et contre-productive dans des secteurs dont on souhaite, pour des raisons morales ou politiques, qu'elles échappent à la sphère marchande (une partie de la santé et de l'éducation, et plusieurs pans de l'administration, au moins en France), même si leur nombre tend à se réduire sous les coups de boutoir d'une idéologie ultralibérale qui voit dans le marché la solution à tous les problèmes.

Concernant l'environnement, le laisser-faire-le-marché bute rapidement sur des limites. En effet, le système financier repose fondamentalement sur une logique de rentabilité associée à une évaluation des risques. L'une comme l'autre dépendent de la capacité du marché, fonctionnant de manière autonome, à donner une information correcte aux acteurs financiers à travers le système de prix, celui-ci agissant comme un révélateur de la valeur et du risque. Dans le cas de l'environnement, ces deux prérequis dysfonctionnent complètement. La raison de fond est simple : la nature ne se fait pas payer pour les services qu'elle nous rend, ni pour les préjudices qu'elle subit de notre fait.

Plus analytiquement, nous ne savons pas mesurer réellement ce que la nature nous fournit comme services en termes monétaires. Certains, de bonne foi, ont tenté de le chiffrer. En 2014, une estimation de 125 000 milliards de dollars a été proposée, soit une fois et demie le PIB mondial. Cette somme fait aujourd'hui référence. Elle sert l'idée que mettre un prix sur la nature permettrait de la sauver. Mais l'expérience, si intéressante soit-elle, apparaît somme toute absurde. Si la nature disparaissait, nous disparaîtrions avec elle : qui peut se passer d'oxygène[16] ? Nous ne pourrons jamais mesurer précisément ce que nous apporte un environnement sain en termes monétaires, ni ce que sa dégradation nous coûterait. Nous savons simplement que c'est énorme, incalculable, dans un sens comme dans l'autre. Mais jamais le bienfait procuré par la vue d'un paysage agréable et préservé, par la pureté de l'air, par le contact avec la biodiversité, ne pourra être mesuré précisément en termes monétaires. Pas plus que la préservation de notre santé physique et mentale qui pourrait être affectée par les concentrations de dioxyde de carbone dans l'air.

De nombreux auteurs ont ainsi montré les limites de ce type de raisonnement par le marché[17] : les asymétries d'information sur le marché sont importantes, les externalités négatives[18] engendrées par une activité économique ne sont que mal ou pas prises en compte, les abus de position dominante, les ententes et les mécanismes d'influence et de capture[19] des régulateurs sont fréquents. Par conséquent, la solvabilité d'un agent économique et sa rentabilité n'ont souvent pas grand-chose à voir avec l'utilité sociale que son activité représente, ce qui est encore plus vrai pour les titres échangés sur les marchés financiers. Max Weber l'exprimait fort bien : « Les prix monétaires résultent de compromis et de conflits d'intérêts ; en cela ils découlent de la distribution du pouvoir. La monnaie n'est pas un simple “droit sur des biens non spécifiés” qui pourrait être utilisé à loisir sans conséquence fondamentale sur les caractéristiques du système des prix perçu comme une lutte entre les hommes. La monnaie est avant tout une arme dans cette lutte ; elle n'est un instrument de calcul que dans la mesure où l'on prend en compte les opportunités de succès dans cette lutte[20]. »

Prix et valeur de l'environnement

Il n'est donc pas étonnant que le système économique n'arrive pas à donner une valeur correcte à l'environnement, surtout lorsqu'on prend en compte le poids de certains intérêts constitués dans les mécanismes de décision. Investir dans la transition énergétique, dont la rentabilité immédiate est souvent inférieure à 2 % quand elle n'est pas négative, est souvent beaucoup moins rentable qu'investir sur les marchés financiers qui offrent des rendements de 10 % ou plus[21]. Inversement, il peut être très rentable d'exporter les trois quarts de la production agricole française alors que cela détruit les agricultures des pays en développement et participe à l'exploitation abusive des sols, à la pollution générée par le transport maritime et à l'utilisation abusive de produits phytosanitaires[22]. Ce qui nous ramène au commerce international, système dans lequel les prix ne reflètent absolument pas la rareté des ressources de la planète.

Face à ce désordre, la première question à se poser est de savoir si tout doit être guidé par la rentabilité, y compris dans la transition écologique. La réponse est évidemment négative. L'environnement ne doit pas devenir un investissement totalement banalisé, sujet à l'aléa moral et aux crises financières. On rejoint ici l'idée d'un bien commun, qui doit être géré différemment, collectivement, avec une implication citoyenne. Il y a là aussi quelque chose de spirituel qui dépasse le raisonnement en termes de rentabilité. C'est ici que l'« économisme » porté par l'économie de marché, qui tend à tout apprécier par le seul filtre de la rentabilité financière, touche ses limites les plus évidentes. Il ne s'agit pas de dénigrer le raisonnement économique et les mécanismes comptables et financiers qui l'accompagnent, utiles pour comprendre le monde contemporain.

Mais il faut également reconnaître leurs limites : certaines actions que l'homme entreprend ou doit entreprendre échappent par nature au jugement financier. Et ce n'est pas nouveau. Lorsque l'on ne peut pas fixer un prix à quelque chose, comme par exemple à la cathédrale Notre-Dame ou la tour Eiffel, ou bien à un patrimoine naturel, c'est précisément que l'on entre dans le domaine du hors-marché, de l'intérêt général humain, du « sacré », diront certains. Il n'y a pas de prix possible car la valeur que l'on essaie alors de déterminer fait appel à des ressorts psychologiques et affectifs autres que les mécanismes de marché traditionnels. Ils sont transcendants. L'humanité n'aurait jamais couvert la planète des monuments religieux, funéraires ou culturels que nous admirons aujourd'hui si la rentabilité avait été le seul ressort de l'action humaine. En matière culturelle, c'est notamment ce que l'économiste australien David Throsby, appelle la valeur passive (opposée à la valeur d'usage) laquelle est fortement corrélée à la valeur symbolique d'un bien et à sa valeur de legs pour les générations futures[23]. Les politiques patrimoniales demeurent ainsi essentiellement tournées vers la sauvegarde, la préservation et la conservation de notre patrimoine. La préservation du patrimoine naturel répond également à cette exigence.

Cela ne signifie pas pour autant qu'il faille évacuer la monnaie : il faut parfois accepter de payer un investissement non rentable financièrement (au moins à court terme), mais « rentable » humainement, patrimonialement ou stratégiquement, et c'est grâce à la monnaie qu'on peut le faire. Il ne faut ainsi pas oublier que la monnaie est une institution qui peut faire vivre des activités hors marché : toute transaction monétaire n'est pas nécessairement associée à l'ordre marchand (lorsque l'État paie ses fonctionnaires par exemple). En effet, même les secteurs « hors marché » et donc « hors liberté des prix » fonctionnent grâce à des afflux monétaires. C'est ce qui leur permet d'interagir avec les autres pans de l'économie. En outre, c'est aussi grâce à la monnaie que l'on peut faire le choix de financer des activités non immédiatement rentables, en utilisant la monnaie contre la logique du marché. Pensons également au programme Apollo ou à la nouvelle route de la soie, exemples dans lesquels la rentabilité passe bien après des questions stratégiques et politiques (bien qu'elles puissent s'avérer *in fine* tout à fait rentables). Ce faisant, de telles politiques engagent en outre l'économie sur un nouveau sentier de développement impossible à mesurer *a priori*. Dès lors, dans le cadre de la préservation de l'environnement, il est clair que la rentabilité ne doit pas être notre seule préoccupation, ce qui ne veut pas dire qu'elle doit être totalement absente de la réflexion. C'est ce mix original entre une socialisation permise par la monnaie de certaines activités et la liberté de prix de marché qui peut conduire à une économie sociale mixte et respectueuse de l'environnement, dans laquelle se conjuguent, pour plus d'efficacité, l'action de l'État et celle des acteurs privés.

Par conséquent, tenter d'influer sur les prix et la rentabilité de certains investissements peut aussi être un moyen d'accélérer la transition écologique et sociale dont nous avons besoin. Il serait donc contre-productif de s'en priver, d'autant plus que des outils concrets peuvent être utilisés. Il existe ainsi deux manières principales d'aborder le problème du prix :

- rechercher une hausse des prix des activités polluantes pour en diminuer l'attrait ;
- favoriser une baisse des prix des activités non polluantes pour en favoriser la diffusion.

Les émissions doivent avoir un prix qui nous incite à changer nos comportements. C'est ce qui nous pousse, ou devrait nous pousser, à envisager des taxes sur les transports aériens ou par camions. Le gouvernement français envisage par exemple de mettre en place dès 2020 une « éco-contribution » de 1,50 à 18 euros sur les vols au départ de la France. Mais investir dans des actifs, dans des biens ou dans des services utiles à la transition écologique doit aussi être récompensé. Pour cela, il peut être nécessaire de subventionner des baisses de prix.

La première approche peut être favorisée par des taxes : elle est parfaitement utile mais peut rencontrer des limites sociales évidentes, comme l'ont montré l'épisode de la taxe carbone et la crise des gilets jaunes qui l'a accompagné. Ainsi, il existe des situations dans lesquelles la hausse des prix ne fait pas forcément diminuer la demande. Si aucune alternative n'existe, un automobiliste peut ne pas avoir le choix que de payer le gazole au prix fort, et l'incidence sur les émissions de CO_2 est nulle alors que l'effet sur le pouvoir d'achat est important. La littérature est abondante sur ce sujet, et nous n'y reviendrons pas. Il est clair que des mesures de ce type ne peuvent être pensées indépendamment de l'accompagnement social et financier nécessaire à leur mise en œuvre. Le même effet sur les prix peut et doit aussi être recherché par l'arrêt des subventions aux énergies fossiles, notamment, en France, pour le carburant agricole (et sous les mêmes réserves que pour la taxe carbone), qui est une source importante d'émission de méthane.

En ce qui concerne la seconde approche par la baisse des prix, des mécanismes monétaires et financiers peuvent jouer en augmentant la demande d'actifs verts par une baisse de leur coût, subventionnée par les pouvoirs publics. Or, à l'heure actuelle, le marché ne parvient pas à produire seul ce résultat : certes des progrès sont enregistrés, notamment grâce à l'action fiscale des pouvoirs publics, à l'action d'investisseurs « responsables » soucieux de leur image et à l'innovation, mais les effets demeurent limités. On constate par exemple une hausse de la rentabilité des éoliennes, des panneaux photovoltaïques et de certains mécanismes d'économie circulaire (retraitement des déchets issus des chantiers de construction par exemple), mais cela demeure insuffisant pour aboutir à un schéma de remplacement. Comme le soulignent Christian de Perthuis et Boris Solier[24], la tendance favorable des prix dans les énergies renouvelables s'inscrit le plus souvent dans un schéma d'empilement dans lequel les énergies renouvelables viennent en complément et non en substitut aux énergies fossiles (certains auteurs comme Jean-Baptiste Fressoz contestent même la réalité de la transition énergétique[25]). Les auteurs prennent notamment l'exemple du pétrole et montrent que lorsque le baril est à un niveau élevé, la consommation des pays importateurs est amenée à diminuer, ce qui est bénéfique au développement des énergies renouvelables et à la réduction d'émission de CO_2. À l'inverse, lorsque le prix du baril est bas, il vient directement concurrencer le prix des énergies renouvelables. Il faut donc agir bien plus fortement sur les prix pour modifier les prix sur les marchés, notamment sur celui de l'énergie.

Or, pour agir massivement sur les prix, il faut faire appel à la fiscalité, à des réglementations, mais aussi à des subventions et à des investissements productifs importants. Là encore, le marché et les États peinent aujourd'hui à mobiliser les sommes nécessaires, bien qu'un mouvement soit enclenché.

Des obligations vertes aux infrastructures : les limites du marché

Comment finance-t-on aujourd'hui la transition écologique ? Les budgets nationaux sont partout contraints par la dette, et il y a peu d'exemples de grands plans d'investissement dans la transition énergétique à ce jour. La Chine, pour les raisons d'efficacité monétaire et budgétaire mentionnées précédemment, a réussi à mettre en place de grands plans de financement du solaire et de l'éolien, et à mettre sur pied des champions nationaux dans ce domaine, mais les besoins sont encore immenses. En Europe, il existe peu de subventions et d'investissements directs dans ce domaine : les modes d'action passent principalement par des prêts à taux préférentiels ou par des incitations fiscales. Les banques publiques d'investissement demeurent elles aussi limitées par des règles de fonctionnement contraignantes et par une insuffisante force de frappe financière (voir *supra*). Restent donc les entreprises et les particuliers. Mais les financements verts restent faibles : moins de 2 % des portefeuilles des investisseurs, moins de 2 % du marché obligataire, et pas plus de 15 % des crédits bancaires syndiqués[26].

Les financements verts représentaient ainsi environ 680 milliards de dollars en 2016 dans le monde[27]. Si le soutien aux énergies renouvelables est conséquent (295 milliards de dollars investis en 2016), les investissements dans les énergies fossiles demeurent beaucoup plus élevés : 742 milliards de dollars la même année. Autrement dit, pour chaque dollar investi dans les renouvelables, 2,50 dollars sont investis dans les fossiles. Il faut également noter que les énergies fossiles continuent d'être largement plus subventionnées que les énergies renouvelables : comme l'OCDE et l'AIE le constatent dans un rapport récent[28], le montant alloué dans 76 pays, a augmenté de 5 % en 2017 par rapport à 2016 pour totaliser 340 milliards de dollars.

À elle seule, la France a subventionné les énergies fossiles à hauteur de 35 milliards d'euros en 2017 (contre 4,6 milliards d'euros pour les énergies renouvelables[29]). Le chemin est donc encore long pour réorienter les flux financiers, publics comme privés, vers un développement bas carbone et résilient.

Ces volumes ne sont toutefois pas connus avec certitude. En effet, non seulement l'investissement vert est parfois difficile à définir, ce qui renvoie au besoin d'élaborer une taxonomie précise, mais les flux monétaires ne sont pas toujours bien recensés. Il nous semble dès lors nécessaire d'étendre les obligations relatives aux produits de dette (prêts et obligations), concernant la solvabilité des emprunteurs, par des informations relatives à la destination des fonds prêtés. Connaître la réalité des flux monétaires de manière plus précise constitue ainsi une première étape nécessaire pour mieux appréhender la réalité des financements – verts comme bruns.

Il convient dans le même temps de s'assurer que les grandes entreprises (ainsi que les PME des secteurs à haut risque) fassent des rapports obligatoires, harmonisés et intégrés sur leurs risques, leurs dépendances et leurs impacts environnementaux. Cela est nécessaire pour permettre aux entreprises, aux décideurs politiques, aux consommateurs, aux institutions financières, aux autorités de supervision et aux banques centrales de prendre en compte correctement la question de la durabilité dans leur propre processus décisionnel. La France a ainsi voté en 2015 la loi de transition énergétique pour une croissance verte qui prévoit, dans son article 173, que les institutions financières devront publier dans leurs rapports annuels leur exposition aux risques climatiques et mesurer les émissions de gaz à effet de serre associées aux actifs détenus, ainsi que la contribution au respect de l'objectif international de limitation du réchauffement climatique. Elles peuvent pour cela utiliser différentes méthodes de comptabilisation de l'empreinte carbone[30]. Selon une étude publiée fin 2019[31], les émissions de gaz à effet de serre issues des activités de financement et d'investissement des quatre principales banques françaises – BNP Paribas, Crédit agricole, Société générale et BPCE – dans le secteur des énergies fossiles seraient de plus de 2 milliards de tonnes d'équivalent CO_2, soit 4,5 fois les émissions de la France cette même année (445 millions de tonnes d'équivalent CO_2).

La société de conseil Carbone 4, spécialiste des questions climat et énergie, a confirmé les ordres de grandeur et précisé[32], après la sortie de cette étude, que « les banques françaises ont une intensité carbone proche de 500 t CO_2/million d'euros de financements (soit 500 g CO_2/euro) ».

Il convient ensuite de s'intéresser aux véhicules financiers. La plus développée de ces classes d'actifs verts est celle des *green bonds*. Ces « obligations vertes » sont des obligations dont la particularité est d'être destinées à financer ou refinancer des actifs qui présentent des bénéfices environnementaux. Bien que le qualificatif « vert » soit autoproclamé par les émetteurs, de plus en plus d'émetteurs font vérifier l'intégrité verte de leurs émissions par un tiers[33]. Selon la Climate Bonds Initiative (CBI) et HSBC, l'univers d'obligations « alignées sur le climat » a atteint 1,45 trillion de dollars en 2018, contre un encours de 389 milliards de dollars pour le marché des *green bonds*, soit 32 %. Les *green bonds* peuvent s'avérer très utiles. En Chine par exemple, la ville de Wuhan a décidé le sextuplement de son réseau de métro, qui devrait passer de 180 à 1 200 kilomètres d'ici à 2049, et de se doter de bus électriques et d'une flotte de vélos en libre-service. Pour financer ce grand programme, elle a levé pas moins de 8,5 milliards de dollars sous la forme de *green bonds* en 2017. Depuis son *green bond* souverain (émis par l'État) de 7 milliards d'euros, lancé en janvier 2017 (il pèse aujourd'hui 20 milliards d'euros), la France est désormais au premier rang européen et au deuxième rang mondial des pays émetteurs, juste derrière la Chine et devant les États-Unis.

Figure 7. La croissance rapide des émissions d'obligations vertes.

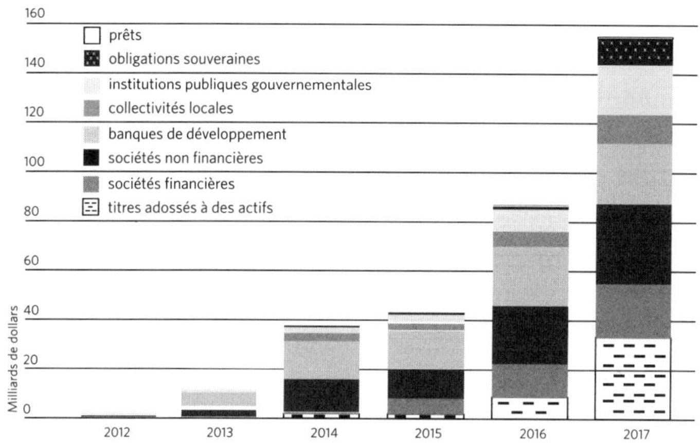

Données : Climate Bonds Initiative 2018.

Mais ces encours, malgré leur croissance rapide, ne représentent encore qu'une faible proportion du marché obligataire (environ 2 % de l'encours mondial obligataire) et du flux annuel de financement (170 milliards d'euros en 2018, 200 milliards d'euros en 2019). En effet, les investisseurs ne sont pas toujours prêts à accepter un rendement moindre pour investir dans du vert. En outre, certaines entreprises de la transition énergétique et écologique se heurtent à des difficultés d'accès aux financements car leur profil apparaît trop risqué, notamment du fait qu'elles interviennent sur des marchés encore peu matures. C'est précisément pour combler ce type de « failles de marché » que le rôle des banques publiques d'investissement est important, comme nous le verrons au chapitre 8. La question est donc : comment rendre ces investissements plus rentables et moins risqués ?

La réponse de certains acteurs est de dire que de nouveaux instruments de marché sont nécessaires, permettant l'accès au marché d'entreprises de plus petite taille, et offrant des rendements supérieurs aux investisseurs, notamment grâce à la titrisation[34]. Ainsi, en Europe, la BEI et le groupe Amundi ont lancé le Green Credit Continuum, avec pour principal objectif de favoriser le développement du marché de la dette verte au-delà des obligations vertes existantes, et de soutenir ainsi le financement de PME ou d'ETI. Cela passe par la création d'un fonds diversifié qui investira dans des obligations vertes émises par les entreprises de la catégorie dite à « hauts rendements » en dette privée verte et en dette titrisée verte. L'objectif de cet accord est de créer plusieurs fonds sur ce modèle, et de participer à l'établissement des standards de marché sur ces nouveaux segments de la finance verte.

En cela, la finance verte peut indirectement bénéficier du soutien apporté par les politiques monétaires d'achat d'actifs. Le problème est que faire évoluer le marché est une démarche longue et incertaine, qui repose uniquement sur la bonne volonté des acteurs de marché et sur la capacité à offrir un certain rendement, ce qui n'est pas acquis, comme nous l'avons montré plus haut. Dès lors, deux voies sont possibles pour les autorités politiques et monétaires.

La première consiste à inonder les acteurs financiers de liquidité, puis à espérer que ceux-ci les investiront dans des actifs verts (et désinvestiront les actifs polluants), tout en essayant, tant bien que mal, de rendre ces actifs rentables, que ce soit par la réglementation, la pédagogie ou l'exemplarité. Elle vise également à faire en sorte que l'épargne populaire serve davantage l'investissement dans la transition écologique, en enjoignant banques et compagnies d'assurances à proposer à leurs clients au moins un produit « vert » parmi leurs offres. C'est ce qui se fait actuellement. C'est un chemin long et complexe. Il produit certes quelques résultats, mais encore partiels et lents à advenir. On ne constate pas fin 2019 une mutation significative des placements financiers. Cette voie n'est clairement pas suffisante pour faire face au défi de la transition énergétique et écologique.

Un second mode opératoire, complémentaire plutôt que concurrent du premier, est possible. L'incitation au marché à faire ou ne pas faire est complétée par une action directe des banques centrales, des banques publiques d'investissement et des États, dans des proportions bien plus importantes qu'aujourd'hui. Les actifs bruns sont pénalisés au refinancement, et la création monétaire sert directement à financer des grands programmes d'investissement, par une série de dispositifs et d'institutions qui existent déjà pour la plupart mais dont le rôle doit être repensé et élargi. Il s'agit dès lors véritablement d'un Green New Deal, d'une nouvelle manière de penser et d'organiser la société.

Créer des actifs carbone : une idée à creuser

C'est à la jonction de ces deux modes opératoires, direct et indirect, que l'on retrouve l'idée d'établir un « actif carbone[35] ». Elle part de l'idée que seule une valorisation du carbone suffisamment élevée et spécifique aux nouveaux investissements déclenchera les flux de financement nécessaires à la réduction des émissions. En d'autres termes, il s'agit de créer une intermédiation financière adéquate pour les nouveaux investissements bas carbone. Le mécanisme est assez simple en théorie : le gouvernement fixe une valeur sociale du carbone (VSC - dite également « valeur de l'action pour le climat »), par exemple en se fondant sur les travaux de la commission Quinet[36], et distribue un certificat, élaboré par une agence indépendante, aux entreprises qui réduisent leurs émissions de CO_2. Ces certificats peuvent être présentés, avant ou après l'opération, à une banque, et servir de collatéraux[37] pour que celle-ci leur octroie un crédit (en effet leur valeur est garantie par l'État au niveau du prix représenté par la VSC). L'opération est donc sans risque pour la banque. La banque peut garder les certificats sur son bilan, ou bien les présenter à la Banque centrale européenne et obtenir en retour des liquidités (une transaction *repo* comme avec n'importe quel collatéral jugé recevable). L'actif carbone en question peut même être diffusé dans l'ensemble des circuits financiers. Il s'agirait dès lors d'une forme indirecte de création monétaire « obligatoire » puisque la Banque centrale serait forcée de refinancer les titres ainsi émis (ce mécanisme n'est pas sans présenter quelques parallèles avec les bons MEFO décrits dans le chapitre précédent). En procédant de la sorte, la décarbonation de l'économie deviendrait une opération rentable et susceptible de fournir un actif sans risque au marché, en remplacement des fameux « actifs échoués ». Il reste cependant, comme pour tout schéma innovant, à vérifier sa faisabilité juridique.

Des risques financiers sous-évalués

Les acteurs bancaires et financiers prennent de plus en plus conscience des risques associés au changement climatique. Cela a commencé avec le modèle économique intégré climat-économie, appelé aussi modèle DICE (pour Dynamic Integrated Model of Climate and the Economy), développé par le « prix Nobel » 2018 d'économie William Nordhaus. Ce modèle « relie les facteurs qui influent sur la croissance économique, les émissions de CO_2, le cycle du carbone, le changement climatique, les dommages climatiques et les politiques climatiques[38] ».

En résumé, ce modèle nous dit que l'élévation de la température réduira la croissance économique d'une valeur déterminée mathématiquement grâce à plusieurs paramètres. Dans ses dernières estimations, une augmentation de 2 °C conduirait ainsi à une réduction de 0,9 % du PIB mondial, de 3 °C de 2 %, et de 6 °C de 8 %. Malheureusement, elles sont gravement sous-estimées. C'est ce qu'a montré Steve Keen dans une critique sans concession du modèle de Nordhaus. D'autres économistes ont montré l'inanité des courbes de dommage en les appliquant rétroactivement à la dernière glaciation. Les impacts sur le PIB seraient compris entre –1,8 % et +36 % du PIB mondial par habitant, ce qui n'a évidemment aucun sens[39], eu égard à l'environnement planétaire de cette période (où l'Europe et l'Amérique du Nord étaient largement couverts de glaciers). Autre exemple, une équipe américaine a récemment publié une étude qui montre que 153 milliards d'heures de travail ont été perdues en raison des vagues de chaleur dues au changement climatique en 2018[40]. Un chiffre en hausse de 60 % par rapport à l'année 2000… Quelle sera cette hausse avec des impacts climatiques beaucoup plus élevés ?

Les risques financiers dus aux impacts physiques du changement climatique sont à la fois importants, très variés et difficiles à évaluer. Ils se répercuteront sur les compagnies d'assurances qui devront faire face à la multiplication des phénomènes climatiques extrêmes (cyclones, tornades, incendies, inondations). L'ancien P-DG d'AXA a lancé une formule choc en 2015 : un monde à 4 °C n'est pas assurable, indiquant par là que les assureurs pourraient ne plus pouvoir assurer l'ensemble des risques envisageables.

Mais la transition souhaitée vers un monde qui limite ces impacts génère d'autres risques, dénommés précisément depuis un célèbre discours en 2015 du président du Conseil de stabilité financière et gouverneur de la Banque d'Angleterre[41] : risques de transition.

Ils concernent les actifs des banques et des fonds d'investissement investis dans des entreprises polluantes devant se reconvertir ou cesser leurs activités qui perdront tout ou partie de leur valeur et deviendront des « actifs échoués », faisant subir une perte aux investisseurs. Cela concerne aussi les fonds indiciels[42] basés sur les cours des produits agricoles. Les risques de transition, c'est-à-dire de pertes brutales de valeur, ne se limitent donc pas aux seuls actifs échoués de l'industrie des énergies fossiles et tous ne peuvent pas être mesurés précisément par anticipation.

Il faut donc une réévaluation de la valeur réelle des actifs, qui intègre les risques liés au changement climatique. Cette perspective est plutôt bien accueillie par les banques centrales et les marchés financiers, mais le travail commence à peine, et demeure largement fondé sur du volontariat. Par conséquent, il n'y a pas encore eu de réallocation massive des capitaux. Par exemple, les banques françaises ont annoncé la fin de leurs financements aux projets de mines et centrales à charbon, mais continuent de soutenir certaines entreprises opérant dans ce secteur et dans d'autres énergies fossiles (gaz, pétrole). Quelques institutions financières font certes figure de bonnes élèves dans le secteur du charbon, telle la banque néerlandaise ING qui s'est engagée à ne plus soutenir d'entreprises qui produisent plus de 5 % de leur électricité à partir de charbon d'ici à 2025. Mais un rapport récent de l'ONG Oxfam montre que les grandes banques françaises demeurent massivement exposées aux énergies fossiles puisque 70 % de leurs financements énergétiques sont fléchés vers ces énergies, contre 20 % seulement vers les énergies renouvelables[43]. Depuis la COP21, BNP Paribas, Crédit agricole, Société générale et Natixis ont même financé les énergies fossiles à hauteur de 124 milliards d'euros, alors même qu'elles reçoivent des liquidités de la part des banques centrales. Il est donc important, nous y reviendrons plus tard, que ces dernières mettent en place des critères de refinancement qui garantissent que l'argent fourni à ces intermédiaires financiers ne contribue pas, *in fine*, à alimenter la crise climatique.

Dans ce cadre, des efforts sont à faire pour que les acteurs financiers respectent leurs engagements. Il existe un travail important à accomplir dans le domaine de la mesure de l'empreinte carbone, par exemple. Les États, comme les banques centrales, doivent investir ce domaine bien plus qu'elles ne le font aujourd'hui pour progresser rapidement dans la mise en place d'une taxonomie des actifs financiers compatibles avec une économie propre et durable, ainsi que pour transposer dans le milieu financier les mesures de l'empreinte carbone de l'activité humaine.

C'est d'ailleurs l'une des principales recommandations formulées par le récent réseau des banques centrales et superviseurs pour le verdissement du système financier (Central Banks and Supervisors Network for Greening the Financial System [NGFS]). Dans son rapport d'avril 2019[44], le NGFS recommande ainsi d'intégrer les risques liés au changement climatique dans la supervision financière, de remédier aux lacunes en matière de données (ce qui suppose le déploiement d'un plan de grande ampleur) et de développer une taxonomie qui améliore la transparence pour déterminer quelles sont les activités économiques qui contribuent à la transition vers une économie verte et à faible émission de carbone, et qui sont les plus exposées aux risques liés au climat et à l'environnement (à la fois risques physiques et liés à la transition). Il faudrait enfin réviser les règles qui encadrent l'activité des agences de notation pour qu'elles intègrent correctement les risques climatiques dans leur analyse et leur notation des risques de crédit, et qu'elles puissent en fournir des analyses à long terme.

Pour conclure ce chapitre, une réglementation appuyée sur de nouveaux mécanismes de recueil de l'information environnementale peut agir utilement sur les risques propres à la finance. Mais c'est bien l'ensemble de la politique monétaire qui est à réformer pour agir de manière plus directe et plus ambitieuse, en soutien aux États, aux banques publiques d'investissement et à l'ensemble des acteurs économiques engagés dans la transition écologique. C'est ce que nous allons explorer maintenant.

DEUXIÈME PARTIE

La monnaie au service du Green New Deal

« Il faut savoir combiner le pessimisme de la lucidité et l'optimisme de la volonté. »

Antonio GRAMSCI.

Si les Trente Glorieuses, entre 1945 et 1975, ont été marquées par une utilisation volontariste de l'arme monétaire, la stagflation des années 1970, pourtant entièrement due à un choc d'offre extérieur (prix du pétrole en hausse) a permis aux théoriciens monétaristes d'imposer leur vision étriquée de la monnaie comme fondement de la nouvelle « politique » monétaire, celle-là même qui constitue un obstacle aujourd'hui à un financement réel de la transition écologique.

En effet, comme on l'a vu, la politique monétaire s'est progressivement vue ravalée au rang d'une simple gestion monétaire, tout entière tournée vers la lutte contre l'inflation. Si bien que, paradoxalement, plus la monnaie se dématérialisait et plus les outils de politique monétaire s'appauvrissaient : à tel point que jamais les outils de politique monétaire n'ont été aussi peu nombreux que dans la période précédant la crise de 2008, où il ne restait guère autre chose comme outil que le taux d'intérêt : le faire croître permet de limiter le crédit (donc la création monétaire) ; le faire décroître devrait faciliter son expansion. L'expérience montre que ce n'est pas si « mécanique ».

Et même si la politique monétaire non conventionnelle a introduit de nouveaux outils depuis la crise, ceux-ci demeurent limités dans leurs effets et bien en deçà de ce qu'il faudrait pour répondre au besoin de transition écologique et sociale de nos sociétés.

Et pourtant, plus personne de sérieux ne pense aujourd'hui que le marché, guidé par une « main invisible », sera en mesure de répondre seul aux défis gigantesques posés par le réchauffement climatique et la dégradation de notre habitat naturel. Il existe, comme on l'a vu, des initiatives positives dans le domaine de la finance verte, mais elles risquent d'être « trop peu et trop tard ». On se retrouve ainsi face à un dilemme classique en économie, popularisé par le fameux dilemme du prisonnier[1], dans lequel des comportements individuels rationnels conduisent à des résultats collectivement irrationnels. Dans le cas qui nous préoccupe, les marchés financiers demeurent guidés par la rentabilité à court terme, les États justifient leur inaction par leur endettement, et les banques centrales, qui pourraient créer de la monnaie sans endettement tout en orientant davantage l'action des marchés financiers, ne le font pas par peur de l'inflation. Il en résulte que des comportements qui ont chacun leur logique propre apparaissent *in fine* complètement irrationnels au regard de la situation globale. Il faut dès lors une action d'une autre envergure, plus ambitieuse, mieux planifiée et mieux outillée pour exploiter à fond les possibilités offertes par la « magie monétaire » moderne et réussir la transition écologique. C'est ce que nous allons désormais tenter de démontrer.

Signalons au passage que les dernières élections européennes, celles de juin 2019, ont montré toute l'importance de l'enjeu écologique aux yeux des citoyens européens. La nouvelle présidente de la Commission, l'Allemande Ursula von der Leyen, est même allée jusqu'à proposer une forme de Green Deal (on s'interrogera sur l'absence de référence explicite au New Deal) dans les cent premiers jours de son mandat. Elle a promis que l'Europe serait le premier continent neutre en carbone dès 2050. Pour cela, elle entend faire de la Banque européenne d'investissement une banque pour le climat qui serait en mesure de mobiliser 1 000 milliards d'euros pour les dix années à venir[2]. Si cela se concrétisait, ce serait un premier pas positif, mais rappelons tout de même que cela représente moins que la somme qu'il nous faudrait, chaque année, pour réussir la transition écologique en Europe selon les estimations précitées de la Cour des comptes européenne elle-même (à savoir 1 135 milliards d'euros chaque année). En outre, les propositions concrètes tardent à venir : à aucun moment le rôle de la banque centrale n'est évoqué, et on peine à comprendre comment cette « banque du climat » pourra trouver les liquidités suffisantes. Pour remédier à cela, le rôle de la BCE pourrait être crucial.

Certes, la réponse à cette crise ne dépend pas que de la banque centrale ni de la politique monétaire. D'abord parce que les États ont un rôle à jouer, et ensuite parce que la banque centrale ne peut pas décider seule de changer son mandat. Mais la monnaie et la politique monétaire, par leur rôle d'impulsion économique et de création de valeur, sont décisives et même incontournables pour que cette réponse soit adaptée aux enjeux. Sans une évolution de la politique monétaire, il sera difficile d'atteindre les objectifs fixés. Il faut dès lors proposer des solutions opérationnelles qui puissent être mises en œuvre dans les meilleurs délais. Pour nous, ces solutions se déclinent sur deux axes. La politique monétaire peut libérer des marges de manœuvre importantes aux États et venir en soutien de l'action des banques publiques d'investissement. Dans le même temps, elle peut agir sur la structure financière de nos entreprises et participer au verdissement de l'économie, par exemple en opérant des refinancements différentiels selon le type d'actifs (polluants ou non). Nous proposons même une solution radicalement innovante, à savoir l'introduction ciblée de monnaie libre (c'est-à-dire une création monétaire sans dettes en contrepartie), selon des mécanismes démocratiques faisant appel au caractère de bien commun de la monnaie, pour dégager les immenses sommes nécessaires à la transition.

Il existe des opportunités importantes et des solutions concrètes pour réorienter la finance et la politique monétaire vers un développement économique durable et respectueux de la nature et des hommes. Si nous choisissons aujourd'hui de les ignorer, nous en serons comptables demain auprès des générations futures.

CHAPITRE 6

La dépense budgétaire permise par la politique monétaire

« Les seules limites à nos réalisations de demain sont nos hésitations d'aujourd'hui. »

Franklin D. ROOSEVELT,
père du New Deal.

La première des réponses à apporter au changement climatique est un engagement fort des États. Mais, en Europe (et au-delà d'ailleurs), les marges de manœuvre sont contraintes à un double niveau – financier et législatif. La contrainte législative, ou plutôt conventionnelle dans le cas des pays de l'UE, est la plus « facile », techniquement, à lever. Il s'agit par exemple d'autoriser les aides d'État dans le domaine de la transition écologique[1] et de sortir du dogme de la concurrence libre et non faussée. À cet égard, nous avons vu que la « neutralité de marché », notamment dans la conduite de la politique monétaire, conduisait en réalité à faciliter la reproduction de la structure économique et sociale existante, ce qui n'a *in fine* rien de neutre.

La contrainte financière est *a priori* plus difficile à lever. Depuis que les facilités financières de l'État auprès de la banque centrale ont disparu, l'État ne dispose que de deux sources d'approvisionnement en monnaie : ce qu'il collecte dans l'économie réelle (impôts et revenus financiers divers) et ce qu'il emprunte. Il ne dispose pas du pouvoir de création monétaire libre, ni à son profit ni pour aucun usage.

Pour augmenter la quantité de monnaie à sa disposition, par exemple pour financer les investissements exceptionnels nécessaires en cas de crise économique (ou écologique), il peut augmenter les impôts, mais cela a une limite : il ne peut les augmenter que si cette augmentation est soutenable, c'est-à-dire si le revenu global progresse au moins à la même vitesse que les hausses d'impôts. Si ce n'est pas le cas, il alourdit les charges financières des entreprises et des ménages, et les rend moins solvables, ce qui diminue leur capacité à emprunter et donc tarit le flux de création monétaire. Une action excessive de l'État en matière d'impôts peut ainsi conduire à asphyxier l'économie en poussant à un basculement du flux monétaire de la création vers la destruction.

L'État est donc tenté de recourir à l'emprunt, en espérant que les investissements qu'il finance aujourd'hui augmenteront le revenu global général et donc son propre revenu dans le futur, ce qui lui permettra de faire face à ses dettes. C'est un raisonnement logique et tout à fait adapté à la période actuelle de taux négatifs. Cependant, il peut se heurter à deux limites. D'une part, il faut qu'il n'y ait pas de seuil psychologique d'incitation au désendettement, c'est-à-dire un niveau de dette publique qui serait considéré par la majeure partie des acteurs comme un seuil à ne dépasser sous aucun prétexte (en réalité ce seuil n'existe pas puisque des pays comme le Japon vivent sans problèmes de financement avec une dette publique de plus de 250 % du PIB) et que l'on ne profite pas non plus du niveau de la dette publique pour inciter à une privatisation de l'économie, sous prétexte de désendettement, qui desservirait l'objectif d'investissement public. D'autre part, le poids de l'endettement de l'État doit être soutenable au regard des intérêts payés sur la dette publique (la fameuse charge de la dette qui représente près de 42 milliards d'euros par an dans le cas de la France).

La politique monétaire peut aider à tous ces objectifs. Elle peut maintenir les taux d'intérêt à un niveau bas pour réduire le coût de financement des États. C'est ce qu'elle fait déjà, mais cela peut provoquer une inflation excessive du prix des actifs financiers en raison du phénomène de trou noir monétaire décrit précédemment). Elle peut libérer les États d'une partie de leur dette par des annulations en contrepartie d'investissements ciblés. Enfin, elle peut financer des baisses d'impôts ciblées, au profit de la transition énergétique par exemple, générant des déficits qui peuvent à leur tour être financés par création monétaire, technique appelée « monétisation des déficits ».

Utiliser les taux bas pour investir pour l'avenir ou accorder des subventions via *l'Union européenne*

Il convient d'abord de rappeler par quel mécanisme l'État influe directement sur la masse monétaire en circulation. Pour ce faire, l'État, à travers l'institution du Trésor public, possède, comme les banques commerciales, un compte domicilié à la banque centrale. Lorsqu'il émet des obligations sur le marché, et que celles-ci sont achetées par des banques commerciales (puisque les traités européens interdisent le financement des États par la banque centrale[2]), la monnaie qu'il reçoit est de la monnaie centrale car le règlement a lieu sur le marché monétaire (interbancaire). En revanche, lorsqu'il paie un fournisseur ou bien ses fonctionnaires, la monnaie centrale fait le chemin inverse : elle part du compte de l'État vers le compte des banques commerciales[3], lesquelles créditent ensuite en monnaie courante le compte de dépôt de la personne ou de l'entreprise qui reçoit le paiement. Ainsi, comme pour les banques, toute dépense de l'État entraîne une augmentation des dépôts bancaires et tout excédent, s'il n'est pas réemployé dans l'économie réelle, entraîne une diminution de la masse monétaire en circulation (retirée du circuit économique, à la manière de l'épargne, mais placée sur le compte du Trésor public dans le cas de l'État).

Il en résulte deux conséquences importantes. D'une part, lorsque le budget de l'État est trop excédentaire, cela revient à retirer de la masse monétaire en circulation, voire à la détruire si cet excédent est employé au désendettement. En effet, lors de l'opération de remboursement, il prélèvera de la monnaie circulant dans l'économie, pour la transférer aux banques auxquelles il a emprunté[4]. À ce moment précis, il y a destruction monétaire car de la monnaie courante est extraite de l'économie réelle. Seuls demeureront, sur le compte de la banque commerciale, les intérêts payés par l'État. Le désendettement n'est donc pas toujours souhaitable.

D'autre part, l'État ni aucun acteur économique en dehors de la banque centrale ne disposent du pouvoir de créer de la monnaie sans aucune contrepartie. La création monétaire résultant de l'action de l'État n'est donc pas d'une création monétaire libre (*i.e.* sans endettement associé) mais une création de monnaie temporaire (l'État devra rembourser les sommes empruntées). Notons toutefois que, pour le plus grand bonheur des marchés financiers et à la grande différence des particuliers et de la plupart des entreprises, l'État possède une importante capacité à faire « rouler » sa dette, et sa solvabilité n'est pas appréciable de la même manière puisqu'il décide lui-même, dans une certaine limite, de ses revenus. Le pouvoir de création monétaire de l'État peut ainsi être un atout pour l'économie en ce qu'il permet de diriger une partie de la création monétaire pour soutenir la consommation ou l'investissement (dans la mesure où l'État ne spécule que très peu). Mais ce qui s'opérait auparavant aisément et à grande échelle a été drastiquement réduit sous l'effet de la pensée monétariste, comme nous l'avons montré.

Dans la période actuelle cependant, les taux bas, voire négatifs, ont permis une baisse importante de la charge de la dette (c'est-à-dire des intérêts payés sur celle-ci), alors même que la dette publique a massivement augmenté en volume. Il n'y a par ailleurs aucune raison macroéconomique pour que les taux d'intérêt remontent fortement à court ou à moyen terme[5]. Ces faits conjugués devraient dès lors pousser les États à investir massivement, notamment dans la transition écologique. Cela peut se faire à deux niveaux : au niveau des États et/ou au niveau de l'Union européenne, *via* l'émission d'*eurobonds*. Dans les deux cas, il s'agit d'investir pour l'avenir en profitant du fait que le taux d'intérêt est plus faible que le taux de croissance et d'inflation. Théoriquement, dans une situation de ce type, l'emprunt est toujours avantageux, car les revenus ultérieurs procurés par la dépense publique (financée par l'emprunt) sont plus importants que le coût de cet endettement supplémentaire. Il en résulte une baisse mécanique du taux d'endettement. Le phénomène qui joue ici est le multiplicateur budgétaire[6]. Le facteur décisif est la différence entre la charge d'intérêt, qui contribue mécaniquement à la croissance de la dette, et l'augmentation des revenus. Cette différence détermine l'effet « boule de neige[7] », positif ou négatif, inhérent à tout endettement. Si elle est positive, l'effet boule de neige de la dette nécessite de dégager durablement des excédents hors intérêt, et conduira tôt ou tard à des réductions de dépenses nettes. Mais, si elle est négative, elle réduit mécaniquement le rapport de la dette sur le PIB : le refinancement de la dette n'est alors pas problématique, et un déficit à hauteur de cet effet n'imposera aucune hausse des impôts ultérieure. Nous sommes aujourd'hui clairement dans une situation où l'effet boule de neige serait négatif. Il n'y a donc aucune raison de ne pas investir.

D'autant moins que les économistes et les décideurs politiques ont longtemps sous-estimé l'impact positif du multiplicateur budgétaire. Ils l'ont fait autant par idéologie que, pour certains, par une volonté claire de réduire la place de l'État, et donc de la dépense publique dans l'économie. Ce faisant, ils faisaient une erreur de calcul : la dépense publique est aussi nécessaire pour que le marché lui-même se porte bien.

La dépense budgétaire au secours de l'activité économique

Le chapitre sur la politique budgétaire du *World Economic Outlook* (WEO) du FMI pour le mois d'octobre 2008 présentait des estimations de multiplicateurs pour 21 économies avancées, qui s'élevaient en moyenne à 0,5 sur trois ans au cours de la période s'étalant de 1970 à 2007[8]. La note du FMI du mois de mars 2009 contient ainsi une évaluation de l'impact sur la croissance de l'expansion budgétaire opérée entre 2008 et 2010, qui supposait des multiplicateurs compris entre 0,3 et 0,5 pour les recettes publiques, et entre 0,3 et 1,8 pour les dépenses publiques[9].

Un certain nombre de gouvernements se sont appuyés sur ces chiffres pour éviter d'avoir à conduire des plans de relance budgétaire coûteux pour les finances publiques. Mais, depuis la crise, de nombreux travaux ont démontré que les multiplicateurs étaient en réalité bien plus élevés, et souvent supérieurs à 1, ce qui signifie que 1 euro public injecté rapporte bien plus par la suite en activité économique, surtout en période de crise[10].

De manière plus fondamentale, une étude récente[11] sur les effets des plans de relance de grande ampleur montre que les plans de relance massifs ont des effets puissants et durables sur l'activité, avec un multiplicateur égal à l'unité ou même davantage (pouvant aller jusqu'à 3). En l'occurrence, un point de PIB d'expansion budgétaire entraînerait en moyenne une hausse cumulative du PIB de plus de 3 %[12].

Ainsi, un investissement public de grande ampleur serait utile pour l'économie tout entière, en même temps qu'il serait nécessaire pour stimuler le développement de l'économie verte, par exemple pour aider à dégager les 20 milliards d'euros par an nécessaires pour la rénovation énergétique des bâtiments.

Alors que faire pour profiter de cette situation où les banques centrales ont essayé d'agir (mais dans les limites de leurs mandats) pour qu'il soit rentable d'investir ? Il faut, bien sûr, agir sans attendre dans le domaine budgétaire[13]. Cela signifie d'abord qu'il faut refuser de se soumettre aveuglément à l'injection des 3 % de déficit public et des 60 % de dette publique, par exemple en modifiant la comptabilité des investissements. Notons au passage que cela fait bien longtemps que la grande majorité des États de l'UE ne respectent plus le critère de 60 % de dette publique. Sont-ils sanctionnés pour autant ? Évidemment que non. Si tel était le cas, la défiance à l'égard de l'UE, déjà forte, serait immédiatement multipliée. Pour redonner de la rationalité aux critères de dette et de déficit, on pourrait donc changer les règles d'amortissement de ces investissements publics dans la comptabilité publique, comme c'est le cas dans la comptabilité privée en les amortissant dans la durée. Il ne s'agirait alors pas d'exclure les investissements de transition énergétique du déficit, mais de les étaler dans le temps. Il est donc possible de mobiliser les investissements nécessaires dans le cadre des traités actuels, simplement en négociant, avec la Commission européenne, cette manière de compter en arguant notamment du caractère vital pour l'Europe de ces investissements. Une analyse de la procédure de déficit excessif montre en effet que la Commission a des marges d'interprétation et qu'il n'est pas indispensable d'attendre une réforme des traités européens ou de la comptabilité publique pour avancer.

Cela peut aussi passer par une émission de dette mutualisée au niveau européen afin de financer la transition énergétique. Il ne s'agirait pas d'alourdir directement l'endettement des États, mais de faire en sorte que ce soit l'UE elle-même qui émette des obligations (garanties par l'ensemble des États membres) pour financer des investissements, *via* des mécanismes de cofinancement comme il en existe déjà avec plusieurs politiques de l'UE. Il n'existe dès lors aucune barrière juridique. Cela constituerait en outre un premier pas vers une forme (limitée) de solidarité budgétaire, et permettrait de modifier en profondeur l'image de l'Europe, qui passerait de carcan à opportunité.

Pour y arriver, néanmoins, il faudra franchir des barrières intellectuelles et dogmatiques importantes, notamment à Bercy. La démission de Nicolas Hulot montre que la conception actuelle d'une « bonne gestion financière » de l'État constitue un dogme puissamment défendu et pourtant inadapté à la réalité actuelle : dans une situation où les taux d'intérêt sont suffisamment bas pour réduire le service de la dette, le niveau de cette dernière perd en importance. Or toutes nos politiques publiques sont tournées vers la réduction de la dette publique, quitte à faire du mal à nos économies. En effet, l'effort nécessaire pour ne diminuer qu'un peu le ratio de dette publique/PIB implique une compression des dépenses publiques (nettes des revenus « publics[14] »). Cela ne peut qu'avoir un effet négatif sur la croissance du PIB, ce qui peut même conduire *in fine* à l'inverse du résultat recherché, en réduisant les recettes publiques. Le ratio dette/PIB peut ne pas baisser, voire croître. C'est ce qui a été observé en Grèce dans la dernière décennie.

En clair, et il en a toujours été ainsi, le meilleur moyen de résorber la dette est souvent d'investir et de stimuler l'activité. La transition écologique, en nous offrant un sujet incontestable et socialement accepté d'investissement, rend cet effort vital. Mais si la dette pose un problème trop important, même avec des méthodes de comptabilité et d'émission modifiées, il existe une autre solution radicale et sans aucune victime collatérale qui peut être utilisée : annuler tout ou partie des dettes publiques détenues par la BCE.

Annuler les dettes publiques détenues par la BCE pour redonner une marge de manœuvre aux États

Annuler une dette, dans un régime de création monétaire fondé sur l'endettement, n'est pas un acte anodin : cela revient à « libérer » d'un coup une partie de la monnaie promise à la destruction (rappelons que tout remboursement d'un crédit conduit à une disparition de l'avance monétaire qui avait été accordée au moment de l'emprunt). Or la BCE détient aujourd'hui entre 15 et 20 % des dettes publiques des pays de la zone euro. C'est le résultat du programme d'achat d'actifs de la BCE entre 2015 et 2019[15].

Si la BCE décidait d'annuler ces dettes, elle libérerait d'un coup des centaines de milliards d'euros au profit des États membres, qui disposeraient de marges de manœuvre élargies pour réinvestir. Ce n'est pas théorique : la seule Banque de France possède aujourd'hui environ 417 milliards d'euros d'obligations de l'État français et d'agences publiques françaises, soit 18 % des quelque 2 300 milliards de dette publique française[16]. Alors certes, l'Eurosystème reverse une partie de ses bénéfices aux États, *via* les banques centrales nationales. En 2018, la Banque de France a ainsi rétrocédé 5,6 milliards d'euros à l'État, sur ses 7 milliards de résultats. Mais si l'État doit accepter de perdre 5,6 milliards d'euros de dividendes pour en réinvestir plusieurs centaines de milliards, le calcul coût-bénéfice semble vite fait.

Nietzsche, dans *La Généalogie de la morale*, décrivait ainsi le coup de génie du christianisme par l'effacement de la dette symbolique des hommes lors du sacrifice du Christ : « Dieu lui-même, Dieu parvenant seul à libérer l'homme de ce qui pour l'homme même est devenu irrémissible, le créancier s'offrant pour son débiteur, par "amour" (qui le croirait ?), par amour pour son débiteur ! » La banque centrale pourrait également sacrifier une partie de son actif pour ses débiteurs que sont les États. Il s'agirait presque d'un « geste divin » pour nous tous : un don que la société se ferait à elle-même, dans le sens le plus noble.

Des esprits tatillons pourraient nous opposer qu'en l'état du droit, si la banque centrale subit des pertes, il revient aux États membres de la recapitaliser. Cela est complètement absurde : pourquoi recapitaliser la seule institution qui dispose d'un pouvoir de création monétaire absolument illimité ? La banque centrale n'a pas besoin de liquidités : elle en est la créatrice et pourvoyeuse. C'est sur elle que repose toute la fiction de la monnaie fondée sur la confiance collective. Ainsi, elle se moque royalement que son bilan puisse être déséquilibré par une annulation de dettes : cela ne changera pas d'un iota sa capacité à créer de la monnaie et à assurer son rôle de prêteur en dernier ressort.

C'est notamment ce que rappelle une note de la Banque des règlements internationaux (BRI) : « En pratique, cela signifie que la plupart des banques centrales pourraient perdre de l'argent au point d'avoir des fonds propres négatifs tout en continuant à fonctionner parfaitement normalement », en donnant aussi l'exemple de la banque centrale du Chili qui fonctionne depuis plusieurs années avec des fonds propres négatifs. On peut évoquer aussi le cas des banques centrales d'Israël et du Mexique qui ont connu des situations similaires[17]. D'ailleurs, dans l'Union européenne, l'article 33.2 du protocole n° 4 sur le Système européen de banques centrales prévoit seulement que d'éventuelles pertes sont couvertes par le fonds de réserve général de la BCE et par les banques centrales nationales sur leurs bénéfices : ces règles n'impliquent aucunement une recapitalisation par les États.

L'obligation de recapitalisation par les États de la banque centrale en cas de pertes : une légende urbaine ?

L'annulation des dettes détenues par la banque centrale ou les pertes qui pourraient résulter d'un financement monétaire massif par la banque centrale d'un grand plan d'investissement écologique se heurterait, selon certains responsables économiques et financiers[18], à un écueil majeur : les pertes éventuelles devraient être épongées par les États. Ces derniers n'auraient donc aucun intérêt à pousser la banque centrale dans cette voie.

Les mêmes personnes font remarquer que si la BCE ne gagne plus d'argent sur ses opérations de financement, les États gagneront moins puisque la BCE reverse ses bénéfices, après paiement de ses frais de fonctionnement, aux États. Le raisonnement qui fonde ce dernier argument est valable en pratique, mais on peut répondre que si les États perdent le reversement de quelques milliards d'euros de bénéfices en échange de l'annulation de plusieurs centaines de milliards d'euros de dettes, ce sera au final une opération parfaitement rentable pour eux.

Reste l'argument selon lequel les États devraient recapitaliser leurs banques centrales en cas de pertes trop élevées de celles-ci. Il convient d'abord de rappeler que, d'un point de vue fonctionnel et économique, c'est tout à fait absurde. Pourquoi demander aux États de recapitaliser en liquidités l'institution qui en est à l'origine et qui peut en créer sans limites ?

Cela dit, il nous faut examiner si cette idée absurde repose néanmoins sur un fondement juridique réel. Or tel n'est pas le cas. D'abord, le Traité sur le fonctionnement de l'Union européenne (TFUE) est complètement muet sur cette question du capital de la BCE. Il faut se reporter au protocole n° 4 portant statuts du Système européen de la banque centrale (SEBC) et de la BCE pour que cette question soit abordée, notamment dans l'article 33, intitulé « Répartition des bénéfices et pertes nets de la BCE ». Cet article dispose que :

> Si la BCE enregistre une perte, celle-ci est couverte par le fonds de réserve général de la BCE et, si nécessaire, après décision du conseil des gouverneurs, par les revenus monétaires de l'exercice financier concerné au prorata et jusqu'à concurrence des montants alloués aux banques centrales nationales conformément à l'article 32.5.

Les États ne sont donc pas mentionnés. Le protocole dit clairement que des pertes éventuelles de la BCE seraient d'abord épongées sur son fonds de réserve puis en réduisant la part reversée aux banques centrales nationales et enfin, si ces pertes étaient vraiment énormes, en piochant dans le capital alloué aux banques centrales nationales. D'ailleurs, l'article 28.2 du même protocole nous dit que « les banques centrales nationales sont seules autorisées à souscrire et à détenir le capital de la BCE ». Autrement dit, même s'ils le voulaient, les États n'auraient pas le droit de recapitaliser légalement la BCE.

La BCE pourrait toutefois se tourner vers les banques centrales nationales pour éponger ses pertes, le capital de ces dernières étant détenu par les États. Mais si une banque centrale nationale connaît des pertes substantielles, la BCE pourrait toujours créer de la monnaie pour les compenser. Ceci est clairement énoncé à l'article 32.4 du protocole :

> Le Conseil des gouverneurs peut décider d'indemniser les banques centrales nationales pour les frais encourus à l'occasion de l'émission de billets ou, dans des circonstances exceptionnelles, pour des pertes particulières afférentes aux opérations de politique monétaire réalisées pour le compte du SEBC. L'indemnisation prend la forme que le Conseil des gouverneurs juge appropriée ; ces montants peuvent être compensés avec le revenu monétaire des banques centrales nationales.

La rédaction de ces différents articles permet aux institutions monétaires et politiques de disposer des marges de manœuvre nécessaires pour aller dans le sens d'une annulation.

Enfin, de nombreuses banques centrales ont fonctionné, parfois pendant plusieurs années, avec des fonds propres négatifs. Ce fut notamment le cas des banques centrales chilienne, tchèque et israélienne. Il n'existe donc pas de risques économiques ou juridiques à plaider pour une annulation des titres de dette publique détenus par la banque centrale.

Le principal risque de cette méthode serait au final que les États ne se saisissent pas de cette opportunité pour investir, par idéologie ou par calcul. Aussi, il pourrait être nécessaire de conditionner les annulations de dette à la conduite de programmes d'investissements dans la transition écologique. Car il ne servirait à rien de libérer de l'argent si celui-ci devait rester inemployé. À ce titre, une autre méthode pourrait s'avérer aussi efficace et plus ciblée : financer directement des baisses d'impôts.

Des baisses d'impôts ciblées financées par création monétaire

Financer des baisses d'impôts ciblées par de la création monétaire est proche de l'idée d'une monnaie hélicoptère[19] ou d'un *quantitative easing* pour le peuple, portée notamment par des ONG comme Positive Money et par de nombreux économistes. Le mécanisme de base est très simple : il s'agit de redonner des marges de manœuvre financières aux acteurs économiques pour les inciter à investir ou à consommer davantage, en leur procurant directement un revenu (ou en finançant des baisses généralisées d'impôts, ce qui revient au même).

Plusieurs propositions ont circulé à ce sujet : en 2015, par exemple, 19 économistes (dont Steve Keen, Jean Gadrey et David Graeber) signèrent une tribune dans le *Financial*

Times proposant de donner 175 euros par mois et par personne à tout citoyen de la zone euro[20]. Très récemment, d'anciens banquiers centraux employés par le géant de la gestion d'actifs, BlackRock[21], ont proposé de conférer aux banques centrales le pouvoir de financer directement l'économie[22]. Pour l'Europe, ils préconisent même des prêts perpétuels à taux zéro aux particuliers car la Banque centrale ne peut pas financer directement les États. Pour les États-Unis, ils proposent que le Congrès américain crée un compte spécial du Trésor à la banque centrale américaine (la Fed) et que celle-ci soit autorisée à alimenter ce compte dans une limite préétablie. Ainsi les dépenses du Congrès seraient, dans cette limite, financées par création monétaire directe de la banque centrale.

Le problème de l'*helicopter money* est cependant que, en donnant la même chose à tous les citoyens sans aucune distinction, elle ne participe pas à la réduction des inégalités et ne permet pas de modifier les formes de l'activité économique, notamment vers une économie plus durable. En outre, la BCE n'est pas équipée pour gérer des comptes de millions de particuliers et d'entreprises. Ce problème pourrait être surmonté en concentrant les baisses d'impôts financées par création monétaire sur le développement d'activités vertes. L'État le fait déjà : il s'agit par exemple du crédit d'impôt pour la transition énergétique (CITE). Toutefois, récemment, le gouvernement a annoncé une réforme du CITE qui pourrait conduire à une diminution de son utilisation par les citoyens, en particulier pour des raisons budgétaires. Le financement monétaire permettrait de contourner ce problème.

Pour mettre en œuvre des dispositions de ce type, la question de la gouvernance sera cruciale. Là où BlackRock (le premier gestionnaire de fonds d'investissement au monde) estime qu'il devrait revenir à un comité d'experts indépendants de décider du niveau et de l'affectation de ce financement monétaire innovant, nous pensons que, si la monnaie est effectivement un bien commun, il serait temps d'en revenir à des règles plus démocratiques de gestion. C'est pourquoi nous reviendrons sur des propositions alternatives, plus démocratiques mais aussi, croyons-nous, plus efficaces économiquement, dans le dernier chapitre de ce livre.

Existe-t-il d'autres alternatives ?

Pour redonner des marges de manœuvre financières aux États, les solutions alternatives ne manquent pas. La monnaie offre de nombreuses possibilités. Dans les prochains chapitres, nous verrons en particulier comment les banques centrales et les banques publiques peuvent agir concrètement en s'appuyant sur la « magie monétaire ».

Mais une autre proposition alternative proposée dès 2013, notamment par Alain Grandjean et Gaël Giraud[23], mérite d'être mentionnée. Il s'agirait de créer une structure privée, la société de financement de la transition énergétique (SFTE) bénéficiant de la garantie publique sur ses emprunts sur les marchés, dans le but exclusif de financer la transition énergétique. En 2008, la France avait ainsi créé la Société de financement de l'économie française (SFEF) pour refinancer les grandes banques françaises sans alourdir le déficit public. La SFEF a bénéficié de la garantie publique, grâce à laquelle elle a pu lever 70 milliards d'euros sur les marchés en un an, qu'elle a prêtés à bas taux aux banques qui ne se prêtaient plus entre elles[24], faute de confiance mutuelle. Mais comme il s'agissait d'une société privée, cette dette n'a pas été comptabilisée par Eurostat dans la dette publique française en 2009.

La même solution pourrait être imaginée pour investir pour la transition énergétique.

Mais l'impact serait encore supérieur si c'est la banque centrale elle-même qui prévoyait de racheter les obligations émises par une banque publique d'investissement en vue de financer exclusivement la transition énergétique, notamment à travers l'instauration d'un programme de rachat d'actifs ciblé sur la transition énergétique. Cela permettrait de rendre le problème du rendement de ces investissements secondaire. C'est ce que nous allons désormais détailler.

CHAPITRE 7

La « neutralité » de la politique monétaire

> « Ne pouvant dormir, possédé, presque heureux, je me disais qu'il n'y a rien de moins matériel que l'argent, puisque toute monnaie est, rigoureusement, un répertoire de futures possibilités. L'argent est abstrait, répétais-je, l'argent est du temps à venir. Ce peut être un après-midi dans la banlieue, ce peuvent être la musique de Brahms, des cartes, un jeu d'échecs, du café, des paroles d'Épictète qui enseignent le mépris de l'or ; c'est un Protée plus versatile que celui de l'île de Pharos. Une pièce de monnaie symbolise notre libre arbitre… »
>
> Jorge Luis BORGES, « Le Zahir », *L'Aleph*.

Un « répertoire de futures possibilités », selon la formule de Borges, c'est ce qui définit le mieux la monnaie. Cela vaut pour les individus comme pour les sociétés. Mais si le rôle individuel de la monnaie demeure bien présent, son rôle collectif a été, comme nous l'avons vu, largement abandonné par des institutions monétaires « neutres » et peu outillées. C'est cela qui prive essentiellement les banques centrales de la faculté d'agir pour l'environnement. Mais, répétons-le, neutralité monétaire et neutralité carbone ne nous paraissent pas compatibles.

Les problèmes liés au mandat des banques centrales pour une action volontariste en faveur du climat ainsi établis, les solutions s'imposent d'elles-mêmes. Il faut réintroduire du choix politique dans leur action. Utiliser des outils de différenciation des actifs « bruns » et « verts » lors du refinancement. Annuler une partie des dettes publiques en échange d'investissements, voire introduire de la monnaie libre dans le système économique pour accélérer et amplifier notre action. L'erreur serait de penser que les banques centrales sont à court de munitions pour des raisons « techniques » ou « économiques », alors que les seules limites qui pèsent sur leur action sont de nature réglementaire, c'est-à-dire politiques et idéologiques, à l'exception de la contrainte extérieure que nous évoquerons dans le dernier chapitre et qui constitue la seule véritable limite potentielle à une politique monétaire expansionniste.

Un arsenal d'instruments monétaires épuisé et insuffisant

Il ne s'agit pas ici de reprendre l'ensemble des insuffisances et des biais de la politique monétaire que nous avons pointés jusqu'à présent, mais de les résumer pour mieux comprendre comment les dépasser.

D'abord, nous avons vu que le taux d'intérêt demeurait un outil très insuffisant de politique monétaire : le faire croître c'est, toutes choses égales par ailleurs, renchérir les crédits et pour finir les limiter, voire les réduire. Il en résulte alors une baisse de la création monétaire (rappelons que la monnaie est créée à chaque crédit bancaire). Mais cette réduction du crédit conduit à « plomber » la croissance économique, qui repose précisément sur le dynamisme du crédit.

En revanche, une fois qu'il a atteint le plancher « zéro », on ne peut pas forcer les gens ou les entreprises à « manger du crédit » (selon la formule rapportée par l'économiste Raghuram Rajan à propos de l'endettement des ménages américains avant la crise des *subprimes*). En outre, le taux d'intérêt unique ne permet pas de jouer sur les formes de l'activité et favorise ou pénalise toutes les activités en même temps, sans aucune distinction. Sans compter qu'un taux d'intérêt unique dans une zone monétaire composée d'États aux dynamiques économiques très différentes, comme la zone euro, pose aussi de nombreux problèmes, sujet que nous ne développerons pas ici. Enfin, le taux d'intérêt sert à la fois d'instrument de rémunération des banques et d'outil de politique monétaire : il y a là toutes les caractéristiques, sans mauvais jeu de mots, d'un « conflit d'intérêts », car les banques centrales ne peuvent pas prendre des décisions sans prendre en compte leur effet sur la rentabilité des institutions bancaires[1].

Nous avons également montré que, même lorsqu'elles utilisent des politiques monétaires non conventionnelles de rachat d'actifs, l'action des banques centrales est limitée aux échanges avec les banques commerciales. En effet, les banques centrales ne peuvent pas entretenir de relations directes avec les entreprises et les ménages, lesquels ne disposent pas de comptes dans leurs livres. Nous verrons cependant dans le dernier chapitre que la question de la possibilité pour les citoyens et pour les entreprises de disposer de comptes à la banque centrale est une question très sérieuse qui se pose avec beaucoup d'acuité dans la discussion sur les monnaies numériques de banque centrale[2]. L'action directe des banques centrales est donc d'emblée circonscrite à une sphère financière très limitée, ce qui explique que, malgré d'énormes injections de liquidité dans l'économie, elle n'ait pas réussi à relancer véritablement la croissance et l'inflation. C'est aussi pourquoi Mario Draghi, ex-patron de la BCE, a plusieurs fois plaidé pour que les États prennent la relève de la banque centrale, car l'action indirecte de la politique monétaire actuelle ne peut clairement pas remplacer l'action budgétaire directe des États dans sa configuration actuelle.

Enfin, comme nous l'avons déjà dit, l'action des banques centrales est encadrée par un principe de « neutralité de marché », dérivé du principe de libre concurrence. Quoique non explicite dans les traités et protocoles européens traitant des règles de la politique monétaire, ce principe la contraint à conduire la même politique de refinancement pour tous les acteurs et à pondérer ses interventions d'achat d'actifs en reproduisant strictement les équilibres monétaires existants. Le but est évidemment d'interférer le moins possible avec le marché. Ce faisant, la politique monétaire devient, à son corps défendant, un puissant instrument de reproduction économique et sociale puisqu'elle finance ceux qui sont déjà dominants et pas ceux dont on souhaiterait, pour des raisons climatiques notamment, qu'ils le deviennent. C'est ce qui nous fait dire que neutralité monétaire et neutralité carbone ne sont pas compatibles.

Il ne faudrait pas pour autant en conclure que les banques centrales ne peuvent rien faire de plus que ce qu'elles font déjà. Les contraintes à leur action sont le fruit de leurs propres limitations idéologiques et de celles qu'on leur impose juridiquement. Mais, si ces œillères tombaient, les moyens d'action des banques centrales seraient tout à fait considérables. Elles pourraient ainsi reprendre un programme d'assouplissement quantitatif ciblé, distribuer de l'argent aux citoyens ou aux entreprises, de manière ciblée ou générale, etc. Nous reviendrons dans le dernier chapitre sur la forme ultime d'action à nos yeux : une création monétaire libre et ciblée en faveur du développement durable.

Ne plus agir seulement « à des conditions de marché »

Nous avons vu que l'efficacité du flux de création monétaire pour le développement économique ne dépend pas que du niveau de la masse monétaire mais aussi de son affectation. Or celle-ci est aujourd'hui en grande partie captée par les « trous noirs monétaires » que sont l'immobilier et les marchés financiers. Pour favoriser la transition écologique et énergétique, la banque centrale pourrait toutefois, si elle le voulait, agir bien plus puissamment qu'aujourd'hui sur l'allocation de la masse monétaire. Cela suppose de ne plus agir seulement à des « conditions de marché », c'est-à-dire à ne plus respecter, à tout prix, la neutralité de marché dans la conduite de leurs actions. Une fois cette nécessité admise, la question qui se pose est celle des modes d'action. Il en existe principalement deux.

Agir indirectement sur l'attractivité des actifs financiers

Le premier est indirect, mais il peut être très efficace. Il consiste à agir sur l'éligibilité des titres au refinancement de la banque centrale. Nous avons vu que lorsqu'une banque manque de liquidités, elle doit s'en procurer soit auprès d'autres banques, soit auprès de la banque centrale, C'est grâce à leurs interventions sur le prix et le volume de la monnaie centrale que les banques centrales influent sur les taux d'intérêt et, très indirectement, sur le volume de la masse monétaire.

En revanche, la plupart du temps, la banque centrale qui fournit de la monnaie centrale à une banque lui demande en échange une « garantie », appelée « collatéral », de même valeur que la monnaie prêtée, un peu comme une banque demande une hypothèque sur votre maison pour assurer son prêt. C'est la banque centrale, et uniquement elle, qui décide des titres qu'elle accepte au refinancement. Ceux-ci sont généralement des titres sûrs (comme les obligations d'État), alors acceptés à leur prix de marché.

Elle peut toutefois aussi accepter des titres de moindre qualité, plus risqués financièrement. Dans ce cas, elle applique une décote par rapport au prix de marché, c'est-à-dire qu'elle les accepte à un prix inférieur à ce qu'ils valent sur le marché. Cela les rend donc moins intéressants, de ce point de vue, pour les banques commerciales qui hésiteront à en acquérir. Notons au passage que l'article 18.1 des statuts de la BCE et de l'Eurosystème dispose que le refinancement des banques doit être gagé par un collatéral « adéquat », laissant à la BCE le soin de définir plus précisément ce terme. Depuis la création de la zone euro, la BCE a maintes fois changé la définition de ce qui est « adéquat », prouvant ainsi qu'elle peut agir résolument lorsqu'elle le considère justifié. Ainsi, tant que l'objectif de stabilité des prix est assuré, rien dans les textes ne s'oppose à ce qu'un collatéral soit dit adéquat s'il est « vert ».

Imaginons désormais qu'elle opère de façon à moduler le prix des actifs au refinancement non plus en fonction du risque financier présenté par le titre, mais en fonction d'un critère environnemental : les titres des entreprises polluantes seraient pénalisés par une décote plus importante et, inversement, les titres des entreprises vertes ou de certaines institutions publiques (comme la BEI) pourraient même bénéficier d'une légère surcote afin d'inciter les acteurs du marché à en acquérir. En procédant de la sorte, la banque centrale donnerait une tout autre indication au marché, et en premier lieu aux acteurs bancaires, qui seraient dès lors incités à acquérir beaucoup moins de titres d'entreprises polluantes et davantage de titres d'entreprises ou d'institutions œuvrant pour la protection du climat et de l'environnement. Le même mécanisme pourrait s'appliquer au taux d'intérêt exigé lors des opérations de refinancement. En effet, pourquoi ne pas différencier les taux d'intérêt en fonction du titre présenté au refinancement (plus le titre est « vert », plus le taux peut être bas) ? Si un tel mécanisme entrait en vigueur, il y a fort à parier que les établissements bancaires répercuteraient cette pénalité potentielle, au moins en partie, dans les conditions de financement des entreprises polluantes et dans leur politique d'achat d'actifs envers ces dernières. Rappelons à ce titre que les banques commerciales agissent de plus en plus sur les marchés financiers, au point que la part de leurs actifs financiers dans leur bilan excède désormais, pour les plus grandes banques (à l'exception des banques mutualistes comme le Crédit mutuel ou de banques à statut particulier comme La Banque postale[3]), la part des prêts accordés à leur clientèle.

Un tel mécanisme constituerait dès lors pour les acteurs financiers une puissante incitation à agir. Les banques centrales pourraient ainsi espérer l'exclusion totale ou partielle de leurs portefeuilles des investissements risqués (activités très nuisibles au climat, dépendant de secteurs très émetteurs, ou susceptibles de subir les conséquences du changement climatique). Bien entendu, ce mécanisme pourrait être susceptible de contestation et, partout où il y a nécessité de faire des choix, l'erreur est possible. Mais cela peut se justifier au regard d'un intérêt humain supérieur, d'autant plus si la décision est prise de manière collective, par exemple en associant les États et les partenaires sociaux en même temps que des responsables des banques centrales. Il s'agirait dès lors d'imaginer une gouvernance collective de la politique monétaire. Nous y reviendrons par la suite.

À ce jour, si les banques centrales ne sont pas restées complètement insensibles au changement climatique et à ses conséquences pour l'économie, elles ont adopté une posture autre que celle que nous proposons. Elles se limitent en effet à évaluer le risque climatique inhérent aux titres qu'elles seraient amenées à accepter en collatéral[4], sans vouloir en aucun cas influencer sur le cours de la vie économique. Mais il existe un certain nombre d'activités qui, bien que polluantes, ne sont pas nécessairement mises en danger par le réchauffement climatique. Selon la posture actuelle, ces titres continueraient d'être acceptés par la banque centrale, ce qui n'est clairement pas satisfaisant. En outre, cela n'avantage aucunement les actifs « verts ».

Pratiquer une discrimination assumée dans les achats directs d'actifs

Le second principe d'action est encore plus direct. Il concerne la politique d'achat d'actifs de la banque centrale. Aujourd'hui, cette politique est soumise au principe de neutralité de marché, bien que celui-ci ne repose pas sur un fondement juridique très solide[5]. Elle opère par ailleurs principalement de manière indirecte, c'est-à-dire sur le marché secondaire et concerne, la plupart du temps, uniquement des obligations, et non des actions.

Notons toutefois que l'achat direct d'actifs peut parfois ne pas se limiter aux obligations. La Banque nationale suisse

(NBS) a ainsi acheté des actions pour jouer sur le taux de change du franc suisse. De la même manière, la Banque du Japon (BoJ) a acheté pour près de 52,9 milliards de dollars de fonds indiciels[6] négociés en Bourse (ETF) en 2018, afin d'améliorer les conditions de financement des entreprises[7]. D'ores et déjà, des banques centrales expérimentent donc d'autres mécanismes d'achat d'actifs que le canal traditionnel des obligations. Pour autant, elles interviennent exclusivement sur le marché secondaire. Ce faisant, elles agissent sur le prix des titres, mais seulement indirectement sur leur offre et très indirectement sur le financement des émetteurs originels. Rappelons qu'acheter une action au moment de son émission n'a pas les mêmes conséquences économiques que l'acheter sur le marché secondaire : seule la première option contribue directement à l'investissement en finançant l'émetteur, tandis que la seconde nourrit d'abord la spéculation. En outre, passer par le marché secondaire conduit à nourrir, *via* les commissions encaissées au passage, toutes sortes d'intermédiaires financiers, à commencer par les banques.

On pourrait dès lors imaginer un système plus poussé dans lequel la banque centrale achèterait, directement à l'émission, des actifs à un certain nombre d'émetteurs dont la politique d'émission serait coordonnée avec elle. Cela concernerait en priorité les banques publiques d'investissement (européennes, comme la BEI ou la BERD, ou nationales, comme la BPI, l'Ademe ou même l'AFD pour la France). Il s'agirait ainsi d'un financement monétaire assumé de certaines institutions pour dégager des ressources nouvelles qui seraient directement employées et investies et apporteraient ainsi de la monnaie « nouvelle » dans l'économie verte. Cette création monétaire serait employée pour développer l'emploi, les capacités de production ou bien réduire les prix. La fixation d'objectifs de volumes d'investissement dans des actifs qui contribuent à la transition bas carbone, en particulier dans les secteurs de l'économie verte, serait ainsi déterminante.

Cela pourrait même la conduire à acheter directement sur le marché primaire des obligations d'entreprises privées. Comment, alors, la banque centrale gérerait-elle sa présence au capital de certaines entreprises ? Question délicate, même si elle demeurait en position minoritaire (pourrait-elle être associée à une restructuration d'ampleur sans qu'il y ait un risque important d'image et donc de confiance ?). C'est pourquoi il nous semble préférable de faire confiance à l'expertise des banques publiques d'investissement, mieux équipées pour cela, tout en leur donnant les moyens et les consignes d'agir plus fortement (*cf.* prochain chapitre).

Notons cependant que cette possibilité est d'ores et déjà discutée entre professionnels et donne lieu à des débats intéressants. En juillet 2019, deux tribunes opposées parues dans le *Financial Times* illustraient bien cette controverse. La première était signée de Rick Rieder, chef des opérations de BlackRock, qui proposa que la BCE achète directement des actions sur le marché, afin de booster leur prix et d'inciter à leur émission pour relancer l'activité économique[8]. La seconde l'était de Merryn Somerset Webb[9], éditrice en chef de *Moneyweek*, prestigieux magazine financier britannique qui lui répondait en montrant pourquoi cette idée lui semblait dangereuse.

Son premier argument, un tantinet ironique, touchait juste : il peut en effet apparaître cocasse que l'un des principaux gérants du plus grand gestionnaire d'actifs au monde recommande une politique monétaire active visant précisément à augmenter le prix des actifs financiers. Il est clair qu'une politique de ce type ne ferait pas que des malheureux chez les intermédiaires financiers (c'est d'ailleurs une des raisons qui fait que la *modern monetary theory* est perçue avec davantage de bienveillance à Wall Street que chez les économistes monétaristes). On peut toutefois répondre que s'il est indéniable et même nécessaire qu'une telle politique conduise à des effets de richesse, l'important est que l'investissement profite à la société en développant des activités utiles. Le reste peut être corrigé par une fiscalité adéquate.

Le second argument relève en revanche d'une véritable question de fond. Il mérite une citation : « Ce que l'on suggère ici, c'est que la BCE, une institution publique, imprime de l'argent et l'utilise pour acheter des participations dans des sociétés privées. En d'autres termes, la seule façon de sauver le capitalisme est de commencer à le nationaliser. » Voilà le cœur du problème pour Merryn Somerset Webb, représentative de nombreuses autres personnes : le problème réside bien dans l'accroissement du pouvoir des banques centrales, institutions publiques bien qu'indépendantes, au détriment des libres mécanismes du marché. Que n'aurait-elle dit, d'ailleurs, si les banques centrales n'étaient pas indépendantes ? L'auteure rappelle d'ailleurs, non sans raison, que lorsqu'une telle politique avait pu être proposée par Jeremy Corbin, il y avait eu une levée de boucliers des milieux financiers, alors que les objections sont moins véhémentes lorsque la proposition émane de BlackRock.

Dans ce débat de fond, il faut affirmer qu'une politique monétaire ambitieuse d'achat d'actifs peut être très utile pour la société et pour l'économie, à condition qu'elle s'accompagne d'un objectif social légitime, partagé, et qui donne lieu à une action ciblée au profit de l'intérêt général. À ce titre, financer la transition écologique et sociale fait l'objet du plus large consensus, et l'on sait par ailleurs que cette transition ne peut être effectuée dans le cadre unique du libre marché. Il faut donc une intention, une implication politique pour investir dans la protection des biens communs que sont l'air, l'eau et l'environnement, qui ne peuvent moralement et éthiquement être accaparés par des entreprises privées et dont la protection doit être financée même si elle n'est pas rentable.

Reste un obstacle pratique important en Europe : cela peut-il être compatible avec les traités européens ?

La politique monétaire : ce qui est compatible avec les traités et ce qui ne l'est pas

En matière monétaire, l'essentiel des articles qui forment le droit européen est inscrit au titre VIII du Traité sur le fonctionnement de l'Union européenne (TFUE), à partir de l'article 119. Ce titre contient un premier chapitre relatif à la politique budgétaire (articles 120 à 126), lequel comporte également des dispositions relatives aux liens réciproques entre la banque centrale et l'État, mais aussi entre les organismes privés de crédit et l'État, tandis que le second chapitre (articles 127 à 133) est consacré uniquement aux questions monétaires. Les dispositions du traité sont en outre complétées par un protocole n° 4 relatif aux statuts du Système européen de banques centrales et de la Banque centrale européenne. Toutes ces dispositions vont dans le même sens : la Banque centrale européennes ne peut pas financer directement les États ou les institutions publiques, et doit respecter le principe de « libre-concurrence » dans toutes ses actions, en plus de son objectif de stabilité des prix. Pourrait-elle alors conduire des politiques d'achat ou de refinancement ciblées telles que nous les avons décrites tout en restant dans la lettre des traités ?

La réponse est nuancée. Il existe une marge de manœuvre dans le cadre des traités, mais la mise en œuvre d'une action d'ampleur pourrait nécessiter des modifications du traité. Cela n'est pas dirimant : depuis le traité de Maastricht adopté en 1992, les traités européens ont déjà été renégociés à trois reprises, sans compter le Traité sur la stabilité, la coordination et la gouvernance (TSCG) signé en 2012. Pour ce qui concerne les marges de manœuvre dans le cadre des traités, il convient de rappeler que l'article 119 du TFUE, qui fixe les objectifs de la politique monétaire, prévoit, dans son second alinéa, que, sans préjudice de l'objectif de stabilité des prix, le rôle de la politique monétaire est de « soutenir les politiques économiques générales dans l'Union », mais cela « conformément au principe d'une économie de marché ouverte où la concurrence est libre ». Dans ce cadre, après la crise de 2008, la banque centrale n'a pas hésité à mettre en œuvre des TLTRO (*targeted long-term refinancing operations* ou « opérations de financement à long terme ciblées »), qui sont des prêts à long terme à taux extrêmement faibles, voire négatifs, à destination des banques commerciales de la zone euro, mais seulement si elles accordaient des crédits à l'économie. Autrement dit, ces prêts étaient accordés sous conditions, et les banques devaient y satisfaire pour y prétendre. La porte de la conditionnalité est donc déjà entrebâillée.

En outre, la Commission européenne et d'autres acteurs[10] réfléchissent actuellement à un « facteur de soutien vert » qui viendrait minorer le capital réglementaire des banques lorsqu'elles financent un investissement « durable », et l'alourdir en cas d'investissements dans les énergies fossiles (facteur pénalisant les investissements nuisibles à l'environnement dits « bruns » ou *brownpenalizing factor*). Par conséquent, mettre en œuvre une politique de différenciation des collatéraux ou des taux d'intérêt lors des opérations de refinancement, ou distinguer entre les actifs éligibles aux programmes d'achat d'actifs, pourrait se faire en respectant le cadre des traités si la banque centrale le souhaitait. Comme nous l'avons montré, le principe de neutralité de marché n'a pas directement de valeur juridique propre, et doit être contrebalancé par le soutien aux politiques de l'Union. En outre, il y aurait potentiellement suffisamment d'acteurs bénéficiaires pour qu'une telle action ne soit pas perçue comme une distorsion trop importante de la concurrence : ce seront des secteurs entiers qui seront concernés, et pas seulement des entreprises isolées.

Les choses se compliquent si l'on souhaite que la banque centrale puisse participer directement au financement des institutions publiques pour renforcer leur capacité à investir. Toutefois, là encore, il peut exister quelques marges de manœuvre. À première vue, les articles 123 et 124 du TFUE interdisent à la banque centrale de financer les États ou les institutions publiques. Ils interdisent aussi aux États d'instaurer des mécanismes de financement privilégiés des institutions publiques par les banques commerciales : l'article 124 vise ainsi très directement à empêcher le rétablissement de mécanismes type « circuit du Trésor », comme il a pu exister en France lors des Trente Glorieuses (*cf.* chapitre 4). Cependant, il y a deux moyens de contourner cette difficulté. Le premier repose sur l'article 125 du TFUE qui dispose, dans son second alinéa, que « le Conseil, statuant sur proposition de la Commission et après consultation du Parlement européen, peut, au besoin, préciser les définitions pour l'application des interdictions visées aux articles 123 et 124, ainsi qu'au présent article ». Cet article est très ambigu, la formule « préciser les définitions pour l'application des interdictions » n'étant pas particulièrement claire. Toutefois, si la Commission en faisait la proposition, il pourrait éventuellement servir de base juridique pour que le Conseil décide que le financement monétaire d'une institution spécifiquement dédiée à la transition écologique soit autorisé.

Il faudrait cependant une unanimité difficile à obtenir. En outre, la BCE, indépendante, ne peut recevoir d'instruction du Conseil, et rien ne pourrait donc la forcer à agir de la sorte, même si le Conseil le lui demandait.

Une autre possibilité repose sur le fait que, dans le TFUE sous sa forme actuelle, les institutions publiques ne peuvent bénéficier de financements de la part du Système européen de banques centrales (SEBC), à l'exception notable des banques publiques d'investissement qui peuvent accéder, dans les mêmes conditions que les banques privées (ce qui pose une limite), au guichet de la BCE (article 123-2 du TFUE). Pour permettre l'épanouissement d'un Green New Deal, l'alinéa 2 de l'article 123 pourrait ainsi être légèrement modifié, afin de prévoir l'obligation pour la BCE d'acquérir des titres de dette des banques publiques d'investissement dans des volumes significatifs. Le second alinéa pourrait dès lors être complété par la phrase suivante : « Par dérogation à ce qui précède, la Banque centrale européenne est autorisée à acquérir, dans des volumes significatifs et selon des conditions préférentielles, les instruments de dette émis par la Banque européenne d'investissement en faveur d'investissements dans la transition écologique. » On autoriserait ainsi la BCE à agir massivement pour le financement de la transition énergétique en utilisant son pouvoir de création monétaire. En revanche, ce scénario ne nécessiterait pas de revenir sur l'interdiction du financement monétaire des États et pourrait être compatible avec la continuité du principe d'indépendance de la banque centrale. Il constituerait ainsi une voie de réforme moyenne[11], et nous apparaît plus réaliste que la proposition du Pacte Finance-Climat qui néglige les mécanismes de base de la création monétaire.

Une partie des réformes peut donc être envisagée dans le cadre des traités actuels, tandis qu'une autre peut nécessiter des modifications législatives légères. Mais, pour permettre une véritable réforme monétaire et l'introduction massive de mécanismes de création monétaire ciblés, l'indépendance de la BCE devrait certainement être revue : l'article 130 pourrait ainsi prévoir un alinéa disposant que « le Conseil européen fixe les grandes orientations de la politique monétaire par un vote à la majorité qualifiée ». Il s'agirait ainsi de rétablir un processus de décision politique dans la conduite de la politique monétaire. Il s'agit d'une lourde discussion, mais la transition écologique ne peut pas se faire en profondeur sans réformes politiques.

Faut-il recourir à une monnaie fiscale complémentaire ?

Il existe une autre option, dite de monnaie fiscale complémentaire, qui pourrait s'exercer au niveau national et en faveur de laquelle plaident certains économistes[12]. Il en avait été beaucoup question en 2015 lorsque le ministre grec des Finances Yanis Varoufakis avait proposé la mise en œuvre d'un système bancaire « parallèle » afin d'adoucir le carcan financier de son pays imposé par la « troïka[13] ». Puis cette question est revenue sur le devant de la scène lors de l'accession au pouvoir, en Italie, du gouvernement Conte en juin 2018. L'idée était, dans ce dernier cas, de s'extraire du carcan constitué par l'euro en introduisant des *mini-bills of treasury* (mini-BOT), c'est-à-dire des mini-bons du Trésor.

Un mini-BOT, c'est un bon du Trésor que pourrait émettre l'État italien sous forme de billets dont la valeur serait comprise entre 5 et 200 euros. Ce serait ainsi non seulement un titre de dette, mais également une quasi-monnaie puisqu'il pourrait être échangé et circuler entre acteurs économiques.

Cette double nature n'a d'ailleurs rien d'original ni d'extravagant, étant donné le lien étroit qui existe entre titre de créance et monnaie dans notre système monétaire et bancaire. Rappelons ainsi que toute création monétaire a pour contrepartie une dette (dans le cas du crédit) ou une augmentation du bilan des banques (dans le cas des achats d'actifs).

L'idée d'une monnaie nationale complémentaire serait ainsi intéressante dans la mesure où elle permettrait à l'État de payer ses fonctionnaires et de faciliter les échanges entre administrations en faisant intervenir une monnaie complémentaire qu'il est le seul à gérer et dont il serait la seule source d'émission. Il s'agirait par exemple de proposer des « bons » destinés au règlement d'une partie des salaires des fonctionnaires, des prestations sociales et des achats publics, dépenses qui sont *de facto* de la dette publique de court terme. Ces bons seraient réciproquement acceptés en paiement des impôts et, grâce à cette dernière garantie, pourraient circuler en tant que moyens de paiement au niveau national. Plus la quantité de ces bons serait élevée et plus les moyens de paiement seraient théoriquement accrus, en plus de la monnaie officielle.

Mais cette solution pose aussi des difficultés. En premier lieu, elle induit le risque d'une concurrence des monnaies puisque la monnaie complémentaire sera à la fois un moyen de paiement et un titre de créance dont la liquidité est assurée, *a priori* en tout cas, par l'État qui devrait à tout moment pouvoir convertir ces titres en leur équivalent en monnaie officielle (en euros dans le cas de l'Italie par exemple)[14]. Par conséquent, le problème resterait entier de savoir comment l'on rembourse la dette précédemment accumulée en monnaie officielle. En effet, si de plus en plus de citoyens ou d'entreprises se mettent à régler leurs dépenses en monnaie complémentaire, les recettes fiscales de l'État en monnaie officielle vont s'effondrer, mais pas le stock de dette précédemment accumulée dans cette dernière.

En outre, plus le pays en question émettra de monnaie complémentaire, et plus la valeur de cette dernière risque de baisser par rapport à la monnaie officielle, à moins de forcer une convertibilité stable, ce qui est difficile et coûteux pour l'État. L'histoire monétaire nous apprend ainsi que si une communauté perd confiance dans sa monnaie, alors même le cours forcé[15] de celle-ci ne peut rien y changer. On se rappelle ainsi la célèbre loi de Gresham selon laquelle « la mauvaise monnaie chasse la bonne ». Or, dans des situations de concurrence des monnaies, en plus ou à cause des problèmes de double comptabilité, une monnaie hégémonique finit toujours par s'imposer. Si c'était la monnaie complémentaire, cela signifierait un changement de paradigme monétaire (le rejet de l'euro dans le cas de l'Italie). Si la monnaie officielle gardait la confiance de la population, alors la monnaie complémentaire ne pourrait être efficace bien longtemps, car sa valeur se dégraderait aussi rapidement que celle des assignats après la Révolution française.

Il y aurait enfin un risque de lutte politique et sociale pour bénéficier des émissions, avec le risque d'un grand arbitraire. Sans écarter les possibilités que pourrait offrir ce mécanisme, il faut les analyser avec prudence, notamment au regard du risque de fragmentation de l'ordre monétaire. Il semble par ailleurs qu'elles ne permettraient pas d'investir suffisamment pour la transition écologique, car elles seraient par nature limitées par la surface financière de l'État. Libérer les capacités d'investissement des banques publiques et repenser leur lien avec la banque centrale nous apparaît plus prometteur pour le financement de la transition écologique.

CHAPITRE 8

Réorienter et libérer l'action des banques publiques d'investissement

> « Le marché, il a du bon. Il oblige les gens à se dégourdir, il donne une prime aux meilleurs. Mais, en même temps, il fabrique des injustices, il installe des monopoles, il favorise les tricheurs. Alors ne soyez pas aveugles en face du marché. Il ne faut pas imaginer qu'il réglera tout seul les problèmes. Le marché n'est pas au-dessus de la nation et de l'État. C'est la nation, l'État, qui doivent surplomber le marché. »
>
> Général DE GAULLE[1].

Les banques publiques d'investissement ont été conçues pour remédier à des « failles de marché », c'est-à-dire pour financer des secteurs délaissés par le marché par faute de rentabilité ou en raison d'un risque financier trop important, alors que ces activités présentent un intérêt social, économique ou stratégique indiscutable. La protection de l'environnement et la lutte contre le réchauffement climatique sont des failles de marché par excellence, puisqu'elles cumulent ces trois dimensions d'intérêt public, et que le marché ne les finance pas suffisamment, pour toutes les raisons décrites dans le chapitre 5.

Les banques publiques d'investissement devraient donc être en première ligne pour corriger ces failles de marché et participer à la transition écologique. Mais, paradoxalement, ces « outils » de politique publique n'ont pas été très sollicités pour agir dans ce domaine, et leur rôle y est demeuré limité. C'est dans ce contexte qu'est récemment apparue l'idée de « Banque du climat et de la biodiversité » (BECB) portée par le Pacte Finance-Climat animé par Pierre Larrouturou et Jean Jouzel. Cette idée a été reprise par le gouvernement français et par la nouvelle présidente de la Commission européenne en 2019, mais dans un format très éloigné de celui de ses promoteurs initiaux. Dans ce débat, il apparaît beaucoup de confusion autour des mécanismes monétaires et de ce que peuvent faire ou ne pas faire les banques publiques d'investissement : il en résulte des propositions irréalistes d'un côté[2], et insuffisantes de l'autre. Et pourtant, les banques publiques d'investissement peuvent effectivement faire beaucoup, surtout dans l'hypothèse où elles agiraient de manière coordonnée avec la banque centrale, avec des instructions politiques claires.

Par conséquent, il nous semble nécessaire de montrer comment et à quelles conditions les banques publiques peuvent devenir des artisans importants de la magie monétaire en faveur d'un Green New Deal. Cela passe par trois axes principaux : réorienter radicalement les investissements des banques publiques d'investissement, libérer leur action des contraintes réglementaires qui restreignent excessivement leur champ d'action et, surtout, augmenter leur puissance en redéfinissant leur lien avec la banque centrale.

Verdir les banques publiques d'investissement

Dans la période récente, les banques publiques de développement et d'investissement ont multiplié les déclarations et les engagements à prendre en compte sérieusement le climat dans la conduite de leurs politiques. Il s'agit par exemple de l'engagement, lors de la première édition du One Planet Summit en 2017, de 23 banques nationales et régionales de développement du réseau IDFC (International Development Finance Club) et des banques multilatérales de développement, de réorienter les flux financiers publics et privés vers un développement durable sobre en carbone. En 2017, les banques multilatérales de développement ont ainsi consacré 35,2 milliards de dollars à des investissements verts dans les pays émergents et en développement, soit une augmentation de 28 % par rapport à 2016, dont 7,4 milliards de dollars pour développer des stratégies d'adaptation. En Europe, entre 2012 et 2018, le groupe BEI a investi 150 milliards d'euros dans l'action en faveur du climat et la viabilité environnementale. Cet engagement a conduit, *via* les cofinancements des acteurs privés, à un montant total de financements verts de 550 milliards d'euros[3].

Ces divers engagements ont des effets concrets qui demeurent encore trop limités pour deux raisons principales : un financement encore trop faible des activités vertes, et le fait que les banques publiques d'investissement participent encore trop largement au financement des énergies fossiles.

Concernant le premier point, rappelons en effet que les estimations des besoins en investissements annuels nécessaires pour la transition énergétique en Europe sont de l'ordre de 2 à 5 % du PIB européen, soit entre 300 et 800 milliards d'euros. La Cour des comptes européenne a même estimé le besoin total pour la transition écologique à 1 135 milliards d'euros par an d'investissements publics et privés confondus. Ce que la BEI a investi en sept ans représente donc moins de la moitié de ce qu'il faudrait faire, au minimum, en un an. Bien évidemment tout l'effort ne peut pas et ne doit pas reposer sur les banques publiques d'investissement : les États, *via* leur budget propre, et les acteurs privés ont un rôle déterminant à jouer. Mais les banques publiques d'investissement ont cet avantage qu'elles permettent, par leur action, de mobiliser des financements privés avec un fort effet de levier. En accordant des garanties, en jouant leurs rôles de cofinanceur et de co-investisseur, elles assurent que chaque euro public investi permet d'en investir plusieurs autres (l'effet de levier dépend alors du mécanisme utilisé, il peut dépasser 1 pour 10 dans certains cas). Il s'agit donc d'une bonne affaire pour l'État : chaque euro investi permettra d'en investir bien davantage par la suite, et lui rapportera bien plus après que l'effet multiplicateur aura joué. Mais, malgré cela, les banques publiques d'investissement demeurent souvent sous-dotées en ressources financières, et entravées dans leur mode d'action, parfois avec une forme de complicité passive de leur part. Nous verrons comment agir pour lever cette première difficulté grâce à une nouvelle approche.

Concernant le second point, à savoir le maintien du financement d'activités polluantes, il faut d'abord admettre la réalité. Un rapport conjoint des Amis de la Terre France, d'Oxfam France et du Réseau Action Climat France a récemment analysé l'alignement de trois institutions financières publiques avec l'accord de Paris : l'Agence française de développement (AFD), la Banque européenne d'investissement (BEI) et l'Agence française de crédit à l'exportation (Bpifrance

Assurance Export). Le rapport conclut que ces trois institutions ont encore un chemin – plus ou moins – long à parcourir pour rendre leurs activités compatibles avec les objectifs de l'accord de Paris[4]. La BEI par exemple a soutenu massivement les énergies fossiles, à hauteur de 7,9 milliards d'euros entre 2015 et 2018, soit 21 % de ses financements dans le secteur de l'énergie. Elle a même soutenu indirectement des entreprises qui développent de nouveaux projets charbon.

Toutefois, fin 2019, la BEI a annoncé qu'elle mettrait fin à tout nouveau financement d'énergies fossiles, gaz compris, dès la fin de l'année 2021 et que ses financements seraient verts à 50 % à partir de 2025[5]. Ces annonces vont certes dans le bon sens. Néanmoins, cela demeure insuffisant : la BEI prévoit de passer d'environ 17 milliards d'euros par an aujourd'hui à près de 30 milliards en faveur des investissements écologiques. Cela fait 13 milliards d'euros de plus par an, donc 130 milliards sur dix ans alors qu'il faudrait au moins 300 milliards d'euros de plus par an pour financer la transition en Europe.

En ce qui concerne Bpifrance Assurance Export, l'Agence française de crédit à l'exportation, l'état d'avancement de l'alignement de ses activités avec les objectifs de l'accord de Paris est, selon le rapport précité, « proche de zéro ». Entre 2015 et 2018, l'État aurait ainsi subventionné des entreprises françaises à hauteur d'au moins 2 milliards d'euros pour des projets d'énergies fossiles *via* les garanties à l'export, soit l'équivalent des financements de l'AFD pour l'adaptation entre 2015 et 2017. L'Agence française de développement (AFD) apparaît comme la meilleure élève ; elle a engagé près de 3,6 milliards d'euros sur des actions climat en 2016, ce qui représente 52 % de ses financements dans les pays en développement (l'objectif est de passer à 5 milliards d'euros par an à horizon 2020, dont 1,2 milliard pour des projets contribuant à l'adaptation).

Un effort de décarbonation des bilans actuels des différentes banques publiques d'investissement doit donc être conduit, en même temps que ce même travail doit être fait à la BCE, comme nous l'avons précédemment montré, par l'adoption de critères environnementaux pour les opérations de refinancement.

Libérer l'action des banques publiques d'investissement

Si l'on compare la réalité de leur fonctionnement et les mécanismes monétaires à l'œuvre dans les deux types d'institutions, les banques publiques d'investissement ne sont pas très différentes des banques commerciales. À une nuance importante près : elles ne conservent pas de dépôts de leur clientèle, nous y reviendrons par la suite. En revanche, les banques publiques d'investissement doivent agir conformément aux objectifs que leur fixe la législation et qu'elles se fixent elles-mêmes *via* leur « doctrine ». Or, que ce soit au niveau national (à travers l'action de la BPI) ou au niveau européen (avec la BEI), les modes d'action des banques publiques d'investissement pèchent par excès de prudence, mais aussi par renoncement idéologique et politique à vouloir se servir de l'arme monétaire pour de grands projets.

En effet, les banques publiques d'investissement sont soumises à plusieurs contraintes. La première est qu'elles doivent agir en cofinancement ou en co-investissement avec un partenaire privé (banque ou fonds d'investissement), à de rares exceptions près. Ce principe se veut vertueux : il permet d'inciter les acteurs privés à agir, et fait donc jouer un effet de levier important puisque 1 euro public permet de mobiliser plusieurs euros privés. Il s'agit dès lors d'une incitation au marché à investir un domaine, en lui accordant un partenariat sûr. Mais cela peut aussi avoir pour résultat que, lorsque aucun partenaire privé n'est intéressé pour agir, la banque publique d'investissement peut renoncer à son action faute de partenaire.

Il y a là une contradiction logique : alors qu'on demande aux banques publiques d'investissement de combler des failles de marché, c'est-à-dire d'aller là où les acteurs de marché ne vont pas (même lorsqu'ils sont incités à le faire), on leur enjoint parallèlement de trouver systématiquement un partenaire privé pour investir ou accorder un prêt. Le lobby bancaire veille d'ailleurs de près à ce que les banques publiques d'investissement ne deviennent pas des concurrents trop importants. Il fait alors tout pour que celles-ci se comportent comme des « acteurs de marché », notamment en leur enjoignant de signer des chartes et d'agir en cofinancement ou co-investissement avec des acteurs privés. En France, et certainement ailleurs, les établissements bancaires siègent même au conseil d'administration de Bpifrance. Il en résulte une sous-utilisation problématique des capacités des banques publiques d'investissement.

Une deuxième contrainte est d'agir à des « conditions de marché », ce qui signifie que les banques publiques d'investissement ne peuvent pas accorder de « soutien abusif » ou de « crédits ruineux », c'est-à-dire investir si l'opération n'est pas rentable (voire est à perte), pour ne pas fausser les équilibres du marché et la libre concurrence, conformément aux principes économiques inscrits dans les traités européens. Cela va d'ailleurs de pair avec l'interdiction des aides d'État, à laquelle doivent se soumettre l'ensemble des agences de l'État, y compris les banques publiques d'investissement, selon l'article 107 du Traité sur le fonctionnement de l'Union européenne (TFUE)[6].

Les aides d'État : une législation à revoir

Les aides d'État en faveur de la transition écologique ne constituent pas, à l'heure actuelle, des aides de plein droit dans les traités européens. Il serait souhaitable qu'elles le deviennent pour libérer l'action des banques publiques d'investissement et des États.

La législation européenne en matière d'aides d'État est complexe. Elle en admet un certain nombre : les États membres ont ainsi consacré 102,8 milliards d'euros, soit 0,69 % du PIB de l'UE, aux aides d'État en 2016.

La Commission a également simplifié, en juin 2018, la procédure de notification des aides d'État dans les secteurs les moins exposés à un risque en matière de concurrence. Il existe ainsi des aides compatibles de plein droit (art. 107 § 2), par exemple suite à une catastrophe naturelle, et des aides pouvant être compatibles (art. 107 § 3 TFUE), notamment pour redynamiser une région sous-développée.

Elle pourrait et devrait aller plus loin : les conséquences du changement climatique nécessitent une réorientation rapide de l'action publique qui est freinée par ces contraintes d'un autre temps.

Il est donc évident qu'il faudrait réformer les aides d'État en faveur de la transition écologique. En tout état de cause, une banque publique d'investissement devrait pouvoir, sur injonction du pouvoir politique, assumer d'investir massivement dans la TEE, y compris en allant au-delà du seuil qu'elle imagine être celui de la Commission : l'action en justice de cette dernière n'est pas certaine dans son principe, ni, par définition, dans son verdict.

Une troisième contrainte relève davantage de la pratique des banques publiques elles-mêmes, qui ne prennent généralement pas beaucoup de risques. En effet, les banques publiques d'investissement disposent d'un capital important, mais adoptent un profil prudent, en partie pour les raisons mentionnées ci-dessus. Or la force des banques publiques réside à la fois dans le fait qu'il s'agit d'investisseurs patients, capables de prêter sur des temps plus longs sans exigences excessives de rentabilité (de 2 à 6 % en moyenne contre 8 à 12 % pour les banques privées[7]), mais aussi dans la possibilité qu'elles ont, grâce à la garantie implicite de la puissance publique, de prêter à des secteurs qui peuvent apparaître risqués financièrement. Or le « coût du risque » pour les banques publiques d'investissement demeure trop faible, ce qui témoigne d'une frilosité certaine à prêter à des activités risquées, notamment dans le domaine de la transition écologique. Là encore, les consignes des États sont à tout prix de limiter les pertes, ce qui explique cette frilosité.

De ces difficultés techniques comme de ses interdits « politiques », il résulte à nos yeux que les banques publiques d'investissement ne jouent pas suffisamment leur rôle d'acteurs centraux dans le financement de la transition écologique[8]. Mais la véritable question demeure celle des moyens d'agir, c'est-à-dire du capital des banques publiques d'investissement et de leurs moyens de refinancement. À ce titre, il y aurait un moyen radical et tout à fait concret pour que les banques publiques d'investissement deviennent les instruments privilégiés de la magie monétaire, ceux par lesquels se matérialiserait la puissance de la volonté collective au service de la transition écologique. Ce moyen consiste à « brancher » les banques publiques d'investissement sur la capacité de création monétaire de la banque centrale, pour l'orienter et la rendre concrète. Cela ouvrirait d'immenses horizons pour trouver la manne financière nécessaire au financement de la transition.

Coordonner l'action des banques publiques d'investissement et de la banque centrale

Comme tous les acteurs bancaires, la force de frappe financière des banques publiques d'investissement dépend essentiellement de deux choses : le capital dont elles disposent et leur capacité à se refinancer à bas coûts. La contrainte du refinancement (c'est-à-dire de l'approvisionnement en liquidités sur le marché interbancaire) est cependant plus importante pour les banques publiques d'investissement que pour les banques commerciales puisqu'elles ne reçoivent pas de dépôts du public. Elles doivent donc refinancer l'ensemble de leurs prêts, ce qui signifie, en clair, qu'elles ont besoin de trouver tout l'argent qu'elle prête, souvent avant même de le prêter (alors qu'une banque commerciale le trouve la plupart du temps *a posteriori*). Pour ces raisons techniques, leur force de frappe est limitée car les fonds propres que leur accordent les États le sont aussi, du fait de la contrainte budgétaire (on voit ainsi, une nouvelle fois, comment l'austérité budgétaire et l'impuissance monétaire se renforcent mutuellement).

Il n'en reste pas moins que certaines d'entre elles, au premier rang desquelles figure la BEI, ont des marges de manœuvre importantes pour agir. Comme le rappelait récemment un article du *Financial Times*[9], le capital de la BEI représente potentiellement 243 milliards d'euros (bien que seuls 22 milliards d'euros aient été effectivement appelés à ce jour[10]), auxquels il convient d'ajouter 71 milliards d'euros de fonds propres pour un bilan d'environ 550 milliards d'euros[11]. Le ratio fonds propres/bilan[12] de la BEI est donc particulièrement élevé : le minimum réglementaire est compris entre 7 et 10 % et le ratio actuel est supérieur à 30 %.

La marge de manœuvre de la BEI est donc importante : elle pourrait investir plus et financer plus dès maintenant, bien au-delà de ce qu'elle a annoncé en novembre 2019 (voir ci-dessus). Elle pourrait même appeler l'ensemble du capital restant pour développer de manière très significative sa capacité à agir. Mais comme personne ne le lui demande, ou ne lui propose, et qu'elle apparaît par ailleurs contrainte du fait des dispositions réglementaires et d'un certain « état d'esprit » de respect du libre marché, elle ne le fait pas et se comporte de manière excessivement prudente. Elle justifie notamment cette attitude par la volonté de garder une notation AAA (la meilleure donc) auprès des agences de notation financières, ce qui lui permet de réduire le coût de son refinancement sur les marchés.

Or, à l'heure actuelle, la prudence est risquée. Il est frappant de constater que les dirigeants européens ne semblent pas, volontairement ou involontairement, avoir conscience de l'instrument qu'ils ont dans leurs mains. Et pourtant, le bilan de la BEI est déjà deux fois plus important que celui de la Banque mondiale et dix fois plus important que celui de la Banque européenne de reconstruction et de développement (BERD) ! Il est temps de changer cela. Si les dirigeants européens lui intiment l'ordre d'agir, la BEI a d'ores et déjà les marges de manœuvre financières pour investir des dizaines de milliards d'euros supplémentaires dans la transition écologique. Paradoxalement, le recours à des instruments comme la BEI et la BPI pourrait donc certainement permettre de contourner l'impuissance (voulue) des États, à peu de frais. Et tous en ont besoin, même l'Allemagne dont la banque publique d'investissement, la KfW, a récemment mis en évidence un retard d'investissements de 138 milliards d'euros dans les infrastructures[13]. Mais une telle capacité à agir serait encore plus efficace si les banques publiques d'investissement pouvaient obtenir un refinancement coordonné et de grande ampleur de la part de la BCE qui présenterait l'avantage de ne rien coûter aux États, lesquels ne pourraient donc plus opposer l'argument de la dette qui sert à justifier leur inaction. C'est ce que suggérait implicitement l'idée d'une Banque du climat et de la biodiversité (BECB). Toutefois, il faut préciser la manière dont cette idée pourrait devenir réalité.

En effet, pour défendre l'idée d'une banque du climat, Pierre Larrouturou et Jean Jouzel se sont appuyés sur le fait que la BCE a créé près de 2 600 milliards d'euros de liquidités pour venir en aide aux banques entre 2015 et 2018 dans le cadre du *quantitative easing*, arguant donc du fait que ce que l'on a fait pour sauver les banques, nous devrions le faire pour le climat. On se rappellera ainsi du slogan inventé par Hugo Chavez : « Si le climat était une banque, il serait déjà sauvé. » Cependant, ils indiquaient ensuite que la création d'une Banque du climat, dotée d'un capital de seulement 4,5 milliards d'euros, permettrait, dans le cadre actuel des traités européens, à tous les États de l'Union européenne de disposer d'un droit de tirage, c'est-à-dire d'une capacité nouvelle, de 2 % de leur PIB chaque année (soit plus de 300 milliards d'euros annuels) pour financer leurs opérations de transition écologique, comme si une banque publique d'investissement disposait du pouvoir de créer des liquidités à volonté. Cette proposition est malheureusement irréaliste en l'état[14] car elle néglige les mécanismes monétaires élémentaires que nous avons exposés dans cet ouvrage.

En effet, seule la banque centrale est dotée du pouvoir de créer des liquidités sans limites, et sans se soucier de son bilan. Une banque commerciale, ou une banque publique d'investissement, peut certes créer de la monnaie quand elle achète un actif ou qu'elle accorde un crédit[15], mais elle ne peut pas le faire sans contraintes : elle devra régler ses positions sur le marché interbancaire en monnaie centrale et respecter des ratios prudentiels. Elle devra donc se refinancer, sur les marchés ou auprès des États, si elle manque de monnaie centrale. Autant dire qu'avec un capital de seulement 4,5 milliards d'euros, il serait tout simplement impossible à une banque du climat de trouver 300 milliards d'euros par an puisqu'il lui faudrait refinancer chaque année la même somme et augmenter son capital dans des proportions considérables !

Or nous avons vu que les États ne veulent pas investir davantage et que les fonds propres des banques publiques d'investissement, bien qu'importants, sont trop limités pour supporter des bilans de plusieurs milliers de milliards d'euros. Les marchés, pour investir dans des obligations émises par les banques publiques d'investissement, attendent aussi un certain rendement. Or les opérations des banques publiques n'ont justement pas toutes vocation à être rentables, comme on l'a dit. Le résultat est que les banques publiques d'investissement sont pour l'heure confrontées au problème de trouver les liquidités nécessaires à un financement de grande ampleur de la transition écologique. Pascal Canfin, interrogé sur le projet de Banque du climat, en a récemment fait l'aveu. Selon lui, la BEI doit passer de 15 à 30 milliards par an pour le financement de la transition[16], c'est-à-dire dégager 15 milliards d'euros supplémentaires pour toute l'Europe chaque année. On est loin des 300 milliards d'euros évoqués dans le Pacte Finance-Climat et dans les rapports de la Commission ou de la Cour des comptes européenne ! On se trouve là face à une difficulté : la proposition du Pacte Finance-Climat est réaliste dans les montants qu'elle propose, mais irréaliste dans les moyens de les trouver, tandis que la proposition qui circule actuellement en Europe et dont s'est fait l'écho Pascal Canfin est réaliste sur la méthode mais très insuffisante sur le fond. Comment concilier les deux dimensions ?

Le recours à la banque centrale pour démultiplier la force des banques publiques d'investissements

C'est là que le rôle de la banque centrale peut s'avérer crucial : celle-ci dispose, par définition, du pouvoir de créer toutes les liquidités qu'elle veut, comme on l'a vu. Dès lors, une action coordonnée de la banque centrale et des banques publiques d'investissement pourrait être un des moyens les plus puissants d'activer la « magie monétaire » au service de la transition écologique. Cela se ferait de la manière suivante : les banques publiques d'investissement, au premier rang desquels la BEI, émettraient des obligations à durée longue et à taux faible ou nul dont le volume et la quantité seraient discutés et validés en amont avec la banque centrale, laquelle les rachèterait dès leur émission sur le marché primaire, ce qui aurait pour effet de fournir aux banques publiques d'investissement toutes les liquidités dont elles auraient besoin pour conduire la transition écologique. Il s'agirait dès lors d'« obligations de projet » finançant exclusivement des projets liés à la transition écologique, et qui seraient émises par ces dernières. Par ce mécanisme simple, des centaines de milliards d'euros pourraient effectivement être investis dans la transition écologique.

On notera d'ailleurs que, selon une étude de Michel Lepetit[17], de tels achats se pratiquent déjà, mais à toute petite échelle et sur le marché secondaire (c'est-à-dire sur les marchés boursiers, et non au moment de l'émission). Les estimations de l'auteur quant aux encours d'obligations émises par la BEI achetées par la BCE et à la part climat des opérations de la BEI permettent de conclure qu'en 2017, la BCE aurait refinancé directement et indirectement des actions en faveur du climat *via* la BEI à hauteur de 15 milliards d'euros, et directement des « obligations climatiquement responsables » de la BEI pour plus de 2 milliards d'euros. Dans notre proposition, il s'agirait d'aller beaucoup plus loin et d'accepter d'acheter des obligations à taux zéro, pour une durée longue, voire très longue (plusieurs centaines d'années éventuellement), ce qui reviendrait à sortir des « conditions de marché », car il n'existe pas de marché pour des obligations de durée longue. Ce faisant, nous aurions accès à une manne illimitée de liquidités pour financer la transition écologique qui pourrait conduire à activer les milliers de projets qui demeurent actuellement lettre morte faute de financements. Nous pourrions investir dans les infrastructures et dans les énergies renouvelables, dans la protection de la biodiversité et dans la résilience au changement climatique, en fournissant du travail à des millions de personnes. Ce serait un outil majeur pour rendre réel le Green New Deal que nous appelons de nos vœux.

En outre, cela ne nécessiterait pas forcément de revenir sur l'indépendance des banques centrales, ni même sur l'interdiction du financement monétaire des États. Il suffirait, comme nous l'avons déjà suggéré, d'introduire une légère modification à l'article 123, alinéa 2, du TFUE : « Par dérogation à ce qui précède, la Banque centrale européenne est autorisée à acquérir, dans des volumes significatifs et selon des conditions préférentielles, les instruments de dette émis par la Banque européenne d'investissement ou par les banques publiques nationales en faveur d'investissements dans la transition écologique. » Cette seule phrase changerait tout. Un mécanisme de ce type est ce qui permettrait de basculer réellement dans une nouvelle dimension de la politique monétaire, de manière concertée et professionnelle. Ensuite, il reviendra à la BEI de travailler avec les États afin d'identifier les investissements nécessaires, de prévoir les guichets de distribution (notamment avec les institutions nationales comme la BPI, l'Ademe, l'AFD et la Caisse des dépôts en France) et d'assurer le suivi des investissements. Dans ce cas, la BEI sera en effet forcée de recourir à des investissements indirects pour soutenir l'action des États, qu'elle ne peut pas remplacer faute d'implantation effective suffisante sur le terrain. C'est en cela que l'action des banques publiques d'investissement nationales est tout à fait importante.

L'exemple de Bpifrance : créer dès maintenant la banque du climat française

Bpifrance est la banque publique d'investissement française. Elle est structurée en plusieurs filiales qui ne sont pas dotées des mêmes pouvoirs (en particulier une filiale « financement » et une filiale « investissement » qui n'ont pas le même statut : l'une est un établissement de crédit et l'autre une société de gestion[18]) et qui n'interviennent pas de la même façon dans l'économie. Comme toutes les banques publiques d'investissement, Bpifrance dépend d'abord des ressources qu'elle reçoit de l'État, et l'utilisation de ces ressources dépend ensuite des principes de sa doctrine d'action.

Or non seulement les ressources de Bpifrance apparaissent aujourd'hui insuffisantes pour agir de manière suffisamment importante dans le domaine de la TEE, mais sa doctrine à ce jour semble en partie inadaptée pour cela[19].

Il ne s'agit pas de dire que Bpifrance ne fait rien pour lutter contre le changement climatique. Le 13 juin 2019, à l'occasion de la journée de mobilisation qu'elle a organisée autour des enjeux de la transition énergétique et écologique (TEE), la banque a ainsi dressé le bilan de son action de financement des projets de transition énergétique et environnementale. 8,8 milliards d'euros de financements liés à l'écologie ont été octroyés aux entreprises françaises entre 2013 et 2017. La banque entend intensifier cet engagement en mobilisant en moyenne 2 milliards d'euros par an entre 2018 et 2023. En 2018, Bpifrance a ainsi accompagné plus de 2 500 entreprises du secteur de la TEE et apporté, tous financements confondus (prêts ou investissements directs) près de 2,4 milliards d'euros. Le cofinancement, avec le secteur privé, de projets d'énergie renouvelable est d'ailleurs le premier outil d'intervention de la banque publique, avec près de 1,5 milliard d'euros mobilisé en 2018 (+21 % par rapport à 2017). Ces financements touchent tous les domaines[20] : produits éco-efficients, efficacité énergétique, mobilité, innovation, etc.

En outre, la force de Bpifrance est de disposer de nombreuses antennes régionales en lien avec les acteurs de terrain. À leur service, elle dispose d'une gamme d'instruments financiers diversifiée : elle peut accorder des prêts, apporter des garanties de crédits bancaires, investir directement… Comme pour la BEI, l'action de la BPI est cependant entravée par des contraintes réglementaires (agir systématiquement en coopération avec des acteurs privés), mais elle l'est surtout par ses moyens financiers. À cet égard, la période récente a vu la baisse des dotations de l'État, notamment pour le financement de l'innovation et des garanties. Dans un rapport de 2016[21], la Cour des comptes estimait ainsi que, pour maintenir son activité au niveau actuel, la BPI devait rapidement trouver près de 2,5 milliards d'euros de dotations budgétaires, dont 607 millions d'euros pour les seuls fonds de garantie. Par conséquent, la banque est moins bien armée pour développer son activité au service des entreprises, en particulier dans le domaine de la transition. En outre, l'objectif de mobiliser 2 milliards d'euros par an dans ce domaine entre 2019 et 2023 est louable mais il demeure largement inférieur aux besoins nationaux (*cf.* chapitre 5).

Pour que la BPI puisse développer son activité, elle a besoin de recevoir des crédits budgétaires de l'État qui lui permettent de doter des fonds de garantie, afin de prouver qu'elle disposera des réserves financières nécessaires en cas de défaillance d'un des emprunteurs. Par ailleurs, sa doctrine lui interdit tout recours à l'effet de levier et donc à l'endettement : cela constitue un obstacle majeur à la mise en place d'un grand projet d'investissement en faveur de la TEE par le biais de BPI Investissement, lequel impliquerait une montée en puissance des prises de participation directes en capital. Selon la configuration actuelle, seul l'État est ainsi en mesure d'augmenter le capital disponible de la filiale Investissement, à charge pour elle ensuite de démultiplier son action en co-investissant avec des acteurs privés.

Faute de ce soutien budgétaire supplémentaire, qui entraînerait une augmentation du déficit public, l'action des fonds d'investissement de la BPI dans la TEE apparaît pour l'heure très limitée : de 150 à 300 millions d'euros par an, en fonction des années et du périmètre. Nul doute qu'une augmentation de la capacité à investir trouverait des entreprises prêtes à accueillir ces investissements. Comment parvenir à ce résultat sans recourir à des dotations budgétaires plus importantes ?

Il faut soit que l'État investisse plus d'argent, ce qu'il ne fait pas, soit qu'il modifie la doctrine de la BPI pour permettre à la filiale investissement de recourir à un effet de levier et donc de s'endetter, ainsi que le pratique n'importe quelle société de gestion au monde. Aujourd'hui, Bpifrance se l'interdit. Si ce verrou réglementaire, d'origine idéologique, sautait, la BPI n'aurait dès lors aucun mal à lever des fonds, notamment en raison du large éventail de titres qu'elle possède *via* sa filiale BPI Participations. Il ne s'agit que de volonté politique.

La BPI : une banque sous-dotée pour des raisons doctrinales infondées

Bpifrance gère le Fonds pour l'innovation et l'industrie (FII) mis en place en 2018. On peut s'interroger sur l'utilisation des cessions et transferts de participations qui ont alimenté ce fonds. En effet, en janvier 2018, l'État a transféré à ce fonds 13 % du capital d'EDF, pour une valeur de 4,3 milliards d'euros, ainsi que 26 % du capital de Thales, pour une valeur de 4,98 milliards d'euros. Le FII a par ailleurs reçu ensuite une dotation en numéraire de l'État d'un montant de 1,6 milliard d'euros.

Concernant les cessions de participations dans d'autres sociétés du portefeuille de l'État actionnaire, il est prévu que Bpifrance, se voit attribuer de nouvelles dotations en numéraire financées par le produit de ces cessions. Les titres EDF et Thales, quant à eux, seraient repris par l'État.

Cette opération a été présentée comme une « sécurisation » des ressources de Bpifrance pour investir dans l'innovation. Un calcul simple montre qu'il n'en est rien, ou presque. En effet, le produit de la cession de ces participations, qui atteindra alors 10 milliards d'euros, sera placé sur un compte bloqué, qui ne fera que générer des intérêts, à hauteur de 200 millions d'euros par an environ. Il faudra alors cinquante ans pour atteindre un investissement équivalant aux cessions de 10 milliards d'euros.

En outre cette opération s'accompagne d'un retrait parallèle des financements budgétaires qui ont atteint leur plus bas niveau en 2019 tant sur le volet « garanties » que sur le volet « innovation ». Il est facile de comprendre qu'une logique étroitement budgétaire l'emporte sur toute autre considération. Affecter la somme de 10 milliards au renforcement des fonds propres de l'une ou des deux filiales de BPI, aurait permis, par ricochet et grâce à l'effet de levier, de mobiliser des financements bien plus considérables en faveur d'un investissement immédiat dans la TEE.

Ainsi, une simple réforme de la doctrine, des schémas de financement et/ou du statut de BPI Investissement pourrait libérer un potentiel financier jusqu'ici trop contraint et aider la BPI à renforcer considérablement sa position d'outil financier public au service de la transition écologique.

CHAPITRE 9

Promouvoir une création monétaire ciblée

« Si la Trésorerie était disposée à emplir de billets de banque des vieilles bouteilles, à les enfouir dans des mines désaffectées qui seraient ensuite comblées avec des détritus urbains et à autoriser l'entreprise privée à extraire de nouveau les billets suivant les principes éprouvés du laisser-faire (le droit d'exploiter les terrains billetifères étant, bien entendu, concédé par adjudication), le chômage pourrait disparaître et, compte tenu des répercussions, il est probable que le revenu réel de la communauté de même que sa richesse en capital seraient sensiblement plus élevés qu'ils ne le sont réellement. À vrai dire, il serait plus sensé de construire des maisons ou autre chose d'utile ; mais, si des difficultés politiques et pratiques s'y opposent, le moyen précédent vaut encore mieux que rien. »

John M. KEYNES, *Théorie générale de l'emploi, de l'intérêt et de la monnaie*, 1936.

Ce chapitre aurait semblé, il y a encore quelques années, complètement iconoclaste aux yeux de la majorité des économistes. Il risque encore d'être perçu comme tel aujourd'hui, en faisant écho à l'introduction de ce livre, relative à la « monnaie magique ». Mais, tout au long de ce livre, nous avons montré en quoi l'idée de monnaie magique n'avait rien d'irrationnel, bien au contraire. Tout nous démontre aujourd'hui que nous devons passer d'une conception de la rareté subie à une conception de l'abondance maîtrisée de la monnaie. C'est ce qui nous pousse à plaider pour l'introduction de monnaie libre, de manière ciblée et dans des limites collectivement délibérées, au service de la transition écologique mais aussi, de manière générale, comme réponse à l'austérité subie par nos sociétés[1], puisque respect de la nature et respect des êtres humains nous semblent indissociables.

Armés de cette conviction de longue date, et en pleine rédaction de ce livre durant l'été 2019, survint la proposition du puissant fonds d'investissement BlackRock, élaborée en vue du séminaire des banquiers centraux réunis à Jackson Hole à la fin du mois d'août 2019. Elle préconise que la banque centrale puisse acheter directement des actifs sur le marché primaire tout en déversant de l'argent sur un compte du Trésor afin que les gouvernements puissent l'employer pour relancer l'activité. Nous voici dès lors bien secondés : comment tourner en dérision l'« argent magique » lorsque la proposition d'utiliser la magie monétaire pour financer le développement économique émane du plus puissant fonds d'investissement au monde, qui plus est composé en partie d'anciens banquiers centraux (notamment Philip Hildebrand, ancien gouverneur de la Banque nationale suisse) ?

Pour autant, si l'on peut se réjouir de ce que l'idée d'une création monétaire libre gagne ses lettres de noblesse, y compris dans le milieu de la finance, il n'en demeure pas moins que les modalités de mise en œuvre de cette idée importent autant que sa validité. Il serait souhaitable que cette idée d'une création monétaire libre ne soit pas à nouveau préemptée par le monde financier, qui l'utiliserait pour son propre intérêt, au lieu de servir d'instrument d'émancipation pour les peuples et de sauvegarde de la planète. En effet, ce n'est pas d'une création monétaire au service de la Bourse dont nous avons besoin, mais d'une création monétaire au service de l'humanité et de la protection de son habitat naturel.

Pour comprendre notre projet dans ce domaine, nous devons donc revenir d'abord sur le concept même de création monétaire libre et sur le lien étroit qu'il entretient avec l'idée du « don ». C'est aussi sur les formes de gouvernance de cet instrument nouveau que nous devrons nous arrêter car les biens communs doivent être gérés en commun, comme nous l'ont appris les travaux de feu la « Nobel » Elinor Ostrom[2]. À cet égard, il sera utile de montrer comment les nouvelles possibilités offertes en matière de monnaie numérique peuvent être précieuses dans cette transition puisqu'elles offrent des possibilités allant bien au-delà de la simple facilitation d'outils techniques, et qui portent en germe une possibilité de transformation radicale du système monétaire. Enfin, nous verrons comment une volonté internationale pourrait permettre de faire de la création monétaire libre au niveau mondial, notamment pour financer le fonds vert de l'ONU dont les objectifs ambitieux demeurent aujourd'hui lettre morte faute de moyens.

Une injection ciblée de « monnaie libre » au service de la transition écologique

La création monétaire repose, comme nous l'avons montré dans la première partie de cet ouvrage, sur l'accroissement du bilan des banques commerciales, lesquelles créent de la monnaie lorsqu'elles accordent un crédit ou achètent un actif. La création monétaire a donc toujours une contrepartie pour la banque : cela peut être une créance sur un client, ou bien la monnaie qu'elle doit transférer sur le compte de l'entreprise à laquelle elle achète un actif. Pour créer de la monnaie, les banques commerciales doivent donc répondre à une demande de monnaie d'un de leurs clients, ou bien décider d'utiliser leur pouvoir de création monétaire pour acheter un actif, mais, dans les deux cas, elles seront limitées par des règles prudentielles et par leur détention de monnaie centrale pour régler leurs positions sur le marché interbancaire. Le pouvoir de création monétaire des banques commerciales, qui leur confère sans aucun doute une position privilégiée et particulière dans la sphère économique, n'est donc pas pour autant sans limites. C'est d'ailleurs pour cela qu'elles ont autant besoin du soutien des pouvoirs publics et de la banque centrale en cas de crise financière dégénérant en crise bancaire.

Le seul acteur capable de disposer d'un pouvoir de création monétaire sans limites est la banque centrale. Peu importe pour elle si son bilan s'accroît ou décroît, si elle perd ou gagne de l'argent, ou encore si ses actifs ont perdu toute leur valeur. Dans tous les cas, son pouvoir de créer des liquidités ne sera pas entamé car il repose sur une fiction « magique », celle de la liquidité absolue qui s'identifie à elle de manière indissociable puisqu'elle en est la source. Comme nous l'avons vu dans le premier chapitre, la banque centrale ne rend des comptes qu'à elle-même en matière monétaire. Mais, comme nous l'avons également vu, ce pouvoir gigantesque est pourtant bridé par la structure même du système monétaire et financier : les banques centrales ne peuvent interagir qu'avec les banques commerciales. Et même si les Trésors publics disposent également de comptes auprès des banques centrales, celles-ci n'ont pas le droit, le plus souvent, de les soutenir par de la création monétaire (*cf.* chapitre 3).

Le pouvoir des banques centrales est donc limité juridiquement, à défaut de l'être techniquement.

Il en résulte que personne, aucune institution, ne dispose aujourd'hui du pouvoir de créer de la monnaie sans dette et sans limites pour financer les acteurs de l'économie réelle que sont les États, les entreprises et les ménages. *A fortiori* pour des dépenses soutenables et durables comme celles requises pour la transition écologique. Insistons sur le paradoxe de cette situation : à l'heure où la monnaie n'entretient plus aucun rapport avec les métaux précieux, à l'heure où le cash lui-même tend à disparaître sous l'effet de l'informatisation et des nouveaux procédés de paiement dématérialisés, à l'heure où il est admis que toute la création monétaire repose sur de simples mécanismes comptables, il n'existe aucune institution capable de créer de la monnaie de manière libre (ou permanente[3]) au profit de l'économie réelle. Prenons un exemple concret : aujourd'hui, en nous basant sur la situation d'un certain nombre de « biens » environnementaux, nous savons qu'il faudrait un taux négatif pour rentabiliser les investissements. Mais la seule institution financière capable de financer de multiples investissements à taux négatifs, c'est-à-dire de payer les emprunteurs pour qu'ils investissent sans craindre pour l'équilibre de son bilan est la banque centrale. Or elle n'a accès ni aux entreprises ni aux ménages. La difficulté ne vient donc pas de la possibilité ou non de créer de la monnaie, mais bien de notre volonté à le faire, et des effets que cela pourrait avoir sur nos structures économiques et sociales.

Nous avons montré tout au long de ce livre que les effets indésirables dont on affuble l'augmentation de la masse monétaire sont soit exagérés ou sans fondement, soit tout à fait évitables si l'on prend soin de bien réfléchir aux mécanismes d'introduction de la monnaie supplémentaire que l'on crée. Au contraire, introduire de la monnaie supplémentaire peut non seulement permettre de relancer l'activité économique, mais aussi de le faire sur des bases plus durables et plus respectueuses de l'environnement. Car c'est bien la pénurie de monnaie qui conduit aussi, entre autres raisons, les individus, les entreprises ou les États, à recourir au moins-disant, au plus accessible, et souvent au plus polluant. C'est bien l'insuffisance de monnaie qui entraîne l'impossibilité pour certains ménages d'acheter des produits respectueux de l'environnement (et de leur santé), qui les empêche de rénover leur logement ou d'acheter des voitures plus propres.

Nous ne dépasserons pas cet état de fait en allant dans le sens d'un appauvrissement général, en termes monétaires. Il est certain que nous devons, absolument, réfléchir à des modes de vie plus sobres : moins prendre l'avion, manger moins de viande, faire attention à la provenance de nos produits. Mais cela n'est pas exclusif, bien au contraire, du fait que nous devons aussi avoir les moyens de mieux manger, de nous déplacer, lorsque cela est indispensable, dans des moyens de transport moins polluants, et d'acheter des énergies plus propres, produites plus localement. En clair, nous devons à la fois investir plus et mieux, et consommer moins et mieux.

La création monétaire peut nous y aider, en particulier si nous adoptons un mode de création monétaire libre qui permettrait d'introduire dans le système, à intervalles réguliers et de manière raisonnable, des quantités de monnaie sans aucune dette associée, c'est-à-dire qui ne pèseraient pas sur les charges financières des États, des entreprises ou des ménages. Car ceux-ci ont parfois de bonnes, mais parfois de très mauvaises, raisons de ne pas s'endetter davantage. Les bonnes raisons concernent les ménages les plus modestes, dont un certain nombre sont déjà englués dans des situations de surendettement et que l'on entend encore forcer à « manger du crédit ». Rappelons d'ailleurs qu'un pays a déjà expérimenté, en grandeur nature, la création monétaire libre au profit des citoyens. Il s'agit de l'Australie qui a pu éviter la récession, en 2008, en distribuant directement de l'argent aux ménages[4]. Les mauvaises raisons sont celles avancées par les États qui refusent de s'endetter davantage, en Europe en tout cas, même à taux négatifs, alors que ni le niveau de la dette ni les intérêts payés sur celle-ci ne le justifient.

Une monnaie libre pour agir vite

Cependant, si l'on propose des moyens d'investir sans accroître simultanément l'endettement, il n'existe plus aucune raison de repousser encore l'action. C'est de cela dont nous avons besoin : de nous faire un don à nous-mêmes en utilisant la création monétaire. Cette idée du don n'a d'ailleurs rien de nouveau. Marcel Mauss a montré toute l'étendue des systèmes de dons et de contre-dons dans les sociétés primitives. Même dans les Évangiles, la parabole des talents donne à penser cette dimension symbolique du don qui doit fructifier. Dans cette parabole, un maître donne sa fortune en gérance à ses serviteurs avant de partir en voyage pour obtenir une dignité royale. Sur les trois serviteurs, le premier a très bien géré et a doublé le capital de son maître en prenant des risques, le deuxième l'a augmenté un peu et le dernier n'a fait que garder à l'identique ce qui lui a été confié. Le maître récompense fortement le premier, un peu le deuxième et punit le dernier pour son excès de prudence et, symboliquement, pour avoir gâché le don reçu (que l'on peut interpréter comme un don divin). Nous sommes exactement dans la même situation : si nous agissons, nous en serons largement récompensés et, si nous ne faisons rien, nous serons punis pour notre excès de prudence.

Cependant, il existe aujourd'hui de puissants intérêts qui entendent maintenir l'inaction par idéologie ou, tout simplement, par intérêt. Néanmoins, l'idée d'une création monétaire libre se répand dans le monde académique, politique et des professionnels de la finance[5]. Des profits plus faibles pour la BCE impliqueront certes un petit manque à gagner pour les États, des dividendes inférieurs à ce qu'ils percevaient autrefois. Mais que représente pour les États la perte de quelques milliards de dividendes si un mécanisme de création monétaire libre permet d'en injecter des centaines dans l'économie (lesquels alimenteront ultérieurement ses impôts) ? Ces raisonnements étroitement comptables sont ubuesques au regard des enjeux.

La véritable discussion est ailleurs : elle se place sur un plan politique. Si l'on sort la politique monétaire des stricts mécanismes comptables pour lui faire financer des grands programmes, nous devrons faire des choix. Et les choix sont le domaine du politique par excellence. La crainte fondamentale de toute une série d'économistes et de banquiers centraux est que l'on fasse des banques centrales et de la monnaie un instrument en partie aux mains du pouvoir politique (ou, inversement, qu'on fasse faire des choix politiques à une institution technocratique non élue). À cela, on peut répondre que, d'une part, ce ne serait pas si absurde que cela qu'une institution sociale aussi importante que la monnaie puisse être gérée par un pouvoir élu et, d'autre part, qu'il est tout à fait possible d'organiser les choses de manière intelligente et collective pour éviter les abus et les excès. Entre un système monétaire purement centralisé et dépendant du pouvoir politique et une impuissance monétaire du politique et des États, il doit être possible de trouver un juste milieu.

Prenons l'exemple d'un grand plan d'équipement en faveur d'un développement massif des énergies renouvelables, de la rénovation énergétique des logements ou d'un plan d'équipement général en voitures électriques[6], qui serait financé par la création monétaire. Du côté des bénéfices, ils sont clairs : cela permettrait de financer des chercheurs, des équipements de haute technologie, des études approfondies, de l'emploi etc. Comme tout investissement massif, l'effet multiplicateur sur l'économie de dépenses de ce type serait important.

Et du côté des risques ? Ils n'existent qu'en théorie : le prix des matières concernées pour la fabrication de ces équipements pourrait augmenter si la demande s'avérait supérieure à la capacité de production (mais la création monétaire peut aussi servir l'accroissement de la capacité de production pour maintenir des prix stables). L'inflation, ainsi que nous l'avons déjà vu dans la première partie de ce livre, n'est pas un argument pertinent à retenir. En réalité, le risque pour ceux qui veulent empêcher ce type de financement monétaire est que cela résulterait d'une décision politique, qui créerait une brèche dans le fonctionnement « libre » du marché, ce qui est intolérable à leurs yeux. Il s'agit donc d'une question idéologique davantage qu'économique ou technique. Pour notre part, nous sommes convaincus que pour répondre à un défi majeur et collectif, une réponse politique, et donc collective, est nécessaire. La main invisible du marché ne peut pas remplacer la main visible de la collectivité, à savoir la puissance publique.

En outre, si jamais des risques inflationnistes se manifestaient et que cela posait un grave problème pour l'économie (et pas seulement pour les rentiers les plus riches qui ont le plus à craindre de l'inflation), il n'y aurait qu'à réduire ou arrêter le programme d'injection de monnaie libre[7]. Entre la déflation et l'absence de perspectives économiques et l'inflation, c'est bien le premier risque qui nous menace aujourd'hui, et c'est bien le second qui est le plus simple à éviter. Aussi pouvons-nous dans ce domaine nous inspirer d'une sorte de pari pascalien : si nous avons raison, nous avons tout à y gagner ; et si nous avons tort, si peu à perdre. Encore faut-il désormais se mettre d'accord sur les règles à instaurer pour que nous puissions faire de la création monétaire libre un instrument légitime, négocié collectivement et géré comme un bien commun.

Gérer la création monétaire comme un bien commun

La monnaie n'a jamais été gérée comme un bien commun, bien qu'elle en présente les caractéristiques essentielles. Un bien commun est en effet un objet, matériel ou immatériel, sans relation directe de subordination et de commandement, qui opère essentiellement grâce à la coordination volontaire de ses diverses parties prenantes. Cela peut être un « bien », au sens matériel ou immatériel, nécessaire à la vie, au bonheur ou à un épanouissement collectif. La caractéristique d'un bien commun est aussi qu'il est difficile moralement, et en pratique, d'en exclure les autres : une montagne, un océan ou la qualité de l'air ne peuvent *a priori* pas être privatisés, malgré les efforts d'ingéniosité déployés en ce sens par ceux qui pensent que le marché doit tout gérer, sans aucune limite. Pour autant, un bien commun n'est pas synonyme d'accès libre et d'usage potentiellement illimité et incontrôlé (ce qui pourrait potentiellement justifier les craintes de « tragédie des communs » exprimées par Hardin[8]). Au contraire, un bien commun ne peut fonctionner qu'autour de règles partagées et définies collectivement par une gouvernance réunissant l'ensemble des parties prenantes.

Biens privés, biens publics, biens de club, biens communs : de quoi parle-t-on[9] ?

Les économistes ont rapidement distingué les biens publics et les biens privés. Les travaux d'Elinor Ostrom, qui s'est intéressée aux institutions sociales fondées sur la coopération, ont permis de dégager une typologie plus complète des biens sociaux que l'on peut décrire de la manière suivante. Deux attributs caractériseraient un bien social, quel qu'il soit :

1. Le caractère exclusif, ou non, de sa consommation. L'usage d'un bien est considéré comme exclusif lorsque le fait que je le « consomme » en prive autrui (manger une pomme, mais pas respirer).
2. Le fait qu'il soit en accès libre, ou non. Il est difficile d'interdire la pêche sur les océans de la planète, de sorte qu'on peut considérer que les poissons qui peuplent nos océans sont en « libre accès ». En revanche, un concert est payant.

Si l'on croise les deux critères – exclusivité et accès –, on obtient alors une typologie de quatre familles de biens :

a. Les biens privés sont ceux dont la consommation est exclusive et dont l'accès peut être limité. Une pomme que j'achète sur l'étal d'un marchand de fruits est donc un bien privé. Il s'agit en général de biens marchands.
b. Les biens collectifs (parfois appelés biens publics mais qui ne sont pas nécessairement propriétés de l'État) sont ceux dont la consommation n'est pas exclusive et dont l'accès ne peut pas être limité. La lumière du soleil est un bien collectif (au moins pour quelques

milliards d'années encore…). La défense nationale est aussi un bien collectif.

c. Les biens de club, ou biens tribaux, sont ceux dont la consommation n'est pas exclusive mais dont l'accès peut être limité. Le fait de jouer aux échecs dans un réseau d'échecs n'empêche pas mon voisin d'y jouer, au contraire : il gagne un partenaire potentiel. En revanche, l'accès au réseau peut être rendu payant. Les biens tribaux numériques sont légion : le téléphone, Internet, Facebook, les réseaux sociaux. Certains (Wikipédia, les logiciels libres, le copyleft, etc.) tentent de s'organiser comme des communs, réinventant de nouveaux rapports à la propriété par-delà la dichotomie privé/public[10].
d. Enfin, les biens communs sont ceux dont la consommation est exclusive mais dont l'accès ne peut pas être limité. La pêche industrielle en eau profonde brise une série de chaînes trophiques, ce qui provoque la disparition rapide de la faune halieutique dans la totalité des océans de la planète.

On peut représenter ainsi cette classification.

Tableau 1. Types de biens

		Capacité à soustraire la ressource à l'usage d'autrui	
		Forte	**Faible**
Difficulté d'exclusion des bénéficiaires potentiels	**Forte**	*Biens communs* : pêcheries, forêts	*Biens publics* : oxygène de l'air, protection contre les incendies
	Faible	*Biens privés* : biens alimentaires	*Biens clubs ou à péage* : théâtres, chaînes TV, aires protégées

Source : Ostrom, 2005.

Il est important de noter que les frontières entre ces quatre catégories ne s'imposent pas par nécessité naturelle. Pour de nombreux biens, l'accès ne les caractérise pas en tant que tels, mais caractérise l'organisation sociale et les rapports sociaux existants. L'histoire des enclosures a montré que des biens communs pouvaient être privatisés, en l'occurrence par la force. De la même manière il est possible d'organiser des biens communs en biens de club et inversement.

Le caractère exclusif ou non de la consommation d'un bien semble plus « générique » mais ce n'est pas toujours si clair. Par exemple certains biens faiblement rivaux peuvent devenir rivaux à partir d'un certain niveau de consommation ; c'est le phénomène de congestion : une route est faiblement rivale tant que la circulation reste faible, mais devient rivale lorsqu'elle est trop fréquentée. Concernant les ressources naturelles, le caractère exclusif est lié à leur possible épuisement.

L'idée de « commun » dépasse ainsi les clivages traditionnels entre public et privé, collectif et individuel, lucratif ou gratuit. Sa gestion n'est ni purement étatique ni purement privée. Comme le rappelle Gaël Giraud, « l'expérience accumulée par les travaux d'Ostrom et de ses collègues montre que la gestion des ressources communes, pour être durable, doit respecter un certain nombre de principes institutionnels simples. Les individus concernés par le commun doivent participer régulièrement à la définition et à la modification des règles qui président à sa gestion ; leur droit à fixer et à modifier ces règles doit leur être reconnu par la collectivité ; un mode d'autocontrôle (*self-monitoring*) du comportement des membres doit être collectivement fixé, ainsi qu'un système gradué de sanctions ; enfin, et surtout, les membres de la communauté doivent pouvoir compter sur un ensemble d'activités, réparties entre eux, pour accomplir les différentes fonctions de régulation, et toute modification de ces tâches doit être négociée dans la réciprocité[11] ».

Si l'on s'en tient aux principes fondamentaux de ce qui constitue un commun, la monnaie peut apparaître comme un bien commun par nature. On ne peut en effet en exclure personne *a priori*, son utilité croît au fur et à mesure de sa diffusion et ses missions principales[12] ont toutes une relation étroite avec la possibilité d'un intérêt général et d'un épanouissement collectif. Cependant, force est de constater que, en confiant aux banques privées le bien commun qu'est la monnaie, au travers d'un processus historique long qui n'a cependant rien d'un complot (*cf.* chapitres 1 et 2), les sociétés modernes ont associé l'intérêt général monétaire à l'intérêt particulier des banques. Il en résulte une confusion majeure entre la monnaie comme bien commun et le pouvoir de création monétaire privé à but lucratif, lequel se traduit d'ailleurs par une liaison de plus en plus dangereuse entre la finance comme activité de marché et la monnaie comme bien commun. Ce système, autrefois tempéré par l'existence d'un circuit du Trésor et le contrôle public des banques, connaît son apogée depuis les années 1980, ce qui est allé de pair, ainsi que nous l'avons rappelé, avec un appauvrissement considérable des outils et des modes de gouvernance de la politique monétaire, désormais confiés à des autorités monétaires non élues et non légitimes pour sortir du cadre qui leur est imposé.

Cet état de fait nous apparaît largement incompatible avec la mise en œuvre de dispositifs de création monétaire libre. En effet, un outil de ce genre, par son caractère radicalement innovant et sa puissance à transformer le réel, ne peut être soustrait au jugement collectif. Au contraire, il doit bénéficier de toute la légitimité et de tout le consensus du corps social pour être accepté en confiance par l'ensemble des acteurs économiques et par l'ensemble des citoyens. À ce titre, les travaux d'Elinor Ostrom sur la gouvernance des communs nous apparaissent particulièrement éclairants et utiles. En effet, il serait ainsi souhaitable que la gestion d'un mécanisme de création monétaire libre et ciblé soit le fait d'une décision collective forgée avec des représentants de la banque centrale, mais aussi de l'État et des différents corps sociaux (salariés, employeurs, citoyens) pour tenter d'aboutir à des accords représentatifs. Ce n'est qu'à cette condition que nous pourrons rendre légitime la dérogation aux mécanismes de libre concurrence pour assumer une création monétaire ciblée, rendue effective par l'introduction de monnaie libre.

Un parlement du crédit et de la monnaie ?

Concrètement, nous pourrions imaginer un comité de politique monétaire, sur le modèle du Conseil national du crédit (CNC), mis en place en 1946 avec l'ambition de créer un « parlement du crédit et de la monnaie » : il devait s'agir d'un organe démocratique et délibératif, observateur de la monnaie sous toutes ces formes et capable de réfléchir aux enjeux de long terme, avec la participation de différents acteurs du corps social (syndicats, patronat, représentants de l'État, etc.). Il fut cependant rapidement placé sous la coupe de la Banque de France et du ministère des Finances, et perdit cette vocation publique et délibérative. Il ne tient qu'à nous de réactiver une institution collective de ce type. Ostrom insiste beaucoup sur ce type de structure dans lequel « les personnes concernées sont généralement en mesure de discuter de leurs préférences et de leurs contraintes, en face à face, et de parvenir à un consensus approximatif[13] ». Cela permettrait d'ailleurs de parer à l'argument selon lequel, dotés d'un pouvoir de création monétaire libre, l'État ou les institutions publiques seraient à la merci de visées démagogiques ou clientélistes.

Car les phénomènes de « capture », c'est-à-dire de collusion entre grands intérêts privés et sphère publique, notamment dans le domaine monétaire et financier, sont courants. Il y aurait donc un intérêt à ce que le pouvoir de création monétaire libre soit exercé de manière plus transparente et plus collégiale. Il s'agirait ainsi de ne pas retomber dans les erreurs qui ont parfois pu miner, par exemple, l'indépendance des banques centrales ou le pilotage du programme d'investissement d'avenir[14] (PIA) en France (avec des comités technocratiques décidant de manière opaque de l'argent alloué, sans contrôle effectif du parlement). De plus, ce « Conseil national de la création monétaire » que nous visons pourrait aussi se décliner localement afin que les décisions puissent être cohérentes avec les spécificités de chaque territoire. Il agirait ainsi, parallèlement à la banque centrale, pour décider du niveau et des secteurs devant bénéficier de la création monétaire, les opérations techniques ainsi que le reste de la politique monétaire restant du ressort de la banque centrale.

On pourrait même aller plus loin et imaginer de confier, dans certains cas, ce pouvoir extraordinaire au souverain lui-même, c'est-à-dire au peuple. Il serait dès lors possible de faire d'une pierre deux coups : encadrer au maximum ce nouveau pouvoir pour éviter tout phénomène de capture, et en même temps donner à la population un pouvoir monétaire direct par le biais de « référendums monétaires », qui seraient de nature à revitaliser nos démocraties et à donner un réel pouvoir de décision aux citoyens dans le domaine économique. Il n'y aurait pas de meilleure preuve de la souveraineté monétaire du peuple. Ce pouvoir devrait toutefois être précisément encadré : il semble nécessaire d'élaborer une méthode de définition des secteurs d'activité pouvant potentiellement être éligibles pour bénéficier de la création monétaire libre. Une liste révisable à échéance régulière pourrait être instaurée dans le cadre d'un dialogue large, incluant l'État, les partenaires sociaux et les mouvements citoyens. À la suite de cet acte de publicité, la banque centrale émettrait des recommandations, en coopération avec les services du ministère de l'Économie et des Finances, sur la légitimité et l'intérêt des sujets sélectionnés, ainsi que sur les plafonds *maxima* de création monétaire pouvant être autorisés sans mettre en danger l'économie par une inflation trop élevée.

Rappelons toutefois à quel point les marges de manœuvre sont élevées : la BCE a créé, entre 2015 et 2018, plus de 2 600 milliards d'euros de liquidités à destination des banques et des grandes entreprises sans réussir à faire redécoller l'inflation sous-jacente au-delà de 1 % en 2018. Cela tient, nous l'avons rappelé tout au long de cet ouvrage, à l'écran constitué par les banques entre la Banque centrale et les acteurs économiques « réels ». Pour autant, en septembre 2019, elle réactive son programme de *quantitative easing* à travers de nouveaux achats d'actifs et de nouveaux prêts ciblés à long terme (TLTRO III).

En tout état de cause, et quel que soit le schéma retenu, reconnaître à la monnaie le caractère de bien commun, aboutirait à une gestion de la politique monétaire plus transparente, davantage tournée vers l'intérêt général et plus flexible et plus efficace pour s'adapter aux enjeux de notre temps, tout en évitant les excès, le clientélisme et la démagogie. Ce principe pourrait être inscrit dans la Constitution. Il permettrait une révolution économique en même temps que démocratique. En réalité, le plus dur, une fois que le principe de la création monétaire libre sera admis (et nous pensons qu'il le sera tôt ou tard par la force des choses, notamment si une nouvelle crise financière survient prochainement), restera de penser la manière dont l'argent créé viendra réellement irriguer les secteurs identifiés comme bénéficiaires. Pour rendre cette idée concrète, il faut en effet regarder plus en détail les canaux financiers qui pourraient être mobilisés.

Comment faire coïncider l'offre et la demande ?

La première tâche à accomplir pour préparer le terrain d'une création monétaire ciblée sur la transition écologique (mais qui pourrait aussi, à l'avenir, concerner d'autres secteurs) est d'établir précisément les besoins de financement non satisfaits et les capacités des secteurs identifiés à intégrer un afflux monétaire nouveau. Il ne servirait à rien de donner trop d'argent à une entreprise qui ne saurait pas quoi en faire, ce qui comporterait un risque de gaspillage.

Il faut dès lors établir une cartographie générale des besoins transversaux, européens ou nationaux (c'est ce que nous avons commencé à faire dans le chapitre 5 de cet ouvrage en nous fondant sur les travaux de la Commission européenne, de la Cour des comptes européenne et de l'I4CE au niveau national), puis établir une cartographie plus précise, pour chaque région, des besoins non satisfaits et des capacités d'absorption des acteurs économiques ciblés. Ce processus doit être à double sens : il revient d'identifier quelles seront les institutions chargées d'identifier les besoins et par quels moyens elles pourront transmettre les fonds qu'elles recevront. Dans le même temps, ce processus *top-down* doit être complété par un processus *bottom-up*, permettant à chaque entreprise ou à chaque citoyen de voir si son projet peut être éligible à un financement. À ce titre, l'ensemble des agences de l'État doivent être mobilisées, à commencer, en France, par Bpifrance et par la banque des territoires (pour le groupe Caisse des dépôts), puis par des agences telles que l'Ademe, les agences de l'eau ainsi que les services déconcentrés que sont les directions régionales de l'environnement, de l'aménagement et du logement (DREAL). Leurs effectifs et leurs moyens d'identification des besoins sur le territoire, ainsi que leur capacité à être saisies par les acteurs économiques, devront être renforcés pour établir une cartographie précise.

Concernant ensuite le volet relatif à la distribution effective des aides, deux réseaux doivent être mobilisés en priorité : le réseau territorial des agences publiques, que sont Bpifrance et l'Ademe, et le réseau des banques postales. Bpifrance dispose ainsi de 47 agences réparties sur le territoire. L'Ademe dispose de 27 implantations régionales. On compte plusieurs milliers de guichets de La Banque postale. Ces réseaux seraient efficaces pour la distribution des aides directes, sous formes de subventions ou d'investissement. Un autre réseau à mobiliser est celui des directions régionales des finances publiques pour une action plus indirecte et encore plus décentralisée : on rappellera ainsi que, comme cela a été évoqué dans le chapitre 6, un des moyens les plus efficaces d'inciter les acteurs à agir est de subventionner des baisses d'impôts par la création monétaire libre.

Dans ce cas, les particuliers ou les entreprises qui conduiraient une rénovation thermique ou investiraient dans un projet visant à verdir leur activité se verraient remettre par les institutions évoquées ci-dessus, en échange ou même en amont de leurs factures, un « bon écologique » qui leur offrirait une réduction d'impôt égal à leur investissement. Ce « bon » serait ensuite transmis par les institutions concernées à la direction régionale des finances publiques qui procéderait immédiatement à une réduction d'impôt de l'acteur concerné. Enfin, le Trésor centraliserait ces « bons écologiques » et les enverrait à la banque centrale, laquelle recréditerait, à intervalles réguliers, le compte du Trésor, en utilisant son pouvoir de création monétaire. La quantité et la qualité de ces « bons écologiques » pourraient dès lors être décidées collectivement par l'intermédiaire d'un nouveau « Conseil national de la création monétaire », comme évoqué précédemment.

Avec des outils de ce type et une gouvernance partagée, il serait possible d'introduire, de manière ciblée, plusieurs dizaines de milliards d'euros chaque année pour conduire l'effort de transition écologique tout en permettant à des millions de personnes d'accéder à l'emploi. Si tout cela peut être fait dans le cadre des institutions existantes, au prix d'une réforme d'ampleur du cadre intellectuel de la politique monétaire, la mise en place d'un nouvel instrument, à savoir l'émission de monnaies numériques (parfois dites « digitales ») de banque centrale[15], pourrait s'avérer un allié potentiel précieux.

Comment une monnaie numérique de banque centrale pourrait servir la réforme monétaire

L'architecture du système monétaire et financier demeure difficile à appréhender par les non-spécialistes. La division des tâches entre banques centrales et banques commerciales, l'existence d'une monnaie centrale et d'une monnaie secondaire, la comptabilité bancaire et le concept de liquidité, toutes ces formules que nous avons tenté d'éclaircir dans la première partie de l'ouvrage, ne sont pas évidentes à bien cerner d'emblée. Elles résultent d'un processus historique, de dispositions juridiques et d'éléments technologiques qui, pris ensemble, ont façonné le système monétaire moderne.

Mais, aujourd'hui, le concept de monnaie numérique de banque centrale contient une promesse révolutionnaire : simplifier à l'extrême le système monétaire et le rendre plus sûr. En réalité, l'idée d'un système monétaire unique, au lieu d'être éclaté entre diverses institutions bancaires privées, existe préalablement au numérique. Il repose sur l'idée que s'il y avait un seul établissement de crédit au lieu de plusieurs, il n'y aurait pas de possibilité de crises bancaires. En effet, toute la monnaie partirait et reviendrait de cet établissement dont le bilan serait, par définition, toujours équilibré : la distinction entre monnaie centrale et monnaie secondaire serait de fait abolie. Le risque d'une crise de liquidités, comme en 2008, serait donc supprimé (cela ne supprimerait pas, en revanche, les possibilités de crises financières ou de crises inflationniste ou déflationniste).

Le cas échéant, cette banque unique ne pourrait alors être que la banque centrale. Le taux d'intérêt servirait ainsi uniquement d'instrument de politique monétaire. Il impliquerait cependant que la banque centrale soit directement accessible aux agents économiques, et que ceux-ci puissent disposer, comme les banques aujourd'hui, d'un compte dans ses livres. En pratique, cela impliquerait de nationaliser toutes les banques et de les fusionner avec la banque centrale, qui deviendrait une « banque unique ». Des opérations comme une baisse d'impôts financée par création monétaire, ou encore des taux différenciés sur les crédits en fonction de leur allocation, ou bien sûr la possibilité d'une création monétaire libre, seraient évidemment facilitées. Une monnaie numérique en serait le vecteur : toute la monnaie serait donc directement garantie par la banque centrale, qui serait désormais la seule institution dotée du pouvoir de création monétaire.

Bien entendu, il s'agirait là d'une révolution monétaire complète qui heurterait de front de puissants intérêts dans les banques commerciales. En outre, il ne faudrait pas réitérer les erreurs de la Gosbank, banque unique de l'URSS, dont la dépendance absolue au pouvoir politique conduisait à des crises hyperinflationnistes régulières. Il faudrait donc développer et approfondir cette idée pour montrer en quoi une gouvernance partagée, des processus de respect de la confidentialité et des limites définies collectivement à la création monétaire seraient nécessaires pour qu'une institution de ce type, dont l'importance rendrait son indépendance dangereuse, soit bien gérée comme un bien commun. Dans un tel contexte, les banques commerciales verraient leur rôle profondément renouvelé, et vraisemblablement considérablement diminué. Elles ne s'occuperaient plus que des financements spécialisés et complexes, comme les banques d'affaires aujourd'hui, tandis que les banques centrales occuperaient le rôle actuel des banques de dépôts.

Ce processus peut en outre être progressif : les banques centrales pourraient d'ores et déjà, et elles y travaillent pour certaines, mettre en circulation une monnaie numérique, dont la valeur serait strictement identique à la monnaie officielle, et qui s'obtiendrait de la même façon. Cette perspective trouve même une certaine réalité aujourd'hui avec des idées et des projets tels que le Fedcoin ou l'eKrona développé par la Banque de Suède. Dans le premier cas, il existe un projet théorique dans lequel la Federal Reserve serait la seule à même de créer des Fedcoins[16], et ceux-ci seraient convertibles à parité avec le dollar en espèces et réserves. La création (destruction) de Fedcoins n'interviendrait que si un montant équivalent d'argent liquide ou de réserves était simultanément détruit (créé), selon un principe de conversion de 1 pour 1. À l'instar des espèces, le Fedcoin serait donc décentralisé en termes de transactions et centralisé en termes d'offres. Une monnaie numérique de ce type émise par la banque centrale permettrait notamment de sécuriser un grand nombre d'opérations.

La banque centrale suédoise, dans le cadre de son projet eKrona, semble être allée un peu plus loin dans ses réflexions sur l'émission potentielle d'une monnaie banque centrale numérique ou *central bank digital currency* (CBDC), selon le vocabulaire employé par la Banque des règlements internationaux (BRI). La Suède est en effet confrontée à une diminution sensible de l'utilisation du cash, qui peut faciliter son remplacement par une monnaie numérique officielle.

Quels seraient les avantages d'une telle « cryptomonnaie » officielle ou d'une CBDC ? Elle permettrait d'introduire une unité monétaire sûre, convertible à parité fixe avec la monnaie classique, qui pourrait remplacer le cash et permettre à la banque centrale de mener des opérations de politique monétaire de manière plus directe, par exemple au profit des ménages ou des entreprises dans le cadre de la transition écologique. Il s'agirait ainsi d'une monnaie cryptographique fiduciaire, peu différente de la monnaie classique en dehors de ses formes d'émission et de circulation. Une cryptomonnaie de banque centrale renforcerait ainsi le lien entre la politique monétaire et l'économie. Elle serait compatible avec des instruments de relance de l'activité directement au profit des ménages, des entreprises ou des États, sans passer par le filtre permanent des banques commerciales qui parasitent ces mécanismes d'injection de liquidités.

Il s'agit là d'une perspective plus théorique et plus lointaine, et il y a de nombreuses choses qui peuvent être faites de manière plus immédiate pour financer la transition écologique. Néanmoins, dans le cadre d'une attention portée à la magie monétaire, cette piste des monnaies numériques de banque centrale constituerait un nouveau tour dont la portée pourrait s'avérer tout à fait considérable. De manière très concrète, cette piste pourrait également conduire à réfléchir à la création d'une monnaie internationale qui serait d'une grande aide pour conduire la transition écologique au niveau mondial.

CHAPITRE 10

Financer le fonds vert de l'ONU par une création monétaire mondiale

> « Une monnaie continentale, à double base métallique et fiduciaire, ayant pour point d'appui le capital Europe tout entier et pour moteur l'activité libre de deux cents millions d'hommes, cette monnaie, une, remplacerait et résorberait toutes les absurdes variétés monétaires d'aujourd'hui, effigies de princes, figures des misères, variétés qui sont autant de causes d'appauvrissement ; car dans le va-et-vient monétaire, multiplier la variété, c'est multiplier le frottement ; multiplier le frottement, c'est diminuer la circulation. En monnaie, comme en toute chose, la circulation, c'est l'unité. »
>
> Victor HUGO, « Pendant l'exil », *Actes et paroles*, 24 février 1855.

Jusqu'à présent, notre tâche a été de décrire concrètement comment les pays développés, l'Europe, et en particulier la France, pouvaient utiliser les mécanismes monétaires pour financer la transition écologique. Mais notre démonstration est restée incomplète sur deux points.

Le premier point est que la véritable limite à une politique monétaire expansionniste n'est pas l'inflation interne mais la contrainte extérieure, qui se matérialise par le taux de change de la monnaie, et qui peut, en cas de crise du change, se traduire par une hyperinflation importée.

Le second point est que de nombreux pays en voie de développement vont avoir besoin d'une aide internationale pour fonder leur développement sur des principes respectueux de l'environnement et assis sur une gestion sobre des ressources naturelles, faute de quoi le prix des erreurs commises sera supporté par l'ensemble de l'humanité. En outre, la responsabilité historique de l'Occident dans le réchauffement climatique nous oblige moralement à agir en ce sens. La bonne nouvelle est qu'il nous semble possible de répondre, en se servant des mêmes raisonnements et des mêmes instruments (la création d'une liquidité mondiale en particulier), à ces deux problématiques qui se posent à nous.

La contrainte extérieure

Nous avons raisonné jusqu'à maintenant en laissant volontairement de côté l'impact sur la masse monétaire des relations monétaires entre plusieurs pays. Or, dès lors qu'une société entretient des rapports commerciaux avec d'autres sociétés, la masse monétaire est impactée par les échanges avec l'extérieur. Il n'entre pas ici dans notre propos de faire une analyse détaillée des régimes de change, ni même de tous les éléments qui peuvent influencer le taux de change, mais de comprendre comment l'environnement international peut agir sur l'évolution de la masse monétaire.

On notera toutefois que l'ouverture des économies et des flux de capitaux devait entraîner, selon la théorie néolibérale, une meilleure allocation du capital, une plus grande rentabilité de celui-ci, un phénomène de rattrapage des pays émergents et une discipline accrue des politiques économiques sous l'œil attentif des marchés. Il aurait dû en résulter un environnement de taux de change plus stable entre les différentes monnaies ainsi qu'une limitation de l'inflation. C'est tout le contraire qui s'est produit : le désordre et le court-termisme propres aux marchés financiers ont également envahi la sphère internationale de la monnaie. Des pays vivent avec des déficits énormes, au premier rang desquels les États-Unis qui jouent le rôle de fournisseurs de dollars à la terre entière (le dollar étant la principale monnaie de réserve et de transaction au niveau international), tandis que d'autres accumulent des réserves de change, soit pour des motifs de sécurité – nous y reviendrons –, soit pour financer le déficit américain. Les pauvres financent ainsi les riches. Et, à l'inverse, d'autres pays sont en permanence menacés par la fuite des capitaux et la déstabilisation de leur monnaie, comme l'ont montré, en 2018 et en 2019, les effondrements monétaires de la Turquie, du Venezuela, de l'Argentine ou de l'Iran.

En effet, alors que nous avons montré que l'endettement interne des États et l'inflation domestique étaient la plupart du temps de faux problèmes, présentés de manière biaisée, le véritable problème, en matière monétaire, repose sur la contrainte extérieure, en particulier dans un monde globalisé. Pour présenter une analogie simple, il existe une même fragmentation de l'ordre monétaire international et de l'ordre monétaire interne (plusieurs émetteurs de monnaie qui agissent séparément), à la différence près qu'il n'existe pas réellement de prêteur en dernier ressort au niveau international, même si le FMI tente de jouer ce rôle en imposant des politiques d'austérité désastreuses à ceux qu'il prétend sauver. Dès lors, dans un contexte de multiplication des échanges commerciaux et des flux de capitaux, il existe une masse monétaire internationale mobile qui se place au gré des opportunités et qui peut se retirer aussitôt, parfois sans même que le pays victime de ce retrait n'ait changé quoi que ce soit à sa manière d'agir. En 2018 et 2019, c'est ainsi essentiellement la décision de la Fed de remonter les taux qui a précipité la crise de change de certains pays comme l'Argentine ou la Turquie, dont les monnaies devenaient inintéressantes aux yeux des investisseurs car les capitaux pouvaient se placer de manière plus rentable en dollar.

Dans ce contexte d'ouverture des échanges et de libéralisation des flux de capitaux, mener une politique monétaire expansionniste, pour financer par création monétaire la transition écologique, comporterait des risques pour le pays qui se lancerait dans l'aventure. Le risque de voir ses importations augmenter en volume et sa balance commerciale se détériorer. Et celui de voir sa balance des capitaux fondre sous l'effet de la diminution du taux de change qui pourrait en résulter, si l'injection de monnaie supplémentaire conduit à une aggravation du déficit commercial et à une baisse des taux d'intérêt. En effet, si davantage de monnaie circule, une partie peut s'évader à l'étranger, soit pour des raisons commerciales, soit pour des raisons de rentabilité financière, voire tout simplement de spéculation. Un pays qui mènerait une politique monétaire expansionniste pourrait donc être exposé à ce risque d'effondrement de la valeur de sa monnaie, si celle-ci est librement convertible. S'il subit une dépréciation légère de sa monnaie, ce n'est pas nécessairement un problème et cela peut même être un avantage pour ses exportations. En revanche, si la dépréciation de sa monnaie est massive, cela peut rapidement en devenir un, notamment si cela permet à des créanciers extérieurs de prendre possession de son patrimoine économique, naturel ou culturel national à moindres frais, pour le démanteler ensuite. Cette logique de destruction de la valeur externe de la monnaie peut se répercuter en interne et pénaliser un pays par une inflation importée trop importante, par une baisse du pouvoir d'achat international de sa monnaie ou par le rachat de pans entiers de son économie par des acteurs extérieurs bénéficiant d'une monnaie forte. La souveraineté de ce pays peut alors être menacée. Toute politique monétaire expansionniste doit donc prendre en compte la contrainte extérieure.

C'est d'ailleurs pour cela que de grands pays en développement accumulent des réserves de change massives, ce qui constitue un problème. En effet, les réserves de change accumulées par les banques centrales constituent de la masse monétaire inactive, jusqu'à ce qu'elles se décident à les utiliser pour leurs propres objectifs de politique monétaire.

Telle est en effet l'une des contradictions les plus marquantes du régime monétaire libéralisé à l'échelle internationale : pour se protéger de mouvements brutaux de capitaux, ou encore pour utiliser la monnaie comme avantage contre ses voisins en manipulant sa valeur à la baisse, il est nécessaire d'accumuler de grandes réserves de change, c'est-à-dire d'épargne dormante. Or nous avons vu que l'épargne dormante vient réduire la masse monétaire active dans l'économie réelle, soit de manière temporaire (si elle est réinvestie plus tard), soit de manière définitive (si elle n'est jamais réemployée ou qu'elle est utilisée dans des « trous noirs monétaires »). Or un système monétaire qui laisse de côté autant d'argent quand il y a tant de dépenses vitales pour l'humanité à financer n'est clairement pas satisfaisant.

La contrainte extérieure nécessite de cibler la création monétaire

Face à cela, deux types de réponses sont possibles pour permettre de concilier l'objectif de création monétaire et la contrainte extérieure. La première est qu'il est d'autant plus nécessaire de cibler les investissements financés par création monétaire pour réduire la dépendance vis-à-vis de l'extérieur. Dans le cas de la France, il est ainsi utile de rappeler que les deux tiers de notre déficit commercial s'expliquent par nos importations d'énergie, notamment de pétrole et de gaz. Réduire notre dépendance à ces énergies en finançant des énergies alternatives et la sobriété énergétique par la création monétaire peut ainsi permettre non seulement de contribuer à la sauvegarde de la planète, mais aussi de réduire notre déficit commercial. La contrainte extérieure peut donc aussi légitimer une création monétaire ciblée.

Un deuxième type de réponse possible est de restreindre la liberté de circulation des capitaux spéculatifs à l'échelle mondiale, ce qui peut se faire soit par une taxe internationale sur les transactions financières (qui participerait en outre de la stabilité financière en freinant les mouvements spéculatifs[1]), soit en adoptant des réglementations nationales plus contraignantes comme la pénalisation des investissements spéculatifs (les deux méthodes peuvent d'ailleurs utilement se combiner). Dans le second cas, une portion de chaque mouvement international de capitaux pourrait être bloquée pendant une période déterminée à l'issue de laquelle elle serait libérée sans pénalités. Toute sortie de ce capital hors du pays avant cette échéance conduirait à taxer tout ou partie du capital immobilisé. Cela permettrait de s'assurer que les mouvements internationaux de capitaux correspondent bien à des placements de moyen ou long terme et non à des mouvements purement spéculatifs[2]. La mise en œuvre de dispositifs de ce type demeure toutefois délicate à l'heure où les mouvements de capitaux sont entièrement dématérialisés, en partie robotisés et gérés sur des plateformes virtuelles. Il pourrait dès lors être nécessaire de réfléchir, à plus long terme, au régime de convertibilité des monnaies. Dans l'époque contemporaine, la Chine a par exemple adopté un mécanisme de convertibilité limitée de sa monnaie qui doit passer par la banque centrale ou par le réseau de banques publiques, ce qui lui permet de contrôler d'autant plus efficacement son taux de change qu'elle dispose par ailleurs d'énormes réserves de change (plus de 3 000 milliards de dollars). À l'heure où près de 5 300 milliards de dollars sont échangés quotidiennement sur le marché des changes, soit plus de deux fois le PIB annuel de la France[3], et où 2 % seulement de ces échanges correspondent à des échanges réels de produits ou de marchandises, une telle réflexion n'aurait rien d'anormal.

En résumé, si un pays seul décide de se lancer dans une politique de création monétaire ciblée, il doit nécessairement tenter d'anticiper l'impact qu'elle peut produire sur son taux de change. Il peut aussi établir des mécanismes de protection environnementale contre les produits importés à bas coûts de pays polluants, et prévoir une limitation des flux de capitaux spéculatifs par la voie législative. En Europe, ce dernier point supposerait néanmoins une réforme des traités, car ceux-ci n'autorisent pas, en théorie, les barrières tarifaires ou les limitations à la libre circulation des capitaux, à quelques exceptions près. En revanche, si plusieurs pays de différentes zones monétaires décident ensemble de se lancer dans de grands plans de création monétaire, l'impact potentiel sur le change peut être contrecarré par la conclusion d'accords illimités de *swaps*[4] de monnaie entre banques centrales : leur puissance de feu étant par définition illimitée, la simple conclusion d'un accord de ce type accompagnée d'une déclaration politique pourrait totalement conjurer ce risque.

Mais on pourrait même aller plus loin et décider de financer une partie des investissements nécessaires, au Nord comme au Sud, par recours à une création monétaire mondiale, c'est-à-dire à une liquidité internationale créée de manière collective.

La création d'une liquidité mondiale comme ultime moyen de développement durable pour l'humanité

En décembre 2009, les États réunis à Copenhague ont décidé de créer un « Fonds vert pour le climat » adossé à l'ONU et destiné à soutenir différents projets dans les pays les moins développés, avec pour objectifs prioritaires de diminuer les émissions de gaz à effet de serre, de lutter contre la déforestation et de prendre des mesures d'adaptation aux conséquences du réchauffement climatique. À l'horizon 2020, ce fonds devait être en mesure de mobiliser 100 milliards de dollars par an, issus des contributions des pays développés. En décembre 2018, le Fonds vert avait à peine dépassé le cap des 10 milliards de dollars cumulés depuis sa création. En 2015, l'OCDE évaluait ainsi à 61,8 milliards de dollars les financements publics et privés mobilisés en 2014 par les pays développés à l'appui d'actions climatiques dans les pays en développement, mais le Fonds vert ne représentait que 2 milliards de dollars, soit environ 3 % du total. Les désaccords sur la gouvernance et sur le mécanisme de recapitalisation ont même conduit à une démission du directeur général du Fonds en 2018. Ce Fonds vert souffre, comme d'autres dispositifs onusiens, d'un manque considérable de moyens mis à disposition par les États, eux-mêmes confrontés à leur endettement intérieur. Il ne peut pas lever d'argent sur les marchés, de la même manière que les banques publiques d'investissement, car son équilibre financier doit primer sur toute autre considération. Dès lors, il ne peut mobiliser les moyens nécessaires à son action.

Pourquoi ne pas imaginer alors un mécanisme de création monétaire à l'échelle mondiale, sous l'égide de l'ONU, notamment pour financer le Fonds vert mais aussi pour mieux réguler le système financier international ? En cette matière, Keynes, à travers son projet de Bancor, avait eu raison trop tôt : il voulait que l'étalon monétaire international soit contrôlé internationalement et puisse servir de référence sur le long terme. Mais le choix a été fait de préférer le dollar-or, dans les accords de Bretton Woods, au risque que la suprématie économique écrasante des États-Unis après la guerre ne les conduise à transformer leur monnaie en référence internationale, pour le meilleur et pour le pire, si jamais les autres États voulaient contester le privilège exorbitant du dollar[5]. Et pourtant, le projet de Keynes aurait certainement pu conduire, moyennant quelques améliorations, à lutter contre l'évolution anarchique des échanges monétaires mondiaux telle qu'elle existe aujourd'hui. L'International Clearing Union qu'il proposa en 1944 visait à permettre d'équilibrer les flux monétaires internationaux, tout en offrant de la souplesse. Par exemple, la possibilité de dévaluer offerte aux pays à forts déséquilibres extérieurs prévoyait également de forcer la réévaluation des monnaies des pays à forts excédents. Dans un tel système, qui contraindrait à des réévaluations graduées au travers d'une série de seuils d'excédents (par exemple à 4 % du produit intérieur brut, puis 6 %), l'Allemagne aurait dû depuis longtemps accepter une appréciation de son euromark, et par là soutenir la demande dans la zone euro, donc participer à la réduction de ses déséquilibres internes. L'économiste Paul Davidson a proposé un système de régulation d'inspiration voisine[6]. Ainsi, des règles d'ajustement de change viennent-elles suppléer dans la négociation à la mauvaise volonté prévisible des pays excédentaires à corriger eux-mêmes leurs déséquilibres.

En outre, ce mécanisme de rééquilibrage s'adosserait à une monnaie commune mondiale, permettant de stabiliser les taux de change au niveau mondial et de fournir, en cas de crise, une liquidité internationale reconnue. Cette monnaie pourrait être collectivement créée, par exemple par le biais du FMI. Sa convertibilité dans l'ensemble des monnaies nationales serait prévue à un taux de change défini à l'avance et périodiquement révisé. Cette monnaie pourrait alors par exemple être utilisée au profit d'un État confronté à une grave crise de change dont il ne peut se sortir par lui-même, et qui menace l'ensemble de ses partenaires commerciaux.

Actuellement, le seul instrument qui s'en rapproche un peu correspond aux droits de tirage spéciaux (DTS) du FMI. Les DTS pourraient un jour servir de monnaie de réserve supranationale. En effet, les DTS fonctionnent d'ores et déjà sur la base d'un panier de monnaies représentatives des grands États du monde. Les organes dirigeants du FMI en charge de l'allocation des DTS et de leur gouvernance sont composés de manière multilatérale, puisque le Conseil des gouverneurs est composé d'un gouverneur (le plus souvent du ministre des Finances ou du dirigeant de la banque centrale) et d'un gouverneur suppléant pour chaque pays membre et que le conseil d'administration du FMI est composé de vingt-quatre administrateurs élus. La valeur et la confiance dont doivent être investis les DTS reposant sur une telle légitimité internationale, il ne manquerait plus qu'à émanciper les DTS du panier original de monnaie et d'en faire une monnaie autonome, dont la création serait confiée au FMI en coopération, le cas échéant, avec la Banque mondiale. Dans un premier temps, cette création monétaire devrait être limitée et la convertibilité de la monnaie devrait être contrôlée étroitement pour éviter toute spéculation. Son allocation reposerait sur le consensus formé au niveau des organes dirigeants du FMI.

Les droits de tirage spéciaux

Les DTS ont été créés en 1969 par le FMI car l'offre internationale de deux grands avoirs de réserve, l'or et le dollar, s'est révélée insuffisante pour favoriser l'expansion du commerce et des flux financiers internationaux à laquelle l'on assistait alors. Mais les DTS ont un rôle davantage comptable que monétaire, par exemple en étant utilisés comme étalon de mesure, en remplacement du dollar, dans des secteurs tels que le transport international de marchandises. En outre, les DTS ne sont pas une monnaie à proprement parler et ne constituent pas non plus une créance sur le FMI. Techniquement, ils représentent une créance virtuelle sur les monnaies librement utilisables des pays membres du FMI. Pour les mettre en circulation, le FMI procède à des allocations générales de DTS qui doivent correspondre à un besoin global à long terme de compléter les avoirs de réserve existants. Il n'y a eu jusqu'à présent que trois allocations générales, dont la plus importante, en 2009, pour un montant de 161,2 milliards de DTS visait à fournir une liquidité internationale au moment où les échanges et les règlements internationaux se grippaient. C'est d'ailleurs également dans ce cadre que la Banque des règlements internationaux (BRI) peut se voir allouer des DTS afin de faciliter la compensation entre banques centrales de différents pays. On notera une baisse du poids du dollar dans les DTS au cours du temps, qui correspond à la politique monétaire américaine, mais celui-ci reste prépondérant, au grand dam de certains pays qui voudraient utiliser les DTS directement (notamment la Chine avec des soutiens de poids, comme la Russie et plusieurs pays arabes du golfe Persique).

On pourrait même aller plus loin et rendre le FMI, ou l'ONU, capables d'intervenir de manière ponctuelle ou périodique, dans des limites raisonnables et concertées, en injectant de la monnaie libre en vue de buts bien précis. Puisque l'organisme émetteur de cette liquidité internationale serait doté, dans notre vision, d'un pouvoir d'émission monétaire sans limites, à la manière d'une banque centrale qui tirerait sa légitimité et sa confiance de l'ensemble des États du monde, alors il pourrait lever les difficultés à trouver des financements lorsque ceux-ci sont agréés par l'ensemble de la communauté internationale.

Il pourrait même recourir à un mode de création monétaire libre et ciblé, qui ressemblerait dès lors au mécanisme que nous proposons à l'échelle européenne. Seulement, sa vocation serait de financer la protection des biens communs présentant un intérêt pour l'humanité entière : il permettrait ainsi de rétribuer des pays au nom de leur action en faveur de la lutte contre le réchauffement climatique. Cela pourrait par exemple permettre de financer des pays qui renonceraient à exploiter des ressources naturelles rares ou fossiles. Pour donner un exemple concret, le Parlement norvégien s'est prononcé, en avril 2019, en faveur du renoncement au projet de forage d'exploration pétrolière au large des îles Lofoten. Cela pourrait être rétribué par cette forme de « monnaie verte internationale », comme pourrait l'être le renoncement du Brésil à déforester l'Amazonie ou des Philippines à remplacer les jungles primaires par des monocultures. Le capital du Fonds climat vert pourrait aussi être abondé en partie par des certificats carbone délivrés par l'ONU et refinancés auprès de l'organisme émetteur de la liquidité internationale (potentiellement le FMI). Les États y gagneraient de nouvelles réserves de change et une monnaie potentiellement acceptée partout.

La création monétaire et l'émission d'une nouvelle « monnaie internationale verte » pourraient ainsi servir à établir une stratégie gagnant-gagnant à l'échelle mondiale, entre les pays du Nord et ceux du Sud, en finançant par de la monnaie nouvelle des actions de développement propres et de protection du patrimoine naturel. Cette monnaie verte internationale serait ainsi la reconnaissance concrète d'un intérêt commun à l'humanité, qui justifierait l'émission d'une liquidité commune.

CONCLUSION

Une monnaie émancipatrice

La monnaie n'est pas l'instrument inflationniste du diable, comme le suggérait le *Faust* de Goethe, pas plus qu'elle n'est nécessairement un outil d'asservissement des pauvres par les riches. Si nous nous efforçons de reconnaître à la monnaie son caractère de bien commun, de sortir de notre défiance à son égard et d'accorder les règles de sa gestion et de sa création avec sa nature profonde, elle peut devenir un formidable outil d'émancipation et d'action. Nous en avons un grand besoin aujourd'hui, à l'heure où l'humanité, confrontée au changement climatique, vit une heure critique de son histoire. Or, malgré le fait que, partout dans le monde, les signes d'épuisement d'une théorie et d'une pratique monétaires et financières inadaptées à la réalité et aux défis du moment se font sentir, il n'existe que peu de signes de remise en question effective des grandes structures de la politique monétaire.

Toutefois, de plus en plus de spécialistes et de citoyens plaident pour une réforme radicale du système monétaire et financier, car le marché apparaît incapable de conduire seul les actions nécessaires à un changement en profondeur de notre manière de produire et de vivre en harmonie avec notre environnement. Laissé à lui-même, le marché n'est guidé que par la rentabilité financière à court terme, alors même que nous ne savons pas donner un juste prix à l'environnement. Nous ne le souhaitons d'ailleurs pas nécessairement : le patrimoine naturel comme le patrimoine culturel ne peuvent être entièrement soumis à des mécanismes de marché. Mais cela ne justifie pas, bien au contraire, que l'on ne mobilise pas les moyens monétaires nécessaires à leur sauvegarde. La monnaie, par son ambivalence, permet non seulement d'orienter et d'inciter les acteurs économiques à agir d'une certaine façon, mais aussi de financer des activités « hors marché ». Dit autrement, la monnaie peut servir par exemple à payer les techniciens et les technologies nécessaires à la protection de ce qui a une valeur propre que l'on ne peut mesurer, comme la nature.

Dans le cadre du Green New Deal que nous appelons de nos vœux, la réappropriation collective de la monnaie, à gérer comme un bien commun, nous permettra d'en faire un puissant moyen de financement. Elle nous permettra d'orienter la masse monétaire vers des activités réellement utiles aux hommes au lieu de financer ces trous noirs monétaires que sont devenus l'immobilier et les marchés financiers. De multiples exemples historiques, que l'on tend aujourd'hui à passer sous silence alors qu'ils ont fait la preuve de leur efficacité, nous montrent qu'une utilisation volontariste de l'arme monétaire peut puissamment influer sur la réalité économique, si nous savons faire attention à la contrainte extérieure. C'est pourquoi nous plaidons pour libérer la puissance financière des banques publiques d'investissement et, surtout, des banques centrales, pour la tourner vers l'intérêt général que représente la réduction de l'exploitation et de l'usage des énergies fossiles, la décarbonation des modes de production et de transport.

Nous sommes convaincus que cela sera positif pour l'environnement, mais aussi pour les sociétés humaines, encore confrontées à un chômage de masse, à la stagnation des revenus et à des inégalités croissantes. Le bien-être économique et une action résolue en faveur de l'environnement ne doivent pas être opposés. L'un et l'autre peuvent se renforcer mutuellement. Nous ne ferons pas plus d'écologie, bien au contraire, dans un appauvrissement général qui nous conduira à privilégier les transports et les énergies les moins chers et les plus polluants, sans compter les troubles sociaux et les migrations gigantesques que cela provoquerait. Se donner les moyens de transformer radicalement nos outils de production et notre manière d'habiter le monde, en fournissant aux multiples initiatives qui existent déjà les moyens financiers de se développer, apparaît autrement plus enthousiasmant que les prédictions anxiogènes relatives à la fin du monde. Comme l'écrivait le poète Hölderlin : « Là où croît le péril croît aussi ce qui sauve. »

Pour libérer la monnaie, un éventail de solutions existe : s'endetter davantage au niveau des États, bien sûr, en profitant d'un environnement de taux bas exceptionnel, mais aussi recourir à des restructurations ciblées des dettes publiques détenues par la banque centrale, remettre du choix politique dans les mécanismes de refinancement ou encore promouvoir des mécanismes de création monétaire libre, sans endettement associé, à l'échelle européenne, voire internationale (grâce à une liquidité mondiale). Il nous faut aussi réaffirmer que neutralité monétaire et neutralité carbone ne sont pas compatibles. Nous devons faire un choix entre ces deux options pour avoir la liberté d'orienter les investissements et la masse monétaire vers des activités socialement et écologiquement durables. Or les institutions monétaires demeurent largement sourdes à ces appels : leur indépendance se transforme alors en impuissance. Même les gestionnaires d'actifs comme BlackRock commencent à se plaindre de l'inadaptation et de l'étroitesse des outils dont disposent les banques centrales pour agir efficacement sur la politique monétaire et sur les formes de l'activité économique. Ils le font cependant avec leur vision propre d'une création monétaire réservée aux spécialistes, là où nous plaidons avec détermination pour une création monétaire gérée comme un bien commun, à la manière de ce « Parlement du crédit et de la monnaie » qui avait brièvement vu le jour en 1946, au sortir de la guerre, avant d'être dilué dans les missions de la banque centrale.

Aussi importante qu'elle soit, puisqu'elle concerne directement le mode de rétribution des actions humaines et leur capacité à agir, la monnaie n'est toutefois que l'un des instruments du Green New Deal. Pour protéger la nature, il faut également réhabiliter l'État, le droit des communs et les modes de gouvernance collectifs, face à une logique de privatisation du monde. Mais repenser la monnaie et la politique monétaire nous permettra de répondre, à ceux qui nous l'opposeraient, qu'en tant que collectivité des citoyens, nous savons comment trouver l'argent s'il venait à nous manquer pour financer la rénovation énergétique des bâtiments, la décarbonation des transports, la recherche scientifique et technologique, les activités de dépollution et de protection du vivant. Car c'est bien dans cette mobilisation à grande échelle des acteurs publics et privés que résident, au final, les véritables enjeux.

Nous ne faisons que décrire comment la magie monétaire peut donner aux ingénieurs, aux scientifiques, aux entrepreneurs, aux fonctionnaires et à tous les citoyens, les moyens de se mobiliser pour agir, et pourquoi ils ne doivent pas accepter les discours qui tentent de les convaincre du contraire ; car il n'y a pas de vent favorable à celui qui ne sait pas où il va.

Synthèse des propositions

Les propositions immédiatement opérationnelles

• Utiliser dès maintenant le levier budgétaire pour investir et étaler les investissements en faveur de la TEE en fonction de leur amortissement.
• Procéder à des annulations ciblées et équitablement réparties des dettes publiques détenues par la banque centrale suite à sa politique d'achat d'actifs, en contrepartie d'investissements verts.
• Abandonner le principe de neutralité de marché de la BCE et utiliser la taxonomie verte en cours de déploiement comme critère lors des opérations de refinancement, *via* l'établissement de bonus-malus.
• Réformer la doctrine des banques publiques d'investissement pour leur permettre de s'endetter pour investir dans la transition écologique et les pousser à prendre plus de risques.
• Renforcer considérablement les fonds de garantie des banques publiques d'investissement.

• Utiliser la liberté d'interprétation permise par l'article 125 du TFUE pour financer, par création monétaire, des baisses d'impôts ciblées en faveur de la transition écologique.

Les propositions nécessitant une réforme du droit en vigueur

• Réécrire l'article 123-2 du TFUE pour permettre à la banque centrale de soutenir massivement les banques publiques d'investissement européennes (BEI) et nationales en leur octroyant des liquidités à taux nul et à longues maturités.
• Repenser l'indépendance des banques centrales pour tout ou partie de leurs missions en réécrivant l'article 130 du TFUE.

Propositions pouvant fournir des axes de réflexion à moyen terme

• Développer des mécanismes d'injection de monnaie libre en faveur de la transition écologique et sous le contrôle des citoyens.
• Travailler à établir une monnaie numérique de banque centrale et permettre l'ouverture de comptes de particuliers et d'entreprises dans les livres de la banque centrale afin de faciliter la transmission de la politique monétaire.
• Réfléchir à établir une véritable monnaie de réserve internationale afin de financer par création monétaire le développement durable des pays du Sud.

Notes

Introduction

1. Certains économistes contestent cette affirmation, qui est pourtant empiriquement démontrée et qui ne fait aucun doute pour les banquiers centraux.
2. L'accord de Paris sur le climat suppose que nos émissions nettes de gaz à effet de serre (GES) soient nulles avant 2070. Cela implique la « neutralité carbone » de notre activité à cet horizon : les absorptions de carbone (en fait du CO_2) doivent être égales ou supérieures aux émissions de GES.
3. La dette publique mondiale atteint ainsi désormais près de 70 000 milliards de dollars, alors que le PIB mondial tourne autour de 80 000 milliards. Quant à la dette privée, elle dépasse les 115 000 milliards de dollars.
4. Il existe des exceptions, comme l'Allemagne, qui tiennent tout entières dans la captation de la masse monétaire des autres pays par le biais d'excédents commerciaux massifs, suivant une logique purement mercantiliste.
5. Ce fut l'objet du livre de A. Grandjean, K. Puisieux, M. Cohen, *Agir sans attendre. Notre plan pour le climat*, Les Liens qui libèrent, 2019.
6. Ainsi Paul Krugman, « prix Nobel » d'économie en 2008 pour avoir montré les effets des économies d'échelle sur les modèles du commerce international et la localisation de l'activité économique, déclarait en 2012 : « Quand la dette monte, ce n'est pas que l'économie dans son ensemble dispose de davantage d'argent. Ce qui se passe plutôt, c'est qu'il y a des gens moins patients – des gens qui, pour une raison quelconque, veulent dépenser plus tôt plutôt que plus tard – qui empruntent à des gens plus patients. » Cité par S. Keen, *Pouvons-nous éviter une autre crise financière ?*, Les Liens qui libèrent, 2017, p. 114. On pensera aussi à

la déclaration du président de la Société générale, Frédéric Oudéa, à l'Assemblée nationale, en 2012 : « Nous ne pouvons créer de l'argent. Il nous faut le collecter à travers les dépôts des particuliers et des entreprises, ainsi que par des émissions sur les marchés. »

7. Le *quantitative easing* (QE) ou « assouplissement quantitatif » désigne un type de politique monétaire dite « non conventionnelle » consistant pour une banque centrale à racheter massivement des titres de dettes à des institutions financières (essentiellement des banques, mais pas uniquement), notamment des bons du Trésor ou des obligations d'entreprise qui respectent un certain nombre de critères, dans le but de fournir des liquidités à ces institutions. Pour réaliser ces opérations, la banque centrale crée de la monnaie, de la même manière que les banques privées créent de la monnaie quand elles accordent un crédit à un particulier.
8. Cette classification des activités en fonction de leur impact environnemental est un facteur décisif pour mieux orienter l'activité économique et les flux financiers : en juin 2019, les membres du groupe d'experts techniques sur la finance durable (Technical Expert Group on Sustainable Finance), travaillant pour le Parlement et la Commission européenne ont ainsi rendu leur premier rapport sur la taxonomie européenne des activités durables qui devrait permettre aux investisseurs et aux entreprises d'identifier les secteurs qui génèrent des bénéfices environnementaux. Mais ses conclusions doivent encore être approuvées par la Commission et les États membres.
9. Lire aussi à ce sujet : http://www.bsi-economics.org/1000-banque-climat-idee-promesse-nd.
10. https://alaingrandjean.fr/2016/12/20/monnaie-libre-desendettement/.
11. M. Mauss, *Essai sur le don. Forme et raison des échanges dans les sociétés archaïques*, PUF, 2007.

PREMIÈRE PARTIE
Le pouvoir bridé de la monnaie

CHAPITRE 1
La magie de la monnaie

1. Comme le disait John Hicks : « *Money is what money does* » (« L'argent est ce qu'il fait »), J. Hicks, *Critical Essays in Monetary Theory*, Clarendon Press, 1979.

2. M. Aglietta, A. Orléan, *La Monnaie. Entre violence et confiance*, Odile Jacob, 2002.
3. Le concept de « préférence pour la liquidité », introduit par Keynes, renvoie à cette idée que la possession de monnaie peut apparaître à certains moments plus intéressante que l'utilisation de cette monnaie pour n'importe quelle autre action économique.
4. G. Simmel, *Philosophie de l'argent*, PUF ; 1987, 3ᵉ chapitre.
5. Il peut exister des monnaies sans marché, mais pas de marché sans monnaie.
6. Certes, dans les périodes de troubles monétaires massifs, la seule puissance de l'État ne peut garantir la monnaie, comme le montrent de nombreux exemples, des assignats révolutionnaires à la faillite monétaire du Zimbabwe. Mais cela ne signifie pas que le rôle de l'État dans l'établissement de la confiance ne soit pas essentiel.
7. En simplifiant, l'école monétariste, dont le représentant le plus connu est le prix Nobel Milton Friedmann, affirme que la monnaie est neutre sur l'économie, et que la source unique d'inflation est l'excédent de création monétaire ; nous discuterons de ces affirmations plus loin.
8. « Empereur. – Où ne manque-t-il rien en ce monde ? Ceci ou cela… Ce qui manque ici, c'est l'argent. Je suis fatigué de ces éternelles tergiversations. C'est d'or dont nous avons besoin. Crée-le donc !
   Méphistophélès. – J'en fournirai plus que vous n'en demandez.
   Chancelier. – Alors écoutez et voyez ce parchemin du destin ; qui a transformé tout le mal en bien.
   Méphistophélès. – Un tel papier, en lieu de perles et d'or, est bien pratique pour détenir un trésor. Pas besoin de pièces ou de troc car chacun peut s'enivrer à volonté d'amour et de vin » (J. von Goethe, *Faust*, II, acte I).
9. http://desiebenthal.blogspot.com/2015/10/ex-nihilo-satan.html.
10. https://www.revue-projet.com/articles/banque-publique-d-investissement-la-mal-nommee/7664.
11. J.-P. Sartre, « Carnets de la drôle de guerre », XII, voir *Les Mots et autres écrits autobiographiques*, édité par Jean-François Louette, Gallimard, « Bibliothèque de la Pléiade », 2010, p. 537.
12. C'est en effet uniquement lorsque l'État dépense l'argent prêté par la banque dans l'économie réelle, par exemple en payant ses fournisseurs, que la création monétaire devient réelle, car l'opération de prêt en elle-même s'opère en monnaie centrale dans les livres de la banque centrale et ne conduit pas directement à une création monétaire.
13. En effet, les achats d'actifs entre banques conduisent simplement à un transfert de monnaies centrales entre elles, mais n'augmentent pas le volume général des dépôts bancaires, c'est-à-dire de la masse monétaire.
14. D. Graeber, *Dette : 5000 ans d'histoire*, Les Liens qui libèrent, 2013.

15. Ils étaient le plus souvent enfilés en bracelets ou en colliers, ou empaquetés de façon à former de plus grandes unités. Ainsi, sur le marché du Bengale, les transactions importantes se faisaient au moyen de paniers de cauris. Chaque panier contenait environ 12 000 coquillages. La forme du cauri en faisait en outre un symbole de fécondité, ce qui le rendait d'autant plus appréciable chez certains peuples.
16. Dans un système monétaire reposant sur l'or, dit « étalon-or », toute émission de monnaie se fait avec une contrepartie et une garantie d'échange en or. La quantité de monnaie en circulation est donc limitée par la quantité d'or détenue, sans aucun lien avec l'activité économique. Si le métal précieux est trop rare, la lutte pour la monnaie s'intensifie au sein de la société.
17. D. Graeber, *Dette : 5000 ans d'histoire*, *op. cit.*
18. M. Aglietta, Pepita Ould Ahmed, J.-F. Ponsot, *La Monnaie, entre dettes et souveraineté*, Odile Jacob, 2016.
19. F. Braudel, *Civilisation matérielle, économie et capitalisme*, XVe-XVIIIe *siècle*, t. III : *Le Temps du monde*, Armand Colin, 1979, p. 286.
20. Il s'agit du même principe encore appliqué aujourd'hui dans le fonctionnement monétaire contemporain, puisque la quantité de monnaie pouvant être créée par les banques est contrainte, non pas par le stock de métal précieux, mais par leurs réserves en « monnaie centrale », c'est-à-dire en monnaie détenue par les banques auprès de la banque centrale qui constitue donc une sorte de nouvel étalon, bien que plus autonome et dématérialisé puisque ne dépendant d'aucune ressource physique.
21. Voir « L'argent maître », revue *Médium*, juillet-décembre 2008, n° 16-17.
22. J. Le Goff, *Marchands et banquiers du Moyen Âge*, PUF,« Que sais-je ? », 2006.
23. G. Simmel, *Philosophie de l'argent*, *op. cit.*, p. 202.
24. Voir P. Cailleteau, *La Vulnérabilité du système financier mondial* (Economica, 2018), dont un extrait (p. 96-97) est reproduit ici : https://alaingrandjean.fr/2018/10/03/monnaie-creee-ex-nihilo-dun-simple-jeu-decritures-banques-empirique/.
25. M. McLeay *et al.* « Money creation in the modern economy », *Bank of England Quarterly*, 2014, Q1, p. 1 (traduit en français par Julia Grandjean et disponible à l'adresse suivante : https://alaingrandjean.fr/wp-content/uploads/2016/11/creation-monetaire-economie-modernev2.pdf).
26. Le pic pétrolier est le maximum de la production pétrolière, mathématiquement inévitable du fait du caractère fini des ressources pétrolières, mais dont la date d'occurrence est très débattue entre experts ; il pourrait intervenir dans les prochaines décennies.
27. Cité par Matthieu Auzanneau dans son blog : https://www.lemonde.fr/blog/petrole/2019/09/13/la-production-americaine-de-petrole-a-cesse-de-croitre.

CHAPITRE 2

La monnaie et les banques

1. La comptabilité en partie double est le principe de base du système comptable utilisé par toutes les entreprises et organisations. Elle a été inventée par les marchands italiens au XVIe siècle pour faciliter leurs tenues de comptes. Les opérations et la situation financière d'une organisation sont ainsi représentées par des comptes, dont chacun retrace, pour un exercice comptable donné, généralement annuel, l'historique des modifications de la valeur monétaire d'un aspect particulier de l'organisation. On parle de « partie double » quand l'enregistrement d'écriture est inscrit dans deux comptes (au moins) : un compte débité et un compte crédité.
2. J. Bayard, *La Monnaie, source de vie économique*, Édilivre, 2019.
3. J. Gadrey, F. Jany-Catrice, *Les Nouveaux Indicateurs de richesse*, La Découverte, 2005. Voir également les travaux de la commission Stiglitz-Sen-Fitoussi, officiellement intitulée « Commission sur la mesure des performances économiques et du progrès social » (rapport disponible en ligne à cette adresse : https://www.ladocumentationfrancaise.fr/var/storage/rapports-publics/094000427.pdf).
4. Pour prendre un exemple : si un nouvel appareil électronique est plus cher, est-ce une simple augmentation de prix (effet-volume) ou un progrès du produit (effet-qualité) ?
5. Si un panier de biens coûte 100 euros en France et 120 dollars aux États-Unis, la parité de pouvoir d'achat sera de 1 euro = 1,20 dollar, même si, sur le marché des changes, 1 euro = 1,4 dollar.
6. La loi du 13 avril 2015 visant à la prise en compte des nouveaux indicateurs de richesse dans la définition des politiques publiques, dite « loi Sas », du nom de la députée qui l'a porté, oblige le gouvernement à rendre compte de son activité au vu d'une série de tels indicateurs. Les rapports administratifs sont faits, mais on est encore loin d'un vrai tableau de bord et encore moins de pilotage. Voir https://www.legifrance.gouv.fr/affichTexte.do?cidTexte=JORFTEXT000030478182&categorieLien=id.
7. https://www.alternatives-economiques.fr/eloi-laurent/croissance-revient-croyance-repart/00084241.
8. https://www.insee.fr/fr/statistiques/2654964.
9. En effet, s'il est facile de mesurer le montant de monnaie créée par le crédit, mesurer le montant de monnaie qui circule réellement dans l'économie est plus compliqué. Cela tient aux différents usages qui peuvent être faits de la monnaie créée : elle peut être déposée sur des comptes courants, servir immédiatement à un paiement, être placée sur un compte d'épargne ou dans un fonds monétaire, se traduire par un achat d'actif mobilier ou immobilier, etc. Coexistent ainsi en permanence des quantités de monnaies actives, circulantes et liquides, et d'autres quantités de

monnaies moins liquides, moins aisément mobilisables et parfois immobilisées à long terme dans des actifs divers. Mais la valeur des actifs varie dans le temps : la valeur monétaire de la masse monétaire « immobilisée » n'est ainsi pas garantie *ad vitam aeternam*. On distingue donc différentes mesures de la masse monétaire en fonction de ses degrés de « liquidité », c'est-à-dire de la capacité des actifs dans lesquels elle est parfois immobilisée, à être plus ou moins rapidement transformée en monnaie « courante ».

10. M3 est l'agrégat monétaire le plus largement utilisé : il englobe les pièces et les billets, les dépôts à vue, les dépôts monétaires et les actifs financiers très liquides, c'est-à-dire facilement convertibles en monnaie. Définir la masse monétaire sur la base de M0, c'est-à-dire sur la monnaie banque centrale, n'a aucun sens, car la monnaie qui circule entre les agents économiques hors banques n'est pas de la monnaie centrale, et sa quantité n'est en rien un multiple de cette monnaie centrale (voir p. 64).
11. 385 milliards d'euros dorment sur les comptes courants des ménages en France. Avec une inflation à 1,8 % pour un taux d'épargne de 0,75% sur les livrets A, les Français qui épargnent perdent même de l'argent. Mais l'investissement peut aussi être risqué.
12. http://www.chomage-et-monnaie.org/2003/10/01/le-cheque-sans-provision.
13. I. Fisher, « The debt-deflation theory of Great Depressions », *Econometrica*, 1933, 1, 3, p. 344.
14. C. Riquier, « Introduction », *Esprit*, juillet-août 2019, n° 7, p. 33-45.
15. R. Abi-Rafeh, G. Giraud, F. McIsaac, « La dette publique française justifie-t-elle l'austérité budgétaire ? », 23 décembre 2012, https://halshs.archives-ouvertes.fr/halshs-00841553/document
16. Le terme « momentum » est par exemple souvent utilisé par les analystes techniques. En finance, il désigne l'accélération des prix ou des volumes échangés sur certains actifs en fonction de l'endettement.
17. Pour l'année 2016, le crédit total à l'investissement délivré aux sociétés non financières s'élève ainsi à 638 milliards d'euros, auxquels il revient de retirer 260 milliards d'euros de crédits immobiliers, sur un flux total de crédit de 2 533 milliards d'euros (source : https://www.insee.fr/fr/statistiques/3303514?sommaire=3353488).
18. Hyman Minsky (1919-1996) est un des grands noms de l'économie. Ses travaux sont revisités depuis la crise financière de 2008. Il avait montré que l'instabilité financière est endogène à l'économie monétaire de production moderne, puisque l'endettement est son moteur. Voir H. Minsky, *Stabilizing an Unstable Economy*, Yale University Press, 2008.
19. Il ne s'agit pas que d'un débat théorique : le *free banking* pratiqué aux États-Unis et en Écosse pendant une partie du XIXe siècle se rapproche tout à fait de ce type de modèle sans monnaie centrale. Toutefois, la référence à l'or permettait de ne pas avoir une création monétaire totalement

débridée. Mais des théoriciens comme Friedrich Hayek ont plaidé pour des modèles monétaires de ce type, sans banque centrale et avec une pluralité de monnaies en concurrence les unes avec les autres.

20. Ce qui plaide d'ailleurs pour la séparation des activités bancaires, comme ce fut le cas en France avec la loi bancaire de 1945.
21. Henry Thornton (1760-1815) est un homme politique et économiste britannique, connu pour avoir défendu le principe d'une banque centrale agissant comme prêteur en dernier ressort en cas d'instabilité financière. Walter Bagehot (1826-1877) est un journaliste économique britannique qui écrivit sur les principes d'action des banques centrales, notamment en matière de taux d'intérêt et de collatéraux applicables aux opérations de refinancement.
22. https://abonnes.lemonde.fr/idees/article/2018/05/30/michel-aglietta-propose-un-nouveau-cadre-pour-l-euro_5307028_3232.html.
23. https://monnaieprix.hypotheses.org/.
24. La capacité des banques à prêter, c'est-à-dire leur capacité à honorer leurs engagements en monnaie centrale, fait que la monnaie n'est pas complètement endogène : dans de rares situations, il peut exister une demande non satisfaite par une offre. Mais, la plupart du temps, les banques ont intérêt à prêter.
25. Cette affirmation est à nuancer dans le cas d'une banque centrale qui augmenterait massivement son taux d'intérêt : son action pourrait alors avoir un impact certain sur la baisse du flux de crédits. Mais, en procédant ainsi, elle casserait le rouage de la création monétaire et elle ne peut généralement pas se l'autoriser. En revanche, une fois le taux d'intérêt abaissé à zéro, la banque centrale ne peut forcer les agents économiques à emprunter. Dans ce cas, elle se révèle impuissante à augmenter la masse monétaire en circulation (sauf indirectement *via* une politique monétaire non conventionnelle d'achat d'actifs dont nous verrons plus loin les limites).
26. https://www.lesechos.fr/finance-marches/marches-financiers/a-5138-milliards-de-dollars-les-dividendes-mondiaux-battent-un-nouveau-record-1124927?fbclid=IwAR1IETuucniTgq1g-J6FcC9cjuLq8vEsMLN-HNzVRoTRUMtUl0gunMChT8x4
27. https://www.bundesbank.de/fr/missions/themes/comment-est-cr%C3%A9ùC3%A9e-la-monnaie-667892.
28. Voir l'article de l'économiste Gaël Giraud et du haut fonctionnaire Jean-Marc Sauvé, paru dans *le Monde*, le 20 septembre 2019 : https://www.lemonde.fr/idees/article/2019/09/20/la-poursuite-du-deluge-monetaire-ressemble-a-l-action-de-pompiers-pyromanes_6012405_3232.html.
29. http://www.fsb.org/2018/03/global-shadow-banking-monitoring-report-2017.
30. J.-M. Harribey, E. Jeffers, J. Marie, D. Plihon et J.-F. Ponsot, *La Monnaie, un enjeu politique*, Seuil, « Points », 2018.

31. J. de Larosière, intervention à l'Université Columbia, le 1er décembre 2010.
32. A. Turner, *Reprendre le contrôle de la dette. Pour une réforme radicale du crédit et des banques*, Éditions de l'Atelier, 2017, p. 57.
33. Plus rigoureusement, le lauréat du prix de la Banque de Suède en mémoire d'Alfred Nobel.
34. La capitalisation boursière d'une société cotée est la valorisation au prix de marché de l'ensemble des actions en circulation d'une société par actions. La capitalisation boursière totale est l'addition de toutes les actions cotées sur une Bourse donnée.
35. Erkki Liikanen a été gouverneur de la banque centrale de Finlande entre 2004 et 2018. En février 2012, il est choisi pour diriger le groupe d'experts sur la réforme bancaire suite à la crise de 2008, qui rend son rapport en octobre de la même année.
36. C'est au sein du « marché secondaire » qu'un titre change de main, après son émission sur le « marché primaire », où les acquéreurs souscrivent au capital de l'entreprise en achetant des titres créés lors de cette émission.
37. G. Giraud, préface à l'édition française du livre de S. Keen, *Pouvons-nous éviter une autre crise financière ?*, *op. cit.*

CHAPITRE 3
Controverses autour de la politique monétaire

1. Pourtant, certaines parties de son bilan – les facteurs dits « autonomes » comme, notamment, les billets, les dépôts des administrations publiques, les avoirs extérieurs nets ou les dépôts non monétaires – ne sont pas entièrement sous son contrôle.
2. Pour une analyse plus détaillée, lire : N. Dufrêne, « Que faut-il changer dans les traités européens en matière monétaire ? », *Le vent se lève*, 21 mai 2019, https://lvsl.fr/que-faut-il-changer-dans-les-traites-europeens-en-matiere-monetaire/.
3. La notion et les mécanismes qui constituaient le circuit du Trésor, en France, sont expliqués en détail au chapitre 4.
4. La protection de l'environnement et le plein-emploi sont donc bien des objectifs de la politique monétaire, au sens des traités, mais il s'agit d'objectifs secondaires, inférieurs à l'objectif principal de stabilité des prix. Nous verrons en outre qu'ils se heurtent à un autre principe d'action de la politique monétaire, qui est sa « neutralité de marché ».
5. Dans la période post-2008, Mario Draghi a poussé la BCE à agir plus loin que son mandat étroit, lequel n'avait pas été bousculé par son prédécesseur Jean-Claude Trichet. Mais cette action se heurte nécessairement à des limites.

6. Et certainement, de manière indirecte, par la volonté de voir reculer la sphère d'influence de l'État.
7. Élaborée en 1958 par l'économiste néo-zélandais Alban William Phillips, la courbe de Phillips tend à montrer une relation décroissante entre le chômage et l'inflation : plus le chômage est élevé et plus l'inflation serait faible, et inversement. Il en résulterait que les politiques publiques n'auraient le choix qu'entre inflation et chômage. Nous contestons fortement la réalité de cette alternative funeste, quand elle est posée en termes aussi simplistes.
8. Bien entendu, c'est l'inflation associée à une hausse des revenus qui réduit le taux d'endettement des personnes ayant un revenu dynamique (indexé sur les prix). Inversement, l'inflation peut diminuer le pouvoir d'achat de ceux qui disposent d'un revenu fixe ou de prix bloqués à la hausse. Autrement dit, pour que l'inflation soit positive sur le taux d'endettement des agents privés, il faut que leur revenu nominal augmente en même temps que la hausse des prix, car c'est bien la hausse du revenu nominal qui réduit le poids relatif des dettes fixées également de manière nominale – et donc non indexées sur l'inflation.
9. S. Keen, *L'Imposture économique*, Édition de l'Atelier, 2014. Lire en particulier le chapitre « Le prix de tout et la valeur de rien », p. 140.
10. Cependant, pour les biens ne pouvant pas être fabriqués en série ou pour les biens rares par nature, la loi de l'offre et de la demande joue davantage. C'est le cas par exemple pour le pétrole.
11. Selon l'article 107 du TFUE, les aides d'État sont théoriquement interdites au-dessus d'un régime de 200 000 euros, qualifiés de « minimi ». Cette disposition vise à éviter toute distorsion de concurrence par l'action publique.
12. C'est justement ce qui a motivé l'ouvrage : A. Grandjean, G. Galand, *La Monnaie dévoilée*, L'Harmattan, 1996.
13. Friedrich Hayek (1899-1992) est un économiste autrichien libéral – récipiendaire du « prix Nobel » d'économie en 1974, qui s'est fortement opposé à John Maynard Keynes et au « keynésianisme ». Il défendait une conception très libérale de l'ordre économique dans lequel il dénonçait toute tentative de l'État d'interférer avec l'« ordre spontané » généré par les acteurs économiques.
14. F. A. Hayek, « Intertemporal price equilibrium and movements in the value of money », *in Money, Capital, and Fluctuations. Early Essays*, édité par R. McCloughry, Routledge and Kegan Paul, 1984, p. 71-117.
15. L'école du *public choice* est un courant de pensée né aux États-Unis, qui cherche à appliquer les principes de la microéconomie libérale, en particulier les concepts de rationalité individuelle et de maximisation du profit, à la science politique. Il en résulte une vision selon laquelle les hommes politiques ne chercheraient pas à défendre l'intérêt général, mais leur intérêt propre dans un souci électoraliste : leur confier le

pouvoir monétaire les inciterait nécessairement à créer trop de monnaie par rapport à l'objectif de stabilité des prix. Cette vision étroite et manichéenne de l'action publique nous apparaît hautement critiquable.

16. C'est-à-dire au rôle d'intermédiaire joué par les banques entre les acteurs économiques qui veulent investir ou se financer.
17. M. King, « Twenty years of inflation targeting », discours au Stamp Memorial Lecture, London School of Economics and Political Science, 2012.
18. J. M. Keynes, *Théorie générale de l'emploi, de l'intérêt et de la monnaie*, Payot, 1942, livres IV à VI.
19. Y. S. Nersisyan, L. R. Wray, « Un excès de dette publique handicape-t-il réellement la croissance ? », *Revue de l'OFCE* 2011/1, n° 116, p. 173-190.
20. Concernant la BCE, cette hypothèse est parfaitement envisageable. En effet, l'article 33.2 du protocole 4 du TFUE stipule que si « la BCE enregistre une perte, celle-ci est couverte par le fonds de réserve général de la BCE et, si nécessaire, après décision du conseil des gouverneurs, par les revenus monétaires de l'exercice financier concerné au prorata et jusqu'à concurrence des montants alloués aux banques centrales nationales conformément à l'article 32.5 ». Cela signifie qu'en cas de perte la BCE peut ponctionner les dividendes qu'elle verse aux BCN, mais pas davantage. Le traité ne mentionne en aucune façon la nécessité d'une recapitalisation entière, et encore moins de la part des États.
21. Sous réserve que la banque ne restreigne pas son offre de crédit à la suite de sa perte comptable, car la perte est toujours enregistrée au passif de la banque et impacte ses liquidités.
22. Nous reviendrons plus loin sur la définition des actifs verts et les difficultés que cela peut poser.
23. https://www.veblen-institute.org/Une-etude-de-l-Institut-Veblen-et-l-ONG-Positive-Money-Europe-La-Banque.html.
24. http://www.europarl.europa.eu/news/fr/press-room/20190904IPR60306/audition-de-mme-lagarde-en-commission-des-affaires-economiques-et-monetaires.
25. Le travail pour une taxonomie des actifs conduit au sein de l'UE vise à établir une liste d'activités économiques évaluées et classées en fonction de leur contribution aux objectifs de l'UE en matière de développement durable. La taxonomie européenne deviendrait ainsi un outil pour permettre aux investisseurs d'allouer des capitaux ou d'influencer les activités des entreprises vers la réalisation des objectifs de développement durable. Un premier rapport du groupe technique d'experts a été rendu en juin 2019 : https://ec.europa.eu/info/sites/info/files/business_economy_euro/banking_and_finance/documents/190618-sustainable-finance-teg-report-taxonomy_en.pdf.

CHAPITRE 4
L'arme monétaire dans l'histoire : une efficacité démontrée

1. H. Schacht, *76 Jahre Meines Lebens*, Kindler und Schiermeyer Verlag, 1953 ; traduit en français sous le titre *Mémoires d'un magicien*, Kontre Kulture, 2016. Voir également J.-F. Bouchard, *Hjalmar Schacht, le banquier du diable*, Max Milo, 2015.
2. F. Clavert, *Hjalmar Schacht, financier et diplomate (1930-1950)*, Peter Lang, 2009.
3. Pour une analyse plus détaillée de cet épisode historique, voir A. Grandjean, G. Galand, *La Monnaie dévoilée*, *op. cit.*
4. E. Rauchway, « Reflation and relief », *in The Great Depression and the New Deal*, Oxford University Press, 2008, p. 65.
5. En simplifiant, la loi du reflux désigne aujourd'hui le fait qu'un crédit créateur de monnaie est suivi d'une destruction monétaire lors du remboursement. Historiquement, cette loi a été développée par John Fullarton au XIXe siècle pour désigner le fait que les billets bancaires non désirés par les agents économiques reviennent aux banques émettrices à l'occasion de remboursement de crédit, de dépôt ou de demande de reconversion en espèces.
6. Benjamin Lemoine est sociologue et auteur du livre *L'Ordre de la dette*, La Découverte, 2016.
7. https://laviedesidees.fr/Dette-publique-debat-confisque.html.
8. Le démantèlement final du circuit du Trésor date ainsi de 1992 et non de la loi de 1973 portant statut de la Banque de France, comme cela a pu être avancé parfois. Par ailleurs, même avant 1992, les avances de la Banque centrale au Trésor étaient limitées à de faibles montants (en pratique inférieurs à 10 milliards de francs).
9. Une économie en « stagflation » souffre simultanément d'une croissance économique faible ou nulle et d'une forte inflation (c'est-à-dire une croissance rapide des prix). Cette situation est souvent accompagnée d'un taux de chômage élevé.
10. Cette décision a cependant trouvé ses racines dans un processus long, remarquablement analysé par B. Lemoine, *L'Ordre de la dette*, *op. cit.*
11. Comme le montre le fait qu'il existe à l'heure actuelle plus de 50 millions de logements vides ; voir https://www.bloomberg.com/news/articles/2018-11-08/a-fifth-of-china-s-homes-are-empty-that-s-50-million-apartments.
12. Il est ainsi facile de railler des grands projets « soviétiques » sans utilité, mais le modèle économique européen de marché n'a pas empêché non plus la construction des grands ensembles inoccupés d'habitations de vacances en Espagne et des aéroports vides qui les accompagnent…
13. https://fr.inflation.eu/taux-de-inflation/chine/inflation-historique/ipc-inflation-chine.aspx.

14. https://www.reuters.com/article/us-china-economy-debt/chinas-debt-tops-300-of-gdp-now-15-of-global-total-iif-idUSKCN1UD0KD.
15. La « monnaie libre » est une monnaie créée *ex nihilo*, sans endettement en contrepartie. Pour plus de détails sur la possibilité de créer de la monnaie libre dans un contexte international, se reporter au chapitre 9 de l'ouvrage, qui traite cette question de manière approfondie.

CHAPITRE 5

L'impuissance du système financier face au changement climatique

1. http://global-warning.fr/wp-content/uploads/2016/03/Carney-tragedy-of-the-horizon-sept-2015-Trad-M.Lepetit.pdf.
2. Voir A. Grandjean, K. Puisieux, M. Cohen, *Agir sans attendre*, *op. cit.*, p. 19 et suivantes.
3. https://alaingrandjean.fr/wp-content/uploads/2015/06/Rapport-CANFIN-GRANDJEAN-FINAL-18062015.pdf.
4. Tribune collective « Libérons l'investissement vert », https://www.alternatives-economiques.fr/liberons-linvestissement-vert/00085806.
5. La PPE et la SNBC sont deux lois adoptées par la France, qui fixent une trajectoire et des objectifs pour moduler la programmation énergétique et pour réduire les émissions de gaz à effet de serre. C'est notamment dans ce cadre qu'a été décidée la réduction à 50 % en 2025 (puis en 2035) de la part du nucléaire dans le mix énergétique français. En 2019, la France produit encore près de 445 millions de tonnes équivalents CO_2.
6. http://publications.europa.eu/webpub/eca/lr-energy-and-climate/fr/#box8.
7. Voir notamment le lien suivant : https://www.enertech.fr/modules/catalogue/pdf/73/170612%20Co%C3%BBts%20R%C3%A9novation%20thermique%20Vdef.pdf.
8. https://www.connaissancedesenergies.org/le-monde-energetique-des-2degc-en-2050-selon-lirena-180418.
9. Il faudrait ainsi diminuer l'intensité énergétique mondiale (consommation d'énergie par point de PIB) de deux tiers entre 2018 et 2050, sachant qu'elle n'a baissé que de 1,7 % en 2017, pour atteindre cet objectif.
10. Voir P. Mimram, « L'enjeu financier du démantèlement des centrales nucléaires », https://www.ensae.org/fr/news/l-enjeu-financier-du-demantelement-des-centrales-nucleaires-747.
11. http://www.sfen.org/rgn/grand-carenage-cour-comptes-interroge.
12. *Les Politiques publiques en faveur des véhicules à très faibles émissions*, rapport France Stratégie, mai 2019.
13. « Comment faire enfin baisser les émissions de CO_2 des voitures », *La Note d'analyse France Stratégie*, juin 2019, n° 78, https://www.strategie.

gouv.fr/sites/strategie.gouv.fr/files/atoms/files/fs-na78-2019-emissions-voitures-meilhan-20juin-bat.pdf
14. Ce qui devrait être le cœur du marché souhaitable, car cette capacité correspond à de petites voitures.
15. Voir le rapport France Stratégie *Objectif « zéro artificialisation nette » : quels leviers pour protéger les sols ?*, 2019, https://www.strategie.gouv.fr/publications/objectif-zero-artificialisation-nette-leviers-proteger-sols.
16. Plus précisément, les climatologues ont montré qu'il est possible de connaître une atmosphère à 1 000 ppm de CO_2 en fin de siècle : il nous manquerait alors l'oxygène nécessaire pour éprouver une sensation d'air frais. Plus brutal encore, dans cette hypothèse, alors qu'environ 30 % de la population mondiale est actuellement exposée à des conditions climatiques supérieures à un seuil potentiellement létal de chaleur et d'humidité pour une période importante (au moins vingt jours par an), ce pourcentage pourrait passer à 48 % dans un scénario de réductions drastiques d'émissions de gaz à effet de serre, et à 74 % dans un scénario où nous ne parviendrions pas à réduire suffisamment nos émissions. Il en résulterait une menace croissante pour la vie humaine. *Cf.* C. Mora *et al.*, « Global risk of deadly heat », *Nature*, 2017, 7, p. 501-506.
17. Voir notamment : Virginie Maris, *Nature à vendre. Les limites des services écosystémiques*, Éditions Quae, « Sciences en question », 2014.
18. Les économistes parlent d'externalité lorsque l'activité de consommation ou de production d'un agent a une influence sur le bien-être d'un autre sans que cette interaction fasse l'objet d'une transaction économique. Les externalités négatives ont un effet négatif sur le bien-être de l'autre.
19. Cette expression désigne une situation lors de laquelle une institution publique de régulation, bien que destinée à agir en faveur de la collectivité, finit par servir des intérêts commerciaux et/ou privés, sous l'influence de ces intérêts privés.
20. M. Weber, *Economy and Society : An Outline of Interpretative Sociology*, University of California Press, 1992.
21. Ainsi, en réinvestissant chaque année les dividendes, le taux de rentabilité annuel des actions du CAC40 entre 1987 et 2016 est de +10,6 %, supérieur à l'immobilier (+8,8 %), à l'assurance-vie en euros (+5,8 %), à l'or (+3,3%) et au Livret A (+3,2 %). Un investisseur qui aurait investi 500 euros fin 1987 (3 279,79 francs) aurait aujourd'hui bénéficié d'une performance globale de 1 253 % et aurait donc 6 265 euros de capital. Si l'on inclut les plus-values dans le rendement, les résultats sont évidemment bien au-dessus.
22. Voir notamment, M. Dufumier, *Famine au Sud, malbouffe au Nord. Comment le bio peut nous sauver*, NiL Éditions, 2012.
23. David Throsby, *The Economics of Cultural Policy*, Cambridge University Press, 2010.
24. Chaire « Économie du climat », Paris-Dauphine, https://www.chaireeconomieduclimat.org/wp-content/uploads/2018/07/ID56-derniere-version.pdf.

25. J.-B. Fressoz, « Pour une histoire désorientée de l'énergie », 25es Journées scientifiques de l'environnement. L'économie verte en question, 2014.
26. *Climate chance 2018*, rapport annuel de l'Observatoire mondial de l'action climatique non étatique, https://www.climate-chance.org/wp-content/uploads/2018/12/cahier_3_fr_climatechance_finance4tomorrow_implication-des-acteurs-de-la-finance.pdf.
27. Le comité permanent sur la finance de la CCNUCC diffuse un rapport biannuel d'évaluation des flux financiers globaux en faveur du climat, dont la dernière édition de novembre 2018 porte sur les flux 2015-2016 : https://unfccc.int/topics/climate-finance/resources/biennial-assessment-of-climate-finance.
28. https://www.oecd.org/fr/presse/l-ocde-constate-une-relance-du-soutien-aux-combustibles-fossiles-qui-compromet-la-lutte-contre-le-changement-climatique.htm.
29. https://www.statistiques.developpement-durable.gouv.fr/sites/default/files/2019-05/datalab-53-chiffres-cles-des-energies-renouvelables-edition-2019-mai2019.pdf.
30. L'empreinte carbone d'une entité (entreprise, ménage, investissement, etc.) est le total des gaz à effet de serre (GES) nécessaires pour l'activité de cette entité, une année donnée. Elle intègre des émissions de GES faites en amont (achats par exemple), en aval (usage d'un produit vendu par une entreprise) et sur le lieu même de l'activité. Pour les entreprises il existe des normes internationales, ISO 14064 et 14069.
31. Par les ONG Oxfam France et les Amis de la Terre. Voir https://www.oxfamfrance.org/wp-content/uploads/2019/11/Rapport-La-colossale-empreinte-carbone-des-banques-fran%C3%A7aises.pdf.
32. Voir http://www.carbon4finance.com/report-amisdelaterre-oxfam/
33. Il existe deux grands standards internationaux :
– les *green bond principles* (GBP) de l'International Capital Market Association, édictés en 2014, qui établissent un niveau minimum de transparence et de procédures ;
– les standards mis en place par l'organisation Climate Bonds Initiative (CBI), qui visent à garantir l'alignement sur l'objectif des 2 °C de réchauffement climatique.
34. La titrisation est une technique financière qui consiste à transférer à des investisseurs des actifs financiers tels que des créances, en transformant ces créances en titres financiers émis sur le marché des capitaux. Cela permet notamment aux banques de se débarrasser d'une partie de leurs actifs, ce qui allège leur bilan et leur permet de récupérer des liquidités.
35. Voir les travaux de Michel Aglietta et d'Étienne Espagne https://www.strategie.gouv.fr/sites/strategie.gouv.fr/files/atoms/files/bat_notes_danalyse_n24_francais_12_mars_17h_45.pdf.
36. Cette commission officielle a déterminé, en 2019, la valeur du carbone devant être utilisée par les administrations qui évaluent le « bilan

socio-économique » des projets qu'elles envisagent, principalement dans le domaine du transport. Cette valeur a été estimée à partir de résultats de travaux de modélisation. Elle est croissante dans le temps pour atteindre 250 euros la tonne de CO_2 en 2050 et 775 en 2050. Voir https://www.strategie.gouv.fr/publications/de-laction-climat.

37. Un collatéral est un actif transférable ou une sûreté, voire une promesse de garantie, servant à couvrir le risque de crédit lors d'opérations financières dans le cas où le bénéficiaire de ce dernier ne pourrait pas satisfaire ses obligations de paiement. Le collatéral le plus connu est l'hypothèque d'une maison prise pour garantir un prêt.
38. W. Nordhaus, « Projections and uncertainties about climate change in an era of minimal climate policies », American Economic Journal : Economic Policy, 2018, 10 (3), p. 333-360.
39. https://www.afd.fr/en/economic-impacts-glacial-period-thought-experimen.
40. https://www.thelancet.com/journals/lancet/article/PIIS0140-6736(18)325947/fulltext?utm_campaign=climate18&utm_source=youtube.
41. https://www.fsb.org/wp-content/uploads/Breaking-the-Tragedy-of-the-Horizon-%E2%80%93-climate-change-and-financial-stability.pdf et ici sa traduction en français : https://alaingrandjean.fr/2015/11/11/mettre-fin-a-la-tragedie-des-biens-lointains-changement-climatique-et-stabilite-financiere/.
42. Un fonds indiciel est un fonds de placement dont la valeur est maintenue conformément à un indice boursier précis. La gestion passive de tels fonds entraîne des frais de gestion généralement moins élevés.
43. https://www.oxfamfrance.org/wp-content/uploads/2018/11/BanquesFrancaises_Fossiles_Nov2018.pdf.
44. https://www.banque-france.fr/sites/default/files/media/2019/08/05/ngfs_first-comprehensive-report_fr.pdf

DEUXIÈME PARTIE

La monnaie au service du Green New Deal

1. Le dilemme du prisonnier, énoncé en 1950 par Albert W. Tucker à Princeton, caractérise en théorie des jeux une situation où deux joueurs auraient intérêt à coopérer, mais où, en l'absence de communication entre les deux joueurs, chacun choisira de trahir l'autre si le jeu n'est joué qu'une fois. La raison est que si l'un coopère et que l'autre trahit, le coopérateur est fortement pénalisé. Pourtant, si les deux joueurs trahissent, le résultat leur est moins favorable que si les deux avaient choisi de coopérer : https://fr.wikipedia.org/wiki/Dilemme_du_prisonnier#:~:targetText=Le%20dilemme%20du%20prisonnier%2C%20%C3%A9nonc%C3%A9,est%20jou%C3%A9%20qu'une%20fois.

2. L'annonce a été réitérée par la BEI en novembre 2019. Ce montant est une estimation des financements totaux « entraînés » par ceux de la BEI : on compte ici sur l'effet de levier des financements publics sur les financements privés.

CHAPITRE 6

La dépense budgétaire permise par la politique monétaire

1. Les aides d'État sont encadrées par l'article 107 du TFUE, mais il existe des marges de manœuvre peu utilisées.
2. Dans les pays où il est possible pour une banque centrale d'acheter directement des obligations à l'État (achat sur le marché primaire de la dette publique), le mécanisme est légèrement différent. Dans ce cas, la banque centrale paye les titres qu'elle acquiert au moyen de liquidités qu'elle crée *ex nihilo*, ce qui fait augmenter son passif (versement de liquidités sur le compte du Trésor) et son actif (titres de créance sur l'État). La principale différence vient donc du fait que la banque centrale finance directement l'État sans passer par l'intermédiaire des banques, ce qui peut comporter certains avantages. En effet, quand la banque centrale achète directement des obligations d'État sur le marché primaire (en tout ou partie), le taux d'intérêt peut être plus bas (la banque centrale n'a pas ou peu besoin d'être rémunérée) ou même nul (avances au Trésor). En outre, il n'existe aucune limite à la création monétaire de la banque centrale puisque, en tant que créatrice de monnaie centrale, son passif constitue l'origine première de la liquidité. La seule limite réelle réside dans les conséquences potentiellement néfastes d'une création monétaire illimitée sur la confiance dans la monnaie et sur l'activité économique par la distorsion des prix. Mais entre une interdiction totale et une liberté totale de création monétaire par liaison directe entre l'État et la banque centrale, il y a des voies médianes qui méritent d'être explorées.
3. En réalité, les deux circuits d'écritures comptables sont séparés : l'État transmet des liquidités (de la monnaie centrale) à la banque, qui l'inscrit à son actif dans le poste « réserves » à la banque centrale), et la banque crédite ensuite le compte du particulier ou de l'entreprise en monnaie secondaire (ce qui augmente parallèlement son passif).
4. On vise bien ici le cas d'un emprunt effectué auprès d'une banque créatrice de monnaie, et non d'un fonds d'investissement par exemple, auquel cas l'argent continuer à circuler.
5. Voir à ce sujet la note du Conseil d'analyse économique : X. Ragot, C. Thimann, N. Valla, « Taux d'intérêt très bas : symptôme et opportunité », décembre 2016, http://www.cae-eco.fr/IMG/pdf/cae-note036v2.pdf.

6. Le multiplicateur budgétaire est une mesure de l'impact d'une variation des dépenses publiques sur le PIB : lorsqu'il est supérieur à 1 (par exemple 2), cela signifie qu'une unité monétaire de dépense publique en plus entraînera 2 unités monétaires de PIB supplémentaires au bout d'une période donnée.
7. L'effet « boule de neige » de la dette désigne le processus autonome d'aggravation du déficit public résultant d'un écart entre le taux de croissance économique et le coût de la dette publique (associé à un niveau donné des taux d'intérêt).
8. *World Economic Outlook, October 2008 : Financial Stress, Downturns and Recoveries*, FMI, 2008, p. 177.
9. https://www.imf.org/external/np/g20/pdf/031909a.pdf.
10. O. Blanchard, D. Leigh, « Growth forecast errors and fiscal multipliers », *FMI Working Paper*, janvier 2013, n° 2013/1.
11. J. Cohen-Setton, E. Gornostay, C. Ladreit, « Aggregate effects of Budget stimulus: Evidence from the large fiscal expansions database », *PIIE Working Paper*, 2019, n° 19-12.
12. Lire à ce sujet : https://blogs.alternatives-economiques.fr/anota/2019/07/21/quels-sont-les-effets-des-plans-de-relance-massifs.
13. A. Grandjean, K. Puisieux, M. Cohen, *Agir sans attendre*, *op. cit.*
14. Si les prélèvements obligatoires (la source la plus importante des revenus des administrations publiques) sont réduits, viser un même niveau de déficit suppose de réduire encore plus les dépenses publiques.
15. Pour rappel, ce programme a commencé en mars 2015 à raison de 80 milliards d'euros de rachat par mois, 60 milliards après avril 2017, 30 milliards après janvier 2018, puis 15 milliards depuis octobre et jusqu'en décembre. Soit, au total, 2 600 milliards d'euros. Depuis le 1er janvier 2019, la BCE réinvestit la totalité des liquidités issues des remboursements dans d'autres obligations, ce qui représente environ 200 milliards d'euros sur 2019, soit en moyenne 16 milliards par mois. En septembre 2019, la BCE a annoncé une reprise du programme d'achat d'actifs à hauteur de 20 milliards d'euros par mois.
16. Michel Lepetit trouvait un chiffre proche de 370 milliards d'euros. Voir https://alaingrandjean.fr/2019/04/15/nourrir-debat-annulation-partielle-370-mdse-de-dette-publique/.
17. « Les finances des banques centrales », *BIS Papers*, avril 2013, n° 71, https://www.bis.org/publ/bppdf/bispap71_fr.pdf. Voir également chapitre 3 (« Un débat porteur autour de la *modern money theory* »).
18. Voir notamment Hans-Werner Sinn, l'un des plus influents économistes allemands et sa tribune dans *Voxeu* disponible à cette adresse : https://voxeu.org/article/why-taxpayer-hook.
19. La monnaie hélicoptère est créée par la banque centrale et distribuée directement auprès des agents économiques.
20. https://www.ft.com/content/7bc99348-d40b-11e4-99bd-00144feab7de#axzz3W2SAzmsU.

21. BlackRock est devenue le plus important gestionnaire d'actifs au monde, avec plus de 6 840 milliards de dollars mi-2019.
22. https://www.lesechos.fr/finance-marches/marches-financiers/la-proposition-choc-de-blackrock-pour-affronter-la-prochaine-crise-1125930#xtor=CS1-3046.
23. http://www.fondation-nature-homme.org/sites/default/files/publications/141104_financer_massivement_la_transition_energetique.pdf.
24. L'embolie du marché interbancaire qui en résulte est une maladie gravissime. Il peut en résulter la faillite en cascade de toutes les banques ; il a fallu inventer de toute urgence une parade à ce risque majeur.

CHAPITRE 7
La « neutralité » de la politique monétaire

1. Les taux négatifs ont aussi pour effet d'augmenter la valeur des actifs financiers détenus par les banques ; les activités de marché peuvent ainsi couvrir les pertes des activités de dépôt.
2. Voir notamment une étude de la BRI, « Des crypto-monnaies émises par les banques centrales ? », https://www.bis.org/publ/qtrpdf/r_qt1709f_fr.pdf.
3. À titre d'exemple, pour La Banque postale, sur un bilan total de 245 milliards d'euros en 2018, les actifs financiers ne représentent environ que 45 milliards d'euros, soit moins de 20 %. Par comparaison, sur un bilan de près de 1 309 milliards d'euros en 2018 pour la Société générale, la part des actifs financiers représente plus de 600 milliards d'euros, soit presque la moitié du bilan.
4. Certains titres représentatifs d'activités exposées au changement climatique sont financièrement plus risqués, ce qui justifierait une décote.
5. La neutralité de marché dérive en effet du principe de libre concurrence, que l'on retrouve notamment à l'article 119 du TFUE. Mais le terme en lui-même n'apparaît ni dans le traité ni dans le quatrième protocole additionnel.
6. Un fonds indiciel est un fonds de placement qui cherche à reproduire le rendement d'un indice boursier précis, comme le CAC 40 ou le S&P 500.
7. https://www.boursorama.com/bourse/actualites/faut-il-investir-sur-les-actions-japonaises-d24d668a51ecc337c8d40a99f4597317.
8. https://www.ft.com/content/e310eb10-aa07-11e9-984c-fac8325aaa04.
9. https://www.ft.com/content/9a6295f6-aefa-11e9-8030-530adfa879c2.
10. La banque de financement et d'investissement Natixis teste en 2019 un *green weighting factor*, surpondérant les besoins en fonds propres des crédits « bruns », et les sous-pondérant pour les verts.
11. Pour plus de détails sur cette proposition : https://lvsl.fr/que-faut-il-changer-dans-les-traites-europeens-en-matiere-monetaire/.

12. Voir par exemple : T. Coutrot, B. Théret, « Système fiscal de paiement complémentaire : un dispositif pour renverser l'hégémonie », *Revue française de socio-économie*, 2019, 22 (1), p. 163-170.
13. On se rappelle que la Commission européenne, le FMI et la BCE ont imposé à la Grèce une potion amère, malheureusement complètement inefficace, au regard même de ses objectifs... Voir notamment le mea-culpa du FMI à ce sujet en 2013 : https://www.imf.org/external/pubs/ft/scr/2013/cr13153.pdf.
14. La grande différence avec les bons MEFO utilisés en Allemagne dans les années 1930 était que la banque centrale avait obligation de monétiser les bons MEFO lorsqu'elle en recevait. Dans le cas de l'Italie contemporaine, le découplage entre État (italien) et banque centrale (européenne) ainsi que l'interdiction faite à la banque centrale de financer monétairement les États, rendent cette opération de monétisation impossible.
15. Dans ce cas, la monnaie doit être obligatoirement acceptée en paiement à sa valeur nominale et ne peut être convertie en une autre monnaie.

CHAPITRE 8
Réorienter et libérer l'action des banques publiques d'investissement

1. Cité par A. Peyrefitte, *C'était de Gaulle*, Fayard, 1994, tome I, p. 523-524.
2. http://www.bsi-economics.org/1000-banque-climat-idee-promesse-nd.
3. https://www.eib.org/fr/press/all/2019-159-statement-by-werner-hoyer-president-of-the-eib-the-eib-welcomes-the-european-council-s-call-for-more-climate-action.
4. https://www.oxfamfrance.org/wp-content/uploads/2019/07/Rapport-Cachez-ces-fossiles_FINAL.pdf.
5. https://www.eib.org/fr/press/all/2019-313-eu-bank-launches-ambitious-new-climate-strategy-and-energy-lending-policy.
6. Toutefois, ce même traité admet, dans ses articles 107 alinéa 2, 108 et 109, que certaines aides d'État peuvent être compatibles avec les règles du marché intérieur, et la Commission peut donc proposer au Conseil de les exclure du champ de son contrôle. En février 2019, la Commission a ainsi proposé de relever le plafond des aides d'État aux agriculteurs de 15 000 à 25 0000 euros : https://europa.eu/rapid/press-release_IP-19-1332_fr.htm?locale=FR.
7. Il s'agit ici du principal indicateur de rentabilité bancaire : le ROE (*return on equity* ou « rendement des capitaux propres »). Il est calculé, de manière très simple, en prenant le profit net annuel tel qu'il apparaît sur le compte de résultat, et en le divisant par les fonds propres.

8. N. Dufrêne, « Comment Bpifrance pourrait devenir sans attendre la banque française du climat ? », 3 juin 2019, https://alaingrandjean.fr/2019/06/03/bpifrance-pourrait-devenir-attendre-banque-francaise-climat/.
9. https://www.ft.com/content/940b71f2-a3c2-11e9-a282-2df48f366f7d
10. Appeler davantage de capital de la part des États pourrait cependant accroître leur endettement.
11. https://www.eib.org/fr/about/key_figures/data.htm.
12. Rappelons qu'il s'agit d'un des ratios permettant d'évaluer la solidité d'une banque : si elle subit des pertes du fait de non-remboursements de crédits qu'elle a accordés, elle peut les éponger d'autant plus facilement qu'elle a plus de fonds propres.
13. https://www.latribune.fr/opinions/tribunes/vue-d-allemagne-peut-on-envisager-un-plan-de-relance-826908.html.
14. http://www.bsi-economics.org/1000-banque-climat-idee-promesse-nd.
15. Les banques publiques d'investissement cherchent cependant à posséder préalablement l'argent qu'elles investissent, comme indiqué ci-dessus.
16. https://www.la-croix.com/Sciences-et-ethique/Environnement/Pascal-Canfin-Nous-pouvons-transformer-regles-commerciales-regle-pro-climat-2019-07-11-1201034811.
17. M. Lepetit, « Estimation de l'impact du *quantitative easing* de la Banque centrale européenne sur le financement de la lutte contre le changement climatique », *The Shift Project*, 20 septembre 2017.
18. Un établissement de crédit est une personne morale effectuant à titre de profession habituelle des opérations de banque, en particulier la réception de fonds du public et les opérations de crédit. Une société de gestion (ou d'investissement) gère en revanche des actifs pour son compte propre, ou pour le compte de tiers (essentiellement l'État dans le cas de la BPI) : son cœur de métier est l'investissement.
19. Voir N. Dufrêne, « Comment Bpifrance pourrait devenir sans attendre la banque française du climat ? », art. cit.
20. À titre d'exemple, la BPI a investi 15 millions d'euros dans Forsee Power, expert français des systèmes de batteries intelligents pour la mobilité urbaine, portée par la montée en puissance de l'électrification des transports publics européens. Autre exemple, Bpifrance, associé à Tikehau Capital, a investi conjointement 150 millions d'euros dans GreenYellow, qui se positionne parmi les leaders de la fourniture de services énergétiques et a développé plus de 150 projets photovoltaïques décentralisés.
21. https://www.ccomptes.fr/sites/default/files/EzPublish/20161116-rapport-BPIFrance.pdf.

CHAPITRE 9

Promouvoir une création monétaire ciblée

1. https://alaingrandjean.fr/2016/12/20/monnaie-libre-desendettement/.
2. E. Ostrom, *Governing the Commons : The Evolution of Institutions for Collective Action*, Cambridge University Press, 1990. Elle a étudié par exemple des terres communales en Éthiopie, des prairies et forêts de haute montagne (en Suisse et au Japon), des collecteurs de caoutchouc en Amazonie et des pêcheurs et des communautés d'irrigation en Espagne et aux Philippines. Dans tous ces cas, l'utilisation collective et auto-organisée des ressources remonte à plus de cent ans, voire, pour le plus ancien, à mille ans.
3. Une monnaie sans endettement en contrepartie peut être appelée monnaie « libre » ou « externe » ou encore « permanente ». Cette dernière expression était celle employée dans A. Grandjean, G. Galand, *La Monnaie dévoilée*, op.cit.
4. F. Coppola *The Case for People's Quantitative Easing*, Polity Press, 2019.
5. https://www.lemonde.fr/idees/article/2016/04/20/il-est-temps-de-larguer-l-argent-par-helicoptere_4905382_3232.html
6. Ou tout autre exemple pertinent pour réduire la composante carbone de nos économies. On peut consulter plusieurs propositions concrètes dans The Shift Project, *Décarbonons !*, Odile Jacob, 2017.
7. Voire de retirer de la monnaie en circulation, ce qui est très facile.
8. G. Hardin, « The tragedy of the commons », *Science*, 1968, 162, p. 1243-1248.
9. Ce passage s'inspire de l'introduction de la thèse de G. Giraud, *Composer un monde en commun. Une « théologie politique » de l'Anthropocène*, à paraître.
10. Voir B. Coriat, *Le Retour des communs. La crise de l'idéologie propriétaire*, Les Liens qui libèrent, 2015.
11. G. Giraud, *L'Illusion financière*, Éditions de l'Atelier, 2014, 3e édition revue et augmentée.
12. Citons en particulier : évaluer la valeur dans la société ; permettre une meilleure coordination des échanges économiques dans l'espace et dans le temps ; offrir une réserve de valeur pour l'avenir et permettre à des activités marchandes de financer des activités non marchandes
13. E. Ostrom, *Understanding Institutional Diversity*, Princeton University Press, 2005, p. 25.
14. Lancé en 2010, le Programme d'investissements d'avenir (PIA) a été divisé en trois phases et représente un plan d'investissement global de 57 milliards d'euros dans des domaines aussi divers que la recherche, la technologie, la transition énergétique ou la santé. Bpifrance en est le principal opérateur.

15. Plus connues sous leur sigle anglais CBDC, pour *central bank digital currency*.
16. https://www.r3.com/reports/fedcoin-a-central-bank-issued-cryptocurrency/.

CHAPITRE 10
Financer le fonds vert de l'ONU par une création monétaire mondiale

1. Voir I. Ekeland, J.-C. Rochet, *Il faut taxer la spéculation financière*, Odile Jacob, 2020.
2. Voir notamment : Y. Jégourel, J. Teiletche, « Globalisation financière et autonomie de la politique monétaire. Le rôle des contrôles de capitaux », *Revue économique*, 2001/2, 52, p. 399-414.
3. Ce volume est en accroissement constant du fait du trading haute fréquence.
4. C'est-à-dire un accord d'échange de devises en l'occurrence. Dans un tel accord, deux banques centrales s'accordent à créer réciproquement autant de monnaie qu'il est nécessaire pour atteindre la parité souhaitée entre les monnaies qu'elles gèrent.
5. On se rappelle ainsi la célèbre formule du secrétaire d'État américain au Trésor John Connally : « *Dollar is our money, but your problem* » (« Le dollar est notre monnaie, mais votre problème »).
6. Présentée par G. Galand en février 2010 : https://www.chomage-et-monnaie.org/2010/02/17/fiche-n-13-une-monnaie-commune-comment-ca-marche/.

Table

AUTRES OUVRAGES
D'ALAIN GRANDJEAN

Agir sans attendre, notre plan pour le climat (avec Kevin Puisieux et Marion Cohen), Les Liens qui libèrent, 2019.

Financer la transition énergétique (avec Mireille Martini), Éditions de l'Atelier, 2016.

Miser (vraiment) sur la transition écologique (avec Hélène Le Teno), Éditions de l'Atelier, 2014.

C'est maintenant ! Trois ans pour sauver le monde (avec Jean-Marc Jancovici), Seuil, 2009.

Le Plein s'il vous plaît (avec Jean-Marc Jancovici), Seuil, 2006.

Cet ouvrage a été composé
en Electra et en Whitney
par FACOMPO
à Lisieux

JOUVE, 1, rue du Docteur Sauvé, 53100 MAYENNE
N° d'édition : 7381-5222-X – N° d'impression : 2952288N
Dépôt légal : mars 2020

Imprimé en France